D1691503

Viele Köche verderben den Brei.« Unser Ökokoch-Buch besteht aber aus vielen einzelnen Gängen und war nicht ohne tatkräftige Mithilfe denkbar. Jutta und Gerd Michelsen schrieben die Kapitel über Teigwaren und Wein, Isabelle Mühleisen recherchierte und beriet uns. Bernhard Kunkler garnierte den Öko-Koch. Ulla May stöberte nach Eßbarem in alten Märchen und Liedern, Gabriele Dorer, Ruth Haas, Hannelore Schätzle, Christel Stang und Christina Untucht kämpften mit unseren Handschriften. Ihnen allen danken wir herzlich, ebenso wie der Lektorin Ingke Brodersen, die uns immer wieder unsanft daran erinnern mußte, daß allein vom Rezepte-Ausprobieren und Gut-Essen noch kein fertiges Manuskript entsteht.

Rainer Grießhammer und Siegfried de Witt

Rainer Grießhammer
Siegfried de Witt

DER ÖKO-KOCH

Gestaltet und illustriert von
Bernhard Kunkler

Rowohlt

> Jedes Jahr werden in der Bundesrepublik Deutschland Millionen von Büchern verkauft. Alle in Plastik eingeschweißt. Die Folie schützt das Buch, aber leider nicht die Umwelt. Wir möchten, daß sich etwas ändert. Deshalb haben wir bei diesem Buch auf die Plastikfolie verzichtet. Das ist zumindest ein Anfang.
>
> Rowohlt Verlag

Die Abbildungen auf den Seiten 76, 77, 81, 152–153, 155, 159, 162, 167, 173, 209, 215, 223, 264, 284 sind von Eiermann & Diebold; auf den Seiten 128–129, 260–261 von Manfred Elsässer und auf den Seiten 39, 41, 114–115, 123, 124, 131, 142–143, 171, 241, 242, 248–249 von Bernhard Kunkler.

1.–15. Tausend März 1986
16.–21. Tausend November 1986
Copyright © 1986 by Rowohlt Verlag GmbH,
Reinbek bei Hamburg
Alle Rechte vorbehalten
Redaktion Ingke Brodersen
Herstellung Edith Lackmann
Umschlaggestaltung Manfred Waller
(Umschlagbild Bernhard Kunkler)
Satz Garamond (Linotron 202)
Gesamtherstellung Clausen & Bosse, Leck
Printed in Germany
ISBN 3 498 02439 6

INHALT

VORGESCHMACK
S. 11

DIE STULLE DER POSTMODERNE Fast Food
S. 24

VON MESSERN & MESSBECHERN Küchengerätetechnik
S. 30

AUBERGINE & CO. KG Gemüse
S. 36

FREUNDE DER NACHT Kartoffeln
S. 66

SONNENWIRBEL Salate
S. 72

NATUR PUR Vom Einkauf
S. 80

SCHMIERMITTEL Fette & Öle
S. 104

FLEISCHESLUST Von Schweinen, Rindern & unschuldigen Lämmern
S. 108

AUF HERZ & NIEREN   Innereien
S. 136

FEDERVIEH
S. 140

KALTBLÜTIG   Der Fisch
S. 148

SAMT & SCHÄRFE   Saucen
S. 156

GERÜCHEKÜCHE   Von Gewürzen & Kräutern
S. 160

DIE WAHRHEIT   Von deutschen Weinen
S. 164

EINGEBROCKT & AUSGELÖFFELT   Die Suppe
S. 184

DAS GRUNDGESETZ   Die Brühe
S. 196

SCHWABENGLÜCK & HIRSEBREI   Nudeln & Getreidegerichte
S. 200

EIN MASS   Vom deutschen Bier
S. 220

BROTZEIT   Brot, Wurst & Käse
S. 224

MILCH & EIER
S. 238

AUSGEPRESST Obst & Säfte
S. 246

DIE KINDER DER ÖKO-KÖCHE
S. 262

KERNIG Nüsse, Samen & Müsli
S. 268

PUTSCHISTEN & ROYALISTEN Kaffee, Tee, Kakao
S. 274

SUGARBABY Süße Sachen
S. 282

KOPF- & BAUCH-REGISTER
S. 294

... w i
r w ü
n s c
h e n

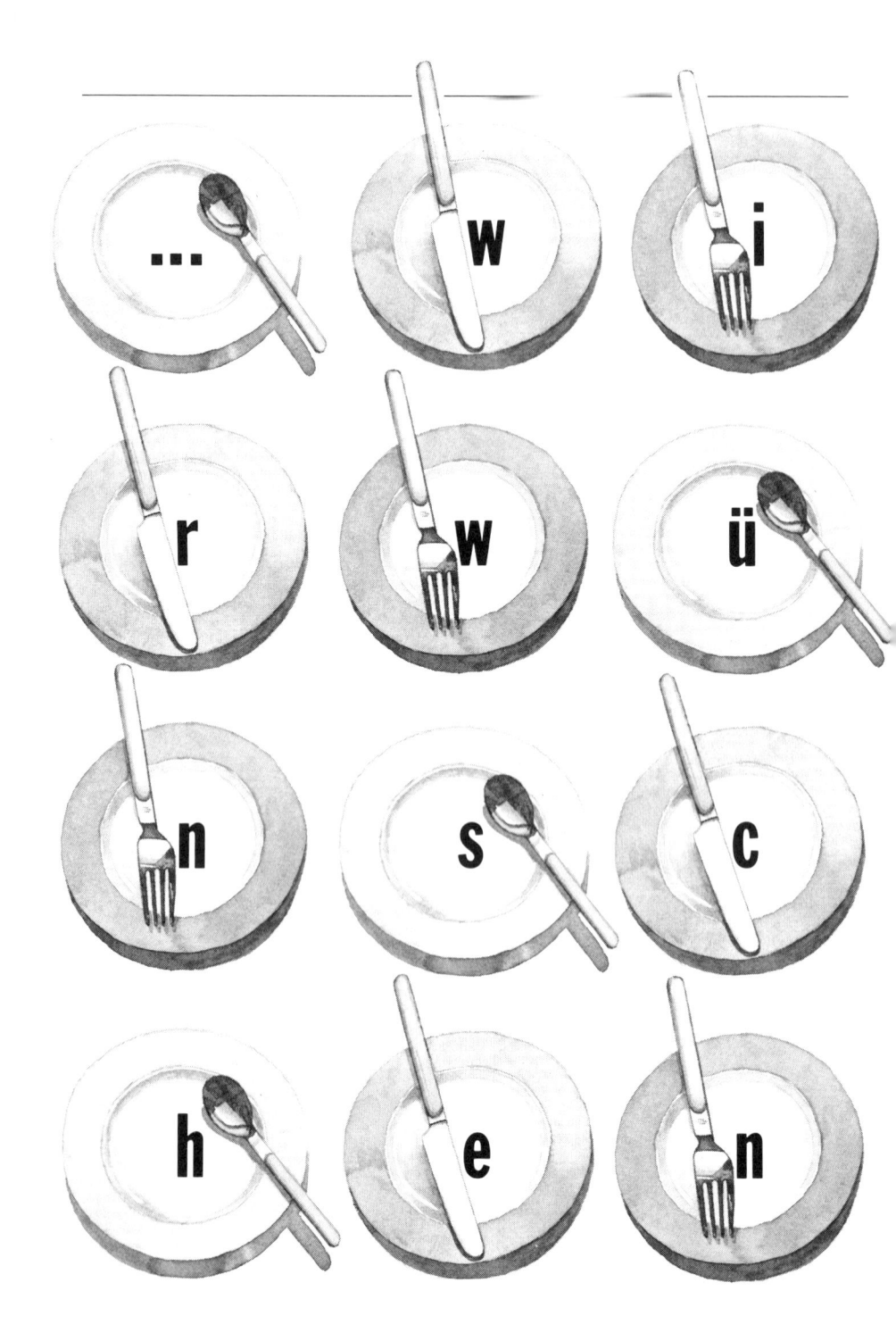

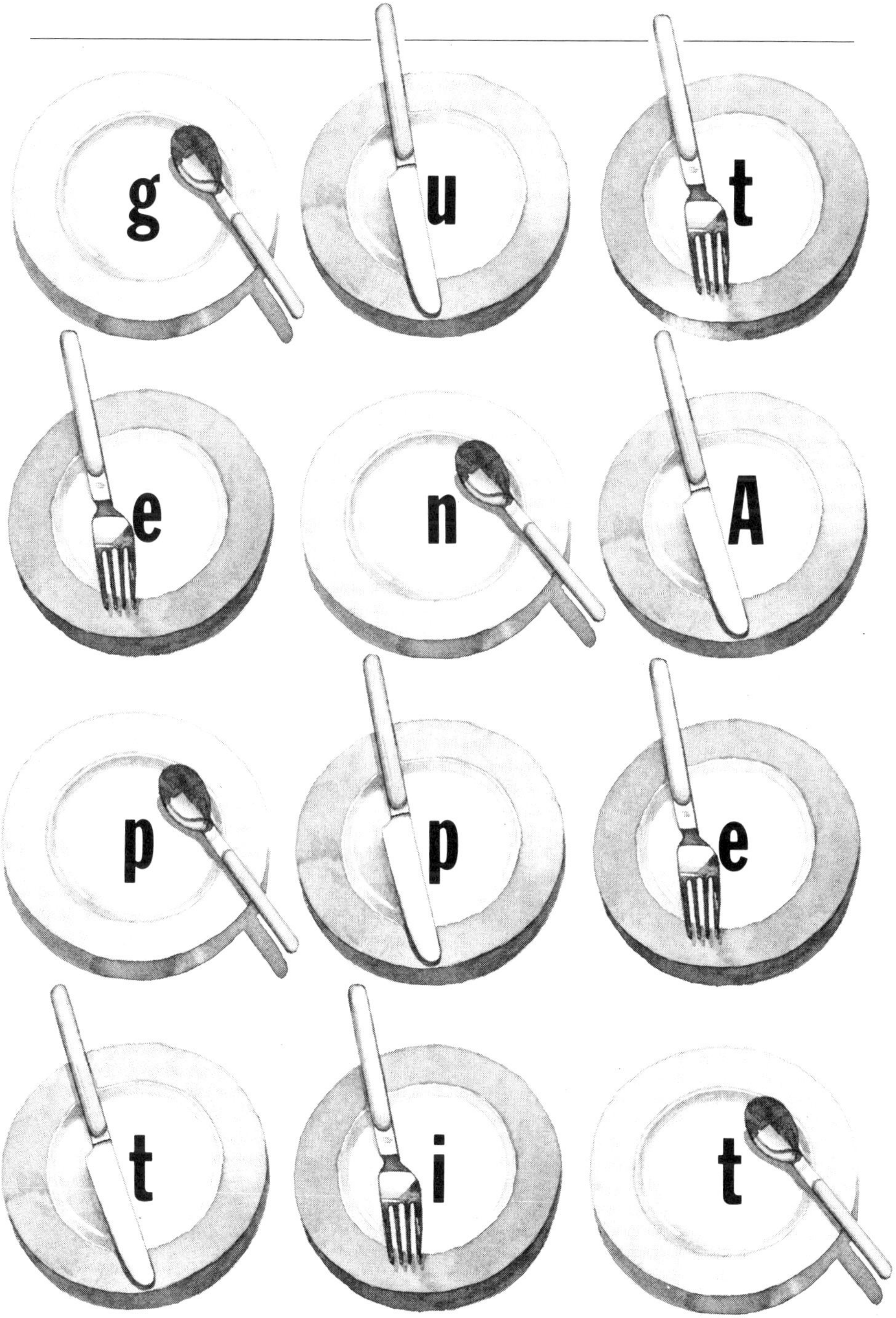
g u t
e n A
p p e
t i t

VOR GE SCHMACK

Wir wollen nicht, daß Sie im Naturkostladen einkaufen. Zumindest nicht in erster Linie. Wir wollen, daß Sie Ihre Ernährung umstellen. Wenn Sie erst weniger Fleisch, mehr Gemüse und Obst und nur noch knackig frische Vollkornprodukte essen, werden Sie schon auf den richtigen Geschmack kommen ...
Beim Studieren der Speisekarte in einem guten Restaurant läuft uns schnell das Wasser im Mund zusammen. Wir haben das Menu noch nicht gesehen, seine Düfte noch nicht gerochen, und doch haben wir eine konkrete Vorstellung, wie es schmecken sollte. In der Einleitung wollen wir Ihnen einen Vorgeschmack auf den Ökokoch geben, aber Sie auch bitten, das Buch selbst als Vorgeschmack der Entdeckerfreude zu begreifen.
Der Ökokoch bringt Rezepte und Vorschläge fürs Kochen und fürs Leben. Sie sollten die Vorschläge nach ihrem Gusto beherzigen, die Rezepte ausprobieren und nach Belieben verändern.
Der Ökokoch taut das «tiefgekühlte» Wissen um die Bedeutung und Funktion unserer Lebensmittel auf, lehnt den Einheitsmatsch der Instantgesellschaft entschieden ab und holt Lebensfreude und guten Geschmack wieder zurück in die Küche.
Der Ökokoch will kein Schlaraffenland, nicht träumen, sondern bewußt essen, will kein Tischleindeckdich à la McDonald's, sondern will den Tisch selbst decken und servieren: ökologisches Essen.
Der Ökokoch wendet sich an Alltagsökologen und Genießer, an die Fast-Food-Geschädigten, an die Durchschnittsfamilie und an die vielen Alleinessenden und Berufstätigen, Kantinenesser, Hobbyköche und Gourmets, kurz, an Sie!
Für ökologische Ernährung gelten zehn Kriterien. Sie werden merken, daß Sie nicht alle Kriterien gleichzeitig erfüllen können oder wollen und daß nicht alle Kriterien für jedes Lebensmittel gelten können. Bei-

spielsweise können Bohnen nicht als Rohkost (Kriterium 3) gegessen werden, weil sie sonst giftig sind, Reis stammt nicht aus regionalem Anbau und der möglichst chemiearme Einkauf im Bioladen (Kriterium 6) kann für Sie zu teuer sein. Oder Ihnen «schmeckt» ein Kriterium nicht. Was das schlimmste wäre, denn:

KRITERIUM 1:
KOMMEN SIE AUF DEN GROSSEN GESCHMACK

Geben Sie doch zu, daß Sie das Vorurteil haben, daß Ökoessen nicht schmeckt! Wahrscheinlich hat Ihnen ein wohlmeinender Freund und Ökologe, der sonst nie kocht, einmal einen schwer auf dem Magen liegenden, mit Käse überbackenen Vollkornpampepfannkuchen, bestreut mit Kokosflocken, serviert! Mit dem Ökokoch kommen Sie dagegen auf den großen Geschmack. Erst wenn Ihnen eine grüne Kerbelsuppe und Vollkorn-Kässpätzle wirklich besser schmecken als das Sonntagsschweineschnitzel, werden Sie sich in der Ernährung umstellen. Die Metamorphose der Rohkost zur Feinkost (roh, aber fein!) müssen Sie selbst erlebt haben. Das geht nur mit Entdeckerfreude. Amerika und der Würgburger wurden auch nicht an einem Tag entdeckt.
Das DM-Verbraucher-Magazin hat einen Test mit bekannten Köchen und Feinschmeckern durchgeführt, bei dem Gemüse aus ökologischem und aus konventionellem Anbau miteinander verglichen wurde. Klarer Sieger: das Biogemüse! Es schmeckte intensiver, meist auch feiner und knackiger, obwohl die Gerichte genau gleich zubereitet wurden.
Soweit zum Unterschied zwischen Frischgemüse und Biofrischgemüse. Wie groß ist erst der Sprung zu den Konserven!
Die Geschmacksnivellierung durch Konserven und Fast Food ist die kalte Enteignung Ihrer Lebensfreude, die Vorstellung, daß die bislang verzehrten 50 000 000 000 Hamburger alle gleich schmecken, läßt Sie schaudern. Der größte Feind des guten Geschmacks ist die Gewohnheit; probieren Sie, genießen Sie ökologisches Essen – Sie werden den Unterschied schmecken. Vive la différence!

KRITERIUM 2:
FRISCH AUF DEN TISCH

Die Lebensmittel sollten möglichst frisch und der Jahreszeit angepaßt (saisongerecht) sein. Dann schmecken sie nicht nur am besten, sondern enthalten auch noch alle wertvollen Inhaltsstoffe, die durch Lagerung und weitere Behandlung zum Teil zerstört werden. Mit dem Saisonkalender Gemüse (S. 42 / 43) und dem Saisonkalender Obst (S. 258) rufen wir Ihnen die Frischsaison zurück. Sie können sich aber auch selbst einen eßbaren und sehr schmackhaften Obstkalender bereiten: den Rumtopf!
Der Ökokoch ist ein Genießer, weil er warten kann: Deshalb will er im Winter keine Erdbeeren essen. Jedes frische Gemüse und Obst hat «seine» Saison, vor der Saison kann es meist nur durch Treibhäuser, starke Düngung und Pestizideinsatz hochgepäppelt werden. Und die Lagerung ist wichtig: auch der edelste Biosalat verliert beim Lagern Vitamine und Geschmack, wird labbrig. Frisches zu kaufen bedeutet auch, vor allem regionale Produkte zu kaufen. Obst aus fernen Landen muß vor der Reife geerntet werden (und nachreifen), oder der Reifeprozeß muß künstlich verzögert werden, zum Beispiel durch Lebensmittelbestrahlung (s. S. 101).
Natürlich gibt es begründete Ausnahmen. Beispielsweise sollte Rindfleisch ein paar Tage abgehangen sein, und Sauermilch kann nicht frisch sein.

KRITERIUM 3:
NATUR PUR

Natürliche Produkte wie etwa Gemüse oder Getreide sollten naturbelassen bleiben und so wenig wie möglich weiterverarbeitet werden. Bei der Weiterverarbeitung, irreführend «Veredelung» genannt, kommt es meist zum Entzug oder zur Zerstörung wertvoller Inhaltsstoffe. Dies gilt in abgemilderter Form auch für das Kochen.
Auf Kunstprodukte wie etwa Limonade oder Fertiggerichte in Aluminium sollte man verzichten. Es geht nicht um die Vergötterung der Natur an sich, sondern um die konkrete (Nicht-)Verschandelung von Lebensmitteln, und es geht um Ihre Gesundheit. Vollkornprodukte und Getreidegerichte sind beste Beispiele dafür.

Der Traum der unberührten Natur, den Ihnen vor allem die Zigarettenreklame in den schönsten Bildern zeigt, kann bei Ihnen auf dem Teller liegen. Jeden Tag Natur pur – nur für Sie. Steigen Sie aus der konservierten Umwelt aus.

KRITERIUM 4:
ABWECHSLUNG MACHT DAS LEBEN SCHÖN

Das Essen sollte möglichst vielfältig, abwechslungsreich und reich an wertvollen Inhaltsstoffen sein. So schmeckt es am besten, und so bleiben Sie gesund. Einseitige Ernährung macht nicht nur krank, sondern schmeckt auch fad. Abwechslung macht das Leben schön; den Tanz ums goldene Kalb-Fleisch überlassen wir den anderen.
Bei den Rezepten heißt das freilich nicht, daß Sie nun gleich auf jedes Gericht 15 verschiedene Gewürze schütten und nur noch schick ausländisch kochen sollen. Eine Rückbesinnung auf regionale Gerichte tut not. Wir haben Ihnen einige badische und schwäbische Gerichte aufgezeigt. Das soll kein Lokalpatriotismus sein, sondern Sie zum Ausprobieren anregen und zu der Überlegung, welche regionalen Gerichte *Sie* noch kennen.

KRITERIUM 5:
GESUNDHEIT – DAS BESTE GENUSSMITTEL

Gesundheit und Geschmack sind die einzigen Genüsse, denen Sie immer nachgeben sollten. Die Praxis sieht leider ganz anders aus: wir verschlingen zuviel Fleisch und Wurst, fast nur Weißmehl, zuviel Süßigkeiten und zuviel Salz, trinken zuviel Alkohol und Kaffee. Die direkten und indirekten Kosten durch ernährungsabhängige Krankheiten werden jährlich auf mindestens 40 Milliarden DM geschätzt. Ernährungsbedingt sind zum Beispiel Karies, Herz-Kreislauf-Krankheiten, Gallensteine oder Verstopfung. Bei weiteren Krankheiten wie zum Beispiel Rheuma oder Allergien sind negative Einflüsse der Ernährung wahrscheinlich, aber (noch) nicht schlüssig nachgewiesen. Es gibt auch Zusammenhänge zwischen höherem Krebsrisiko und Überernährung oder zu hohem Fettverzehr. Hinzu kommen die Giftstoffe in Lebensmitteln, deren Belastung immer noch unerträglich hoch ist. Solange man nicht bedenkenlos Innereien essen kann und solange Muttermilch so hoch belastet ist, kann es keine Entwarnung geben. Während bei der Schadstoffbelastung eine Änderung nur gesellschaftlich erreicht werden kann, kann eine Umstellung der Ernährung nur individuell *und* gesellschaftlich erfolgen, müssen zum Beispiel Kantinen umgestellt werden, muß Ökoessen finanzierbar sein (ist es: s. S. 89 f.!), muß aber auch der Verbraucher alte Gewohnheiten ablegen. Schlechte Ernährung scheint aber eine Droge zu sein, oder: wer hält uns ab, anders zu essen? Und sind wir zu satt, politische Forderungen zu stellen und Änderungen durchzusetzen?

KRITERIUM 6:
VIEL CHEMIE VERDIRBT DEN BREI

Je mehr über Chemikalien geforscht wird, um so mehr erkennt man ihre Gefährlichkeit. Grund genug, so wenig Chemie wie möglich zu konsumieren. Unfreiwillig essen wir mit: Rückstände aus (Kunst-) Dünger, Pflanzenbehandlungsmitteln und Umweltchemikalien wie Cadmium. Und dabei bleibt es nicht:
Wir sind vielerlei Belastungen durch Chemikalien ausgesetzt: am Arbeitsplatz, über Luft, Trinkwasser, Haushaltschemikalien und über die Nahrung. Die Gesamtbelastung durch all diese Giftstoffe wird nie ausreichend erfaßt. Grenzwerte (Höchstmengen) beziehen sich fast ausschließlich auf einzelne Stoffe, das Zusammenwirken mehrerer und vieler Stoffe wird nicht erfaßt. Über die Auswirkungen chronischniedriger Schadstoffdosen ist noch recht wenig bekannt.
Auch die zu wenigen Höchstmengen, die es gibt, sind heftig umstritten; salopp formuliert, werden nur die Höchstmengen erlassen, die in der Praxis einhaltbar sind. Das alles kann nur politisch geändert werden, als Verbraucher kann man sich der Belastung kaum entziehen. Es gibt keine Chance, aber dennoch sollte man sie nutzen: eigener chemiefreier Anbau im Garten, der Einkauf von wirklich ökologisch gezogenen Produkten (s. S. 93 ff.) und sorgfältiges Putzen oder Schälen verringern etwas die Aufnahme von Giftstoffen.
Größere Chancen hat man bei Zusatzstoffen und «Medikamenten»: Farbstoffe, Konservierungsmittel, Antioxidantien usw., wir sollten *bewußt* darauf verzichten, sooft es geht.

Gleiches gilt für Pillen aller Art: Vitamintabletten, Abführmittel, Schlankheitspräparate.
Mit dem Ökokoch können Sie auch auf Diät (s. S. 186 ff.) verzichten!

KRITERIUM 7:
DIE NEUE ZÄRTLICHKEIT

Schonen Sie das Essen – schonen Sie sich: Lebensmittel müssen richtig gelagert und zubereitet werden. Schließlich sollen Vitamine und Mineralstoffe nicht in der Küche bleiben, sondern auf den Teller kommen. Wenn Sie Lebensmittel bei zu hohen Temperaturen lagern, zu lange, zu heiß oder mit zuviel Wasser kochen, werden wertvolle Nährstoffe zerstört und das Essen ausgelaugt. Nur durch schonendes und richtiges Zubereiten erhalten Sie Nährstoffe und Geschmack. Hinweise dazu und zur richtigen Küchentechnik haben wir immer eingestreut.

KRITERIUM 8:
BEWUSSTSEIN – IHRE PERSÖNLICHE NOTE

Nehmen Sie sich Zeit: beim Einkaufen, Kochen und Essen. Essen ist nicht nur Nahrungsaufnahme, sondern will auch Atmosphäre. Machen Sie sich bewußt, was Sie essen: die wenigen Gramm Fett, die Sie mit der denaturierten Magermilch sparen wollen, liegen schon in den Wurstscheiben auf dem Brot.
Nichts geht langsamer als die Umstellung Ihrer Ernährung – alte Gewohnheiten sind schwer zu überwinden. Denken Sie an die Verantwortung Ihren Kindern gegenüber: mit Süßigkeiten, Hamburgern und Limonaden prägen Sie den Geschmack von morgen (s. S. 262 ff.).
Bewußtsein setzt Kenntnisse voraus – und die haben Sie oft nicht. Beispielsweise über Inhaltsstoffe, die nicht deklariert werden müssen, wie z. B. Schwefel im Wein. Im Wein liegt zwar die Wahrheit, aber sie steht nicht auf dem Etikett.
Leider steht es mit der Kennzeichnungspflicht nicht zum besten, gewissenlose Hersteller und Werbestrategen nutzen auch die «Biowelle» aus, so daß viele verunsichert sind und selbst den Naturkostläden nicht mehr trauen. Dazu besteht kein Grund. Es gibt Organisationen (s. S. 91 ff.), die feste Kriterien an den ökologischen Anbau und den

Vertrieb von Lebensmitteln stellen und die Einhaltung dieser Kriterien auch nachprüfen. Trotzdem sollten Sie immer auch beim Einkauf noch einmal nachfragen.

KRITERIUM 9:
AUCH DER UMWELT LIEGT
EINIGES AUF DEM MAGEN

Mit Produkten aus konventionellem Anbau, aus Intensivlandwirtschaft, Monokulturen und Massentierhaltung verspeisen Sie auch deren Entstehungsbedingungen. Wenn Sie Glück haben, ist das Pestizid aus dem Obstanbau schon abgebaut, wenn Sie in den Apfel beißen. Die durch den Pestizideinsatz getöteten Vögel essen Sie freilich immer noch mit. Was Sie sich selber nicht zumuten wollen, sollten Sie auch nicht der Natur zumuten. Mit dem Kauf von Produkten aus dem ökologischen Anbau unterstützen Sie eine umweltschonendere Landwirtschaft und Tierhaltung.
Auch der Rohstoff-, Energie- und Verpackungsaufwand (s. S. 259) der von Ihnen gekauften Produkte sollte so gering wie möglich sein.

KRITERIUM 10:
VERANTWORTUNG MIT DEM EINKAUFSZETTEL

Mit Ihrem Einkaufszettel entscheiden Sie auch über das Abholzen von Wäldern in Südamerika, die Rassendiskriminierung in Südafrika, den Kaffee-Anbau in Nicaragua, das Aussterben von Tante-Emma-Läden u. a. mehr. Damit sind wir beim Thema:

Ist ökologische Ernährung eine Privatsache?

Essen ist doch etwas sehr Privates und Intimes, wie man auf den ersten Biß meinen möchte. Der eine ißt gerne Cordon bleu, der andere lieber Schweinebraten, ein dritter am liebsten Obst und Gemüse. Privatsache?
Schaut man sich die 10 Kriterien des Ökokochs an, erkennt man freilich schnell, daß nur wenige dieser Kriterien individuellen Charakter haben, zum Beispiel Kriterium 1: es muß einem schmecken.

Beim Versuch, die anderen Kriterien einzuhalten, stoßen Sie auf Schwierigkeiten, die aufzeigen, wie interessengebunden die Möglichkeiten unserer Ernährung sind und wie sehr letztere von gesellschaftlichen Rahmenbedingungen bestimmt wird: die Giftstoffaufnahme läßt sich «privat» nur bedingt beeinflussen. Oft muß man in der Kantine essen, ist durch Arbeitsbedingungen hartem Stress und Zeitdruck unterworfen, verdient zu wenig, um neben der veränderten Ernährung auch noch im Naturkostladen einkaufen zu können. Oft wird man noch – zum Beispiel finanziell – gestraft, wenn man sich nur richtig verhalten möchte, und es wird einem andererseits mit Fast Food und Fertigessen falsche Ernährung so leicht gemacht.

Ökologische Ernährung ist also eine öffentliche Sache

In seinem Gutachten zur Landwirtschaft fordert der «Sachverständigenrat für Umweltfragen» *einschneidende Maßnahmen* in der Umwelt- und Agrarpolitik und eine Änderung der *agrarwirtschaftlichen Rahmenbedingungen*, letztlich die Einhaltung des Kriteriums 9. Er kritisiert den zu hohen Düngemittel- und Pestizideinsatz, der nicht mehr allein von «wirtschaftlichen Schadschwellen», sondern auch von der Gesamtumweltbelastung abhängen soll. Um die Bodenerosion und -belastung aufzuhalten, soll die biologische Aktivität des Bodens verbessert werden, die weitere Spezialisierung in der Landwirtschaft gestoppt und der Verbund von Pflanzen- und Tierproduktion möglichst weitgehend wiederhergestellt werden. Man kann unschwer feststellen, daß der Sachverständigenrat – wenn auch nicht explizit ausgesprochen – den ökologischen Landbau fordert.
Auch das Kriterium, «möglichst wenig Chemie» aufzunehmen, ist im wesentlichen eine gesellschaftliche Forderung. Natürlich kann man mit dem Entscheidungsmodell «Chemiearmes Essen» die persönliche Betroffenheit etwas reduzieren – aber eben nur zu einem Teil. Auch hier wird wieder deutlich, daß von Staat, Industrie und Großagrariern nichts Wesentliches zur Wiederherstellung einer gesunden und giftfreien Ernährung unternommen wird. Es existieren nicht einmal Höchstmengen-Verordnungen für so wichtige Umweltchemikalien wie Cadmium oder polychlorierte Biphenyle, geschweige denn entsprechende Maßnahmen und Verbote.

Im Gegenteil: es wird massiv versucht, den ökologischen Anbau mit der Behauptung zu denunzieren, er wäre auch nicht besser als der konventionelle Anbau (oder wie man auch sagen könnte: genauso schlecht!).

In der sogenannten Biokoststudie, durchgeführt mit öffentlichen Mitteln sowie mit einem Scherflein der chemischen Industrie, sollte der Ökolandbau ausgetrickst werden.

Ergebnis der Biokoststudie: Biokost ist auch nicht rückstandsfrei, und es sind keine wesentlichen Qualitätsunterschiede nachweisbar. So wie die Studie angelegt war, brauchte man sich über das Ergebnis nicht zu wundern: natürlich enthalten auch ökologisch gezogene Produkte allgemeine Umweltverschmutzungen, zum Beispiel Luftschadstoffe. Weiter wurden bei der Untersuchung Produkte tierischer Herkunft, wie zum Beispiel Milch(produkte), ausgeklammert, obwohl gerade dort ein Schwerpunkt der Verbraucherbelastung liegt, ebenso wurden pflanzliche Produkte aus dem Ausland ausgeschlossen, obwohl bekannt ist, daß auch hier die Belastung im Schnitt höher ist.

Am irreführendsten war freilich die Probennahme: die Proben wurden nicht beim Erzeuger genommen oder bei Naturkostläden, die sich verpflichtet haben, nur Produkte aus ökologischem Anbau anzubieten (s. S. 90 ff.), sondern kunterbunt aus jedem Laden, wo nur «Bio» draufstand.

Vom guten Willen, die «Wahrheit» herauszubekommen, war hier nicht viel zu spüren, schon gar nicht das Bestreben, verändernd zu wirken.

Das läßt sich verallgemeinern. Von dem politischen Willen, Änderungen in Richtung Ökolandbau oder ökologische Ernährung durchzuführen, ist nichts zu spüren, nichts von *einschneidenden Maßnahmen in der Umwelt- und Agrarpolitik*, nichts von einer *Änderung der agrarwirtschaftlichen Rahmenbedingungen*.

Das würde nun allerdings einiges erfordern. Zuerst einmal die Kenntnis über strukturelle Zusammenhänge. Was wir uns unter Landwirtschaft und Nahrungsmittel vorstellen, ist doch romantisch verbrämt. Die Wirklichkeit sieht anders aus. Längst gibt es den «globalen Supermarkt» der Lebensmittel, für den die Waren in erster Linie billig hergestellt werden müssen.

Das heißt:

- Die Agrarprodukte müssen billig sein und deshalb mit möglichst hohen Hektarerträgen produziert werden. Das wiederum erfordert

hohen Dünger- und Pestizideinsatz. Der Boden geht zwar vor die Hunde, aber das macht nichts. Dafür werden dann Urwälder gerodet (s. S. 27). Noch ein Hamburger gefällig?
• Die Ware muß standardisierbar und der Absatz planbar sein: durch Chemieeinsatz wird die gleichzeitige Reife aller Früchte herbeigeführt, weil Erntemaschinen nicht zwischen reifen und unreifen Produkten unterscheiden können. Sind die Transportwege zu weit, wird der weitere Reifeprozeß künstlich verzögert, zum Beispiel mit Lebensmittelbestrahlung. Das Höchste sind Konserven oder Fertiggerichte in Alu. Das Saatgut muß möglichst homogen sein, nicht umsonst besitzen die Chemie-Multis auch das Saatgutmonopol. Sie säen den Weizen, der ihre Pestizide braucht. Bei Dinkel und Buchweizen kann man die Erträge nicht hochtreiben. Weg vom Markt.
• Die Ware muß haltbar sein, bis sie verkauft ist, Vergänglichkeit ist was für die Natur. Für die Lagerung ist nahezu wertloses Weißmehl optimal, Vollkornmehl zwar viel gesünder, aber gemahlen nicht lange haltbar. Weg damit. Milch wird sauer? Her mit der H-Milch. Wenn die Produkte nicht durch geeignete Verarbeitung haltbar werden, kommt die chemische Keule: Konservierungsmittel.
• Die Ware muß verkauft werden. Dafür wird geworben, das Produkt ein bißchen gefärbt und ein bißchen Vitamine dazugegeben, es schmeckt «immer gleich gut» (Wie langweilig!). Notfalls hält man die Mütter der Dritten Welt vom Stillen ab und verkauft ihnen teure industrielle Kinderkost, die dort nicht ausreichend hygienisch zubereitet werden kann. Schicksal.

Ein perfektes System, ein agroindustrieller Komplex aus Intensivlandwirtschaft, Massentierhaltung, Chemieindustrie und Lebensmittelindustrie. Es gibt einige, die sich daran gesundstoßen. Und viele, die davon krank werden. Und es reicht nicht aus, einzelne besonders böse Kapitalisten zu nennen, die strukturellen Zusammenhänge müssen geändert werden.
Die menschen- und naturverachtende industrielle Produktion unserer Lebensmittel wird nicht mehr lange dauern: der Boden geht dabei ebenso kaputt wie das Grundwasser. Die Wälder der Dritten Welt rauschen bald nicht mehr, die EG ist pleite. Aber die EG hat ja schon für einige unfreiwillige Vorratsberge gesorgt: 1 Million Tonnen Butter, 800 Millionen Tonnen Milchpulver, 500 000 Tonnen Fleisch, 34 Millionen Hektoliter Wein usw. usw. Lagerkosten allein für die Butter: 2,7 Millionen DM. Täglich.

Jetzt wird die Butter auch noch ranzig und alt. Vorschlag der EG-Bürokraten: muß verfüttert werden. An wen? An die Kühe natürlich. Wenn das keine Kreislaufwirtschaft ist!
Um die agrarwirtschaftlichen Rahmenbedingungen (wie es so schön heißt) zu ändern, um für unsere LEBENsmittel zu kämpfen, brauchen wir viel Kraft und gute Nahrung. In diesem Sinne wünschen wir Ihnen guten Appetit und einen Heißhunger!

VOM SCHLARAFFENLAND ZUM AL DIRADO

Hört zu, ich will euch von einem guten Lande sagen, daraus würde mancher auswandern, wüßte er, wo selbes läge, und würde nicht ein Nebel wallen, daß man über den Bodensee reiten könnte.
Aber der Weg dahin ist weit für die Fitnessgeneration und für die Nachkriegsalten, die im Winter Happy Bacardi und im Sommer Cola Light brauchen. Diese schöne Gegend heißt AL DIrado, da sind die Häuser voll mit Konserven, und die Türen und Wände voll scharfem Holzschutz, und die Balken schmecken nach Dioxin. Was früher einen Heller kostete, füllt heute keinen Teller. Um jedes Haus steht ein Zaun, der ist aus Bratwürsten mit bindegewebseiweißfreiem Fleischeiweiß geflochten und von bayrischen Würsteln, voller Phosphat und wunderlichster Farbstoffe, die sind teils nitrosaminmäßig auf dem Rost gebraten, teils frisch mit Anabolika oder Antibiotika gesotten, je nachdem man es kräftig liebt oder seine Grippe kurieren möchte. Alle Brunnen sind voll Nitrat und Kerosin, auch Chlorstoffe, die rinnen einem nur so ins Maul hinein, wenn man die Klappe hält. Wer also gern Frostschutzmittel trinkt, der eile sich, daß er in das AL DIrado hineinkomme.
Auf den Birken und Weiden, so sie noch stehen, da ist das Schnittbrot ewig frisch mit Benzoesäure, und unter den Bäumen fließen Milchbäche, allesamt in einen riesigen Milchsee namens Ege; in diese fallen die Schnittbrote hinein und weichen sich selbst ein für die, die so gerne einen guten Schnitt machen; da gibt es für die Weiber Muttermilch mit den wunderlichsten Kredenzien, wie sie kaum eine Raiffeisenbank anbieten kann, und für die Kinder gibt es Trockenmilch, Zucker und Karies, wie es der Zahnarzt seiner Familie nicht raten möchte. Holla, Geißler! Holla, Heereman! Holla, Flick! Macht euch herbei zum Milchsee und vergeßt nicht, einen großen Subventionslöffel mitzubringen.

Die Fische schwimmen in AL DIrado obendrauf auf dem Wasser, manche springen auch freiwillig raus, sind hinter jedem AKW auch schon gebacken oder gesotten, und schwimmen ganz nahe an Stade; wenn aber einer gar zu faul ist und ein echter AL DI-Aff, der darf nur rufen bst! bst! – so springen ihm die Fische in Stäbchen in die Pfanne und das Öl schöpft er aus dem Wasser.

Das könnt ihr glauben, daß die Vögel dort gebraten in der Luft herumfliegen, so warm sind dort die Abgase; Adler und Habicht, Schleiereule und Bussard, und wem es zuviel Mühe macht, biologisch zu akkern, der sät Endrin unter den Apfelbäumen, und die Vögel fliegen schnurstracks vom Himmel. Die Spanferkel wachsen dort immer schneller, sie werden mit Soja und anderer Ölsaat aus den fernsten Gestaden gefüttert, und jedes Schwein trägt vier Rippen mehr, damit, wer da will, sich ein weißes, labbringendes PSE-Schnitzel abschneiden kann.

Die Schmelzkäse sind in AL DIrado wie die Steine, voll mit Phosphat; die Steine selbst sind lauter Taubenkröpfe mit Transformatorenöl gefüllt oder auch metallene Cadmiumnierchen. Im Winter, wenn es regnet, so regnet es lauter Säure in großen Tropfen, da kann einer schmekken und lecken, wie er will, es ist die reinste Magensäure, daß einen das Völlegefühl überkommt, und wenn es schneit, so schneit es Buntmetalle, und wenn es hagelt, so hagelt es Flugstaub aus der Müllverbrennung, untermischt mit blinkendem Quecksilber und riecht nach fernem Seveso, daß man es nicht fassen möchte.

In AL DIrado sind die Rosse stark in metallic-lackierten Kisten und rasen, weil keiner brrrhh sagt, und legen keine Roßäpfel, sondern gelben Schwefel und braunes Stickoxydul, große ganze Städte voll, und ganze Länder, so daß sich der Wald die Haare rauft. Und das Geld kann man aus den Regalen schütteln, daß man darob erstaunen möchte. Und aus den Milchseen, Butterbergen und Weinseen zieht manch einer einen Geldberg raus, der Schweizer Konten wie Alpen hoch füllt.

Hierzulande liegt so mancher drauf und drein und hat nichts für diese seine Mühe; dort aber hält man Lügen für beste Kunst und Flick-Werk, daher lügen sich wohl in das Land allerlei Profess-, Dokt-, Honorati- und andere -oren, Roßtäuscher und Weißwäscher, die ihren Herren stets aufreden und den Galilei noch mal widerlegen möchten.

Wer gerne arbeitet, Gutes tut und Böses läßt, dem ist jedermann dort abhold, und er wird AL DIrados verwiesen. Aber wer tölpisch ist, gar nichts kann und dabei doch voll dummen Dünkels, kriegt dort als Graf Lamm und Dorf geschenkt, als sei das Land Flick-eigen. Dem aber, welchen das allgemeinste Stimmrecht als den Faulsten und zu allem Guten Untauglichsten erkennt, der wird König über das ganze Land und hat ein großes Maul. Wie hohl!

Nun wißt ihr des AL DIrados Art und Eigenschaft. Wer sich also auftun und recken möchte, aber den Weg nicht weiß, der frage einen Blinden oder mache sich ein BILD, aber auch ein Stummer ist gut dazu, denn der sagt ihm gewiß nicht weniger als das Werbefernsehen.

Um das ganze Land herum ist aber eine berghohe Mauer von Fleischbrei und Hamburger. Wer hinein oder heraus will, muß sich da erst überzwerch durchfressen.

DIE STULLE DER POSTMODERNE
FAST FOOD

Fast Food läßt sich schwer übersetzen. «Schnelles Essen» trifft nicht den Kern, «Schnellimbiß» wäre besser, bezeichnet aber schon eine spezielle Form der Schnellrestaurants. Konservenfutter wäre auch nicht schlecht, aber doch nicht treffend: unter «fast food» fallen sicher auch die alte Butterstulle und die «Energiebällchen» vom Biostand. Das *beste* «fast food» ist schließlich immer noch das Müsli, das bekannteste freilich der Hamburger.

Früher packte man Stullen ein, oder das Essen wurde in Henkelmann und Thermoskanne zur Fabrik mitgenommen. Heute kennt man Schnellimbisse und -Restaurants, Würstchenbuden u. a. mehr.

Seit für den größten Teil der Bevölkerung Wohn- und Arbeitsbereich getrennt wurden, löste die Außer-Haus-Verpflegung die häusliche Tischgemeinschaft ab. «Der Imbiß hat seinen Ort im Unterwegs» (Claus-Dieter Rath). Die Wege zwischen Wohnung und Arbeitsstätte wurden länger, die Mittagspausen kürzer. Viele Frauen sind ganztags berufstätig, und die Männer haben immer noch nicht kochen gelernt (bis sie den Öko-Koch gelesen haben). Dem Zerfall der Großfamilie folgt der Zerfall der Kleinfamilie.
Die vielzitierte und von Sonntagsstatistikern so gern hochgehaltene vierköpfige Durchschnittsfamilie (Ehepaar mit zwei Kindern) ist bei näherer Betrachtung ein Mythos: nur 3,6 Millionen Haushalte, das sind ganze 14,4 Prozent der bundesdeutschen Gesellschaft, bestehen noch aus vier Personen. Überraschenderweise findet man viel mehr Haushalte, die nur aus einer Person (31,3 Prozent), zwei Personen (28,7 Prozent) oder drei Personen (17,7 Prozent) bestehen. Gleich, wie man zu diesen Verhältnissen steht und ob man andere Arbeits- oder Wohnformen anstrebt, das traditionelle Bild von der täglichen gemeinsamen Mahlzeit der vierköpfigen Familie ist schlichtweg falsch.

Eine Umfrage ergab (laut Ernährungsbericht 1976), daß
- in mehr als der Hälfte der Haushalte nicht mehr zu festen Zeiten gegessen wird,
- nur noch in einem Viertel der Haushalte gemeinsam zu Mittag gegessen und nur noch in einem Fünftel der Haushalte gemeinsam gefrühstückt wird,
- nur noch am Abend (ca. zwei Drittel der Haushalte) und am Wochenende (ca. drei Viertel der Haushalte) von gemeinsamen Mahlzeiten gesprochen werden kann.

Nur etwa 50 Prozent der über 12 Millionen Berufstätigen essen werktags zu Hause, die anderen in der Kantine (21,5 Prozent), in Gaststätten (über 6 Prozent) oder nehmen Verpflegung mit (19,1 Prozent). Eine Untersuchung in über 1000 Kantinen und fast 2000 Gaststätten zeigte, daß das Essen dort zu energiereich, zu fett und zu vitaminarm ist: gegenüber empfohlenen Menus war der Energiegehalt um 36 Prozent (Kantine) bzw. 71 Prozent (Restaurant) zu hoch, der Fettgehalt um 58 Prozent (Kantine) bzw. mehr als doppelt so hoch (Restaurant), der Vitamingehalt um 40 Prozent (Kantine) bzw. 30 Prozent (Gasthaus) zu niedrig! Von einer ökologischen Ernährung kann also keine Rede sein.

Noch schlechter einzuschätzen sind die Fast-Food-Restaurants, allen voran die Hamburger-Restaurants. Dennoch gibt es weit mehr Spielarten des «fast food» als nur Hamburger-Restaurants: der Quick-Pick der Bundesbahn, die «Mini-Bar», Würstchenbuden, Sandwich-Angebote, Pizzabuden, Grillhähnchen, Fischhäppchen («Nordsee»), ausländische Angebote wie Gyros oder regionale Schnellkost wie etwa Reibekuchen im Rheinland.

Eine Untersuchung über die durchschnittliche amerikanische Fast-Food-Mahlzeit zeigt deren schlechte Qualität (eine vergleichbare bundesdeutsche Untersuchung gibt es nicht). Der Energie- und Fettgehalt ist zu hoch, die notwendigen Ballaststoffe fehlen. Vitamin B_1 gibt es genug, Vitamin A und Vitamin C zu wenig. Der Gehalt an Mineralstoffen ist unterschiedlich, eindeutig zu hoch ist der Salzgehalt. Und die dazu verzehrten Getränke enthalten zuviel Zucker.

Die Produktion von Hamburgern ist ökologisch höchst bedenklich. Über direkte Fleischimporte und über Futtermittelimporte wie Soja essen wir gleichsam die tropischen Regenwälder auf. Das gibt den Hamburgern die bittere Würze.

Als Gründe für den steigenden Fast-Food-Verzehr gelten Zeitmangel und geringer Preis der Produkte. Hauptkunden sind Jugendliche und Erwachsene bis 35 Jahre, mehr Männer als Frauen, viele Alleinstehende und Familien mit kleinen Kindern. Jugendliche erleben Fast-Food-Restaurants als ein Stück Gegenkultur. Während das normale Essen zu Hause mit vielen Normen und Tischsitten verknüpft ist («Sitz gerade», «Schleck den Teller nicht ab»), ist der Schnellimbiß geradezu ein Hort archaisch-natürlichen, lustbetonten Essens. Man «darf» alles in die Hände nehmen, mit Ketchup kleckern, sich die Hände fettig machen, Getränke mit dem Strohhalm schlürfen. Das ist auch der Grund, warum viele Familien mit ihren kleinen Kindern in die Schnellimbisse gehen. Kein Ober schaut miesepetrig, wenn die Kinder kleckern, laut ist es sowieso, und die Kinder sind zufrieden. Für Jugendliche bilden die Schnellimbisse einen Ort, wo sie ungestört Gleichaltrige treffen können und zwanglos Kontakt bekommen. Ein Insidercode («Einmal Pommes rot/weiß» – für Outsider: eine Portion Pommes frites mit Ketchup und Mayonnaise) verstärkt das Zugehörigkeitsgefühl. So hat selbst die perfektionierte Lieblosigkeit ihren Kultwert. Marktführer wie McDonald's wissen, daß Verzehrgewohnheiten lange beibehalten werden. Sie vergrößern die Attraktivität der Restaurants für Jugendliche und Familien mit kleinen Kindern (Kindergeburtstage). Big Mäc, big deal. Allerdings sollte man wissen: Bei Kindern hat der häufige Verzehr von minderwertigem Fast Food («Junk-Food») Folgen – erhöhte Aggressivität, Schlaflosigkeit und Angstträume.

BIG MÄC – BIG DEAL

Weltweit gibt es heute etwa 38 000 Hamburger-Restaurants, pro Sekunde werden 140 Hamburger, bis 1984 wurden 50 Milliarden verkauft (Ein echter Big Mäc deal!). In der Bundesrepublik hat allein die Firma McDonald's 750 Millionen (!) Hamburger verkauft, McDonald's schätzt die Zahl seiner bundesdeutschen Kunden täglich auf 50 000!
Für die Hamburger-Produktion werden riesige Waldflächen zerstört, um sie in Weideland für Rinder umzuwandeln. Heute sind bereits 60 Prozent des tropischen Regenwaldes zwischen Mexiko und Panama zerstört. Das mitteleuropäische Waldsterben kann da nicht im entferntesten mithalten.
Allein in Costa Rica schrumpften zwischen 1950 und 1978 die Wälder von 72 Prozent auf 34 Prozent der Landesfläche, die Weidefläche wurde im gleichen Zeitraum verdoppelt. Pro Jahr wurden ungefähr 50 000 bis 70 000 Hektar Wald vernichtet und 90 000 Tonnen Rindfleisch exportiert.
Anderswo wird der Ackerboden für die Soja-Monokultur und zur Futtermittelproduktion mißbraucht. So wurde die Sojaanbaufläche in Brasilien von 0,43 Millionen Hektar im Jahre 1985 auf 9 Millionen Hektar und damit 18 Prozent der Ackerfläche gesteigert. Fast 90 Prozent des Sojaanbaus erfolgt auf Flächen, die früher arbeitsintensiv dem Anbau von Nahrungsmitteln dienten. Das Geld für die Futtermittelproduktion bleibt freilich nicht im Lande: allein für den Kauf von Mineraldünger und Pestiziden muß Brasilien jährlich fast eine halbe Milliarde DM aufwenden. Unter den wichtigsten Importeuren: Hoechst, Bayer und BASF.
Parallel zur schnellen Durchsetzung von Fast Food gibt es erfreulicherweise auch einen Trend zum ökologischen Kochen, zum gemeinsamen Kochen und, man wagt es kaum zu schreiben, zum ökologischen Imbiß.

Die folgenden Beispiele aus Industrie und Parlament, Mensa, Arbeitsplatz und Gaststätten sollen illustrieren, wie (wenig) weit diese Entwicklung geht, und welche Chancen in ihr liegen.

PARLAMENTARISCHE VOLLWERTKOST: EINE ALLPARTEIENKOALITION

Kaum waren «Die Grünen» im Bonner Parlament, sorgten sie für Unruhe. Sie verlangten in den Kantinen des Deutschen Bundestags (in denen auch die vielen Mitarbeiter/innen essen) zumindest ein Vollwertgericht täglich.
Der Forderung wurde überraschend schnell nachgegeben, Augenzeugen wollen aber gesehen haben, daß sich einige grüne Parlamentarier weiterhin auf die Fleischkost stürzten (um den Biß nicht zu verlieren?) und die Vollwertkost anfangs vor allem von den schlankheits- und gesundheitsbewußten Mitarbeiterinnen aus allen Fraktionen angenommen wurde. Sozusagen eine weibliche Allparteienkoalition der Vollwertkost.

ÖKOKOST STATT STUDENTENFUTTER

Auch in den Mensen einiger Universitäten gibt es Ansätze zu einer ökologisch orientierten Ernährung.
• In München wurden zum Auftakt in einer Vollkornkost-Woche immerhin täglich 10000 Esser versorgt.
• Gießen bietet seit über einem Jahr wahlweise auch Vollwertkost.
• In Münster wird seit fünf Jahren an manchen Tagen Vollwertkost angeboten.
Während größere Betriebe meist eine Kantine haben, gehen Angestellte aus kleinen Büros, Läden, Handwerksbetrieben usw. zum Essen in den Schnellimbiß, in normale Gaststätten oder vespern in der Teeküche.
Die zehn Mitarbeiter(innen) im Freiburger Öko-Institut hatten davon genug und wollten mittags endlich wieder vernünftig, gut und preiswert essen. Ihre nun seit drei Jahren erfolgreich praktizierte Lösung: Jeden Tag ist ein(e) andere(r) Mitarbeiter(in) für das Mittagessen zuständig, muß einkaufen, für alle kochen und spülen. Der Aufwand

(ca. 2 Stunden) hält sich in Grenzen, schließlich kommt man nur alle zwei Wochen dran. Auch der Zeitaufwand ist nicht hoch: zwei Stunden in zehn Tagen machen gerade 12 Minuten pro Tag aus, da würde schon der Weg zum nächsten McDonald's länger dauern! Was viel wichtiger ist: es gibt frisches, leckeres und billiges Essen, das gemeinsam in Ruhe verspeist wird.

Dieses Modell wäre ohne weiteres auf viele andere Betriebe übertragbar, zum Beispiel könnte bei Betrieben mit kleiner Belegschaft auch die Familie mitessen/mitkochen. Sie meinen, das ginge nicht? In einer Zeit, in der man auf den Mond fliegen kann, muß man doch ein solches Essen organisieren können...

Mittlerweile gibt es in den meisten Städten vegetarische Restaurants oder Gaststätten, die Vollwertkost anbieten. Ein Verzeichnis solcher Restaurants ist zu erhalten bei Natura (Tauberstr. 25, 6970 Lauda).

«ROSAROTER ELEFANT ISST GRÜNES MÜSLI»

Fast Food in der Bundesbahn, wörtlich genommen: bei Geschwindigkeiten von 150 km/h, dem sehr beengten Raum und über 10 Millionen Kunden jährlich ist es sicher nicht leicht, gut zu kochen. Die Bundesbahn gibt sich hier alle Mühe («Unser DSG-Team erwartet Sie»).

Wir erwarten freilich noch, daß auch Vollwertkost angeboten wird. Damit die DSG sich nicht so leicht herausreden kann, verlangen wir gar nicht viel: *ein gutes ungezuckertes Müsli* (keine Einwegverpackung) *mit pasteurisierter Milch*. Das sollte keine Schwierigkeiten bereiten, da das Müsli nur aus dem großen Vorratsbehälter in ein Schüsselchen gefüllt und die Milch darübergegossen werden muß.

Verlangen Sie doch bitte bei Ihrer nächsten Bahnfahrt beim DSG-Team nach dem Müsli und schreiben Sie an die DSG-Zentrale (DSG, Postfach 11 05 53, 6000 Frankfurt). Stichwort: «Rosaroter Elefant ißt grünes Müsli».

Auf der anderen Seite sollten Sie die Verquickpickung der Bundesbahn nicht mitmachen! Im neuen Quick-Pick-Wagen der Bundesbahn gibt es zuviel Plastik(geschirr). Beschweren Sie sich schriftlich bei der DSG!

Die Beispiele zeigen, daß Ernährungsverhalten «eingefahren» ist und nicht so leicht geändert wird, auch von uns nicht. Das einzige, was uns immer wieder vorantrieb: wir kamen auf den großen Geschmack! Statt schnell essen: lange genießen!

VON MESSERN & MESSBECHERN

KÜCHENGERÄTETECHNIK

Die Küche war früher Mittelpunkt des Familienlebens. Wenn es überhaupt eine gute Stube gab, wurde sie nur an Sonn- und Festtagen geöffnet und blieb im Winter unbeheizt. Im Laufe der Zeit ist die Küche in unseren Wohnungen immer kleiner geworden, der Endzustand wird wohl erreicht sein, wenn sie aus einem Einbauschrank besteht, der ein Mikrowellengerät zur Erhitzung der industriell vorgefertigten Menus, einen Kühlschrank und einen Abfalleimer enthält.

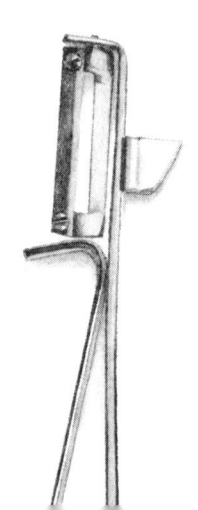

In vielen modernen Küchenräumen kann man nicht arbeiten, weil sie zu klein sind. Man ist dann gezwungen, die Küche etwa so einzurichten, wie sich das der – in der Regel selbst nicht kochende – Architekt vorgestellt hat. Ideal ist eine Küche, bei der Herd und Arbeitsfläche in der Mitte des Raumes stehen. Eine Küche soll vor allem praktisch eingerichtet sein: kurze Wege, kurze Handgriffe, alles leicht zu erreichen. Bitte keine Eichenfassaden, sondern leicht zu reinigende Flächen. Ob Sie das meiste in offenen Regalen unterbringen, hängt davon ab, ob in Ihrer Küche kleine Kinder herumlaufen. Viele Sachen brauchen Sie nicht so häufig. Eine Tür davor hält den Staub ab.

Wenn es möglich ist, sollten Sie mit Gas kochen, noch besser wäre natürlich ein richtiger Herd mit Feuer, bei dem Sie die Töpfe hin- und herschieben und dadurch die Temperatur regulieren können. Beim Gasherd ist ein Backofen in Augenhöhe mit Sichtfenster elegant, aber nicht unbedingt notwendig.

Während des Kochens sollten Sie ständig wegräumen und wegspülen: die Küche muß nach vollbrachter Tat nicht wie ein Schlachtfeld aussehen.

Ein Handwerker braucht gute Werkzeuge, der Öko-Koch gute Küchenutensilien. Heute gibt es viele elektrische Geräte, doch nicht alle sind nötig: Die Kaffeebohnen können Sie weiterhin mit der Hand mahlen, das ist besser für den Kaffee als der Einsatz des Schlagbohrers (elektrische Schlagmühle). Wenn Sie häufig backen oder für eine größere Familie kochen, ist eine Getreidemühle zweckmäßig. Ein Pürierstab ist unbedingt erforderlich, zweckmäßig ist auch ein Handrührgerät zum Schlagen von Schlagsahne oder Eiweiß. Es gibt Geräte, an denen Sie Schneebesen, Knethaken und Pürierstab anschließen können. Eine teuere Küchenmaschine ist meist entbehrlich. Wenn Sie – wie wir noch vor einem Jahr – eine Kaffeemaschine mit Papierfilter haben: ab ins Recycling. Weitere Maschinen sind nicht nötig. Küchen sind oft mit protzigen und teueren Küchenmöbeln ausstaffiert, doch finden Sie darin nur Blechtöpfe, Blechmesser, weder Nudelholz noch Siebe oder gar Salattrockenschleuder.

VON MESSERN & MESSBECHERN

Wenn Sie nahe bei der Küche einen Balkon haben, können Sie ein Salatsieb zum Schleudern nehmen. Das Sieb schleudern Sie, wie Sie früher als Kind die Milchkanne herumgewirbelt haben, vorwärts wie rückwärts. Sonst kaufen Sie eine schlichte Salatschleuder (Zentrifuge). Die Salatsoße soll ja nicht aus Wasser, sondern aus Essig und Öl (und Sahne) bestehen.

Welche Töpfe brauchen Sie? Natürlich nur die besten. Klar, die besten sind teuer. Kaufen Sie nach Möglichkeit nur professionelles Küchengerät, Töpfe der verschiedensten Größenordnung aus Stahl.

Für Suppen und Nudeln brauchen Sie sehr große Töpfe, 7 Liter und mehr. Eine Kasserolle aus Gußeisen sollte nicht fehlen. Ihr Deckel sollte eine Vertiefung haben. Darin wird Wasser gegossen, so daß sich im Topf ein Saft-Kreislauf einstellt.

Eine gußeiserne Pfanne ist immer nötig, daneben eine Stahlpfanne, nur bitte kein Teflon. In den anderen Pfannen können Sie auch fettarm braten. Für die Grundausstattung müssen Sie noch nicht unbedingt einen Fischkochtopf haben, obwohl der sehr bequem ist (auch für Spargel). Für den Anfang ist ein Gänsebräter in Emailleausführung zweckmäßig. Alle gußeisernen Geschirre werden nur mit Wasser gereinigt (ggf. mit etwas wasserentziehendem Salz ausgerieben) und nach Gebrauch immer leicht eingeölt.

Es ist zweckmäßig, mit einem Satz Stahlschüsseln zu arbeiten. Wenn Sie Gemüse putzen, kommen die Abfälle immer gleich in eine Schüssel und dann in den Kompost. Auf jeden Fall brauchen Sie eine große runde Stahlschüssel, um im Wasserbad zu arbeiten.

Wenn auch in unserem Kochbuch nicht besonders hervorgehoben, ist der Römertopf zu erwähnen, denn er bietet die Möglichkeit, mit wenig Fett Speisen schonend zuzubereiten. Wir haben uns nicht einigen können, ob wir Ihnen einen Dampfdrucktopf empfehlen sollen. Die Vor- und Nachteile mögen sich ausgleichen, für Getreidespeisen wird die Kochzeit drastisch reduziert, andererseits kann man die Garzeit nicht individuell kontrollieren.

Holzkochlöffel der ver- schiedensten
Größe, Holzspachtel, eine kleine
Holzharke für Spaghetti und eine

«Gummizunge» zum Ausschöpfen der Schüsseln und Töpfe sind selbstverständlich. Salatbesteck ist immer aus Holz. Auf Holzbrettern wird geschnitten und gearbeitet. Dies gilt allerdings nicht – aus hygienischen Gründen – für Fleisch und Geflügel.

Besonders wichtige Instrumente für Ihre Arbeit in der Küche sind die Messer. Unbedingt nötig sind Küchenmesser, Officemesser, Sparschäler, Brotmesser, großes Kochmesser. Die Messer dürfen nicht aus Blech sein, Küchenmesser, die rosten können, sind am besten scharf zu halten. Die übrigen Messer sollen aus einer Edelstahllegierung sein. Es ist wichtig, daß die Klinge breiter ist als der Griff. Beim Einkauf machen Sie folgende Probe: Nehmen Sie das Messer in die Hand und halten Sie es auf einer ebenen Fläche so, als würden Sie damit beispielsweise Schnittlauch schneiden. Dann muß die Klinge aufliegen, doch Ihre Hand darf die Fläche nicht berühren.
Auch die guten Messer müssen gewetzt werden, mit dem Wetzstahl und dem Wetzstein. Die Messer werden ständig mit dem Stahl gewetzt und alle paar Wochen – je nach Gebrauch – mit dem Stein unter Wasser. Beim Messerwetzen die Klinge immer nur in flachem Winkel aufsetzen und ständig schneiden. Wie ein richtiger Schleifer können Sie die Nagelprobe machen: Ziehen Sie die Klinge ganz sanft an Ihrem Daumennagel entlang, Sie müssen überall den Schnitt spüren.
Das Brotmesser kann einen Wellenschliff haben. Die übrigen Messer haben eine glatte Klinge. Mit dem breiten Kochmesser können Sie fast alles machen: Kräuter hacken, Sellerie schneiden, kleinste Schalotten hacken oder eine Scheibe von einem großen Schinken absäbeln. Haben Sie keine Angst vor dem großen Apparat. Wenn Sie beim Schneiden und Hacken immer mit der anderen Hand eine Kralle bilden, gleitet das Messer immer an der senkrechten Fingerfront entlang, und Sie können sich nicht schneiden.

Natürlich gibt es in Ihrer Küche auch eine Reihe von Sieben, groben, feinen, Spitzsieben bis hin zu den Teesieben. Die Reiben und Raspeln aus Edelstahl sind gut von Hand zu bedienen, dafür brauchen Sie keinen Elektromotor.
Nun gehen Sie am besten in Ihre Küche und überlegen, worüber Sie sich immer wieder geärgert haben. Durchforsten Sie Ihre Küche und setzen Sie in Ihrem Finanzplan fürs nächste Jahr obenan: Vor der nächsten Urlaubsreise erst mal ordentliche Töpfe, Messer, Schüsseln. Sie können es auch auf zwei oder drei Jahre verteilen. Auch wir haben

mit einfachen Sachen angefangen. Und die Technik? Üben, üben, üben.

Wie immer können wir auch von anderen lernen. Wenn Sie Freunden oder Bekannten beim Kochen helfen, können Sie oft das eine oder andere hinzulernen. Gemeinsam kochen macht Spaß, kann aber auch Anlaß für mancherlei Verdruß sein. Einigen Sie sich zuvor, was Sie kochen, und verteilen Sie die Arbeiten, lernen Sie voneinander. Beim Kochen geht es selten demokratisch zu, denn Sie können nicht stets beraten und abstimmen, ob Sie die Soße jetzt noch etwas einkochen oder vom Herd nehmen, mittlerweile ist sie vielleicht angebrannt. Sie vermeiden Konflikte und Ärger, wenn jeder eine Speise übernimmt.

Sie lernen viel, wenn Sie gute Kochbücher studieren. Es ist zweckmäßig, ein normales Grundkochbuch bei der Hand zu haben. Der Kauf weiterer Kochbücher ist natürlich vom Geldbeutel abhängig. Entscheiden Sie aber nicht danach, wie viele Farbseiten Sie für den geringsten Preis bekommen. Kochbücher mit riesigen Farbbildern taugen in der Regel nichts. Sie brauchen gute Rezepte und praktische Anleitungen, aber keine raffinierten Arrangements aus der Werbeküche.

Wenn Sie nach einem Rezept kochen, müssen Sie sich in der Regel nicht wie ein Sklave an die Angaben halten. Mit der Zeit bekommen Sie ein Gefühl für Mengen und Zeiten. Kochen und Backen sind keine mechanischen Arbeiten, sondern ein kreativer Prozeß. Beschäftigen Sie sich mit dem jeweiligen Lebensmittel, das Sie bearbeiten. Wenn Sie seinen Geschmack und seine Beschaffenheit mit der Zeit kennenlernen, können Sie Rezepte auch selbst abwandeln. Es macht auch nichts, wenn es einmal danebengeht, denn auch beim Kochen lernt man aus Fehlern.

Kochen braucht Zeit. Wer Essen nur als Nahrungsmittelaufnahme ansieht, wird dafür keine überflüssige Minute bereit haben, am liebsten nur Dosen aufwärmen und sein Schappi auslöffeln. Wer aber gerne ißt und trinkt, wird die nötige Zeit finden. Es muß ja nicht jeden Tag ein Menu sein.

Beim Kochen ist die Zeitplanung besonders wichtig. Die einzelnen Speisen eines Menus brauchen möglicherweise viele Arbeitsschritte, und zum Schluß muß dann alles gleichzeitig gemacht werden. Die letzten zehn Minuten vor dem Servieren sind immer hektisch. Dann muß alles stimmen. Bevor Sie ein Menu kochen, sollten Sie auf Papier einen genauen Zeitplan aufstellen und jeden einzelnen Gang mit seinen Bestandteilen in die einzelnen Arbeitsschritte auflösen. Sie sehen dann, was Sie am Vortag erledigen können und wann Sie anfangen müssen, damit Sie zu einer bestimmten Zeit fertig sind.

Mit guter Vorbereitung und ein bißchen Überblick wird es einfacher. Bevor Sie einen Arbeitsgang beginnen, holen Sie sich alle Geräte und Werkzeuge, Gewürze usw. zusammen, damit Sie den Arbeitsgang konzentriert erledigen können. Wenn Sie beispielsweise eine Béarnaise im Wasserbad schlagen und beim Abschmecken erkennen, daß noch ein Tropfen Essig nötig ist, können Sie nicht erst noch lange die Essigflasche suchen. In diesem Falle sollten Sie auch besser zur Zitrone greifen, da Zitrone leichter zu dosieren ist. Wenn Sie mehrere Zutaten vorbereiten, ordnen Sie alles in Schüsseln oder auf Tellern, so steht für den nächsten Arbeitsgang wieder alles bereit. Nach Abschluß jedes Arbeitsgangs werden gebrauchte Teller und Schüsseln beiseite geräumt und in einer Kochpause gleich abgewaschen. Nur die Mehlteige vom Backen oder vom Spätzleteig müssen sofort mit kaltem Wasser abgewaschen werden. Wenn sie einmal hart sind, lassen sich die Schüsseln nur mit viel Mühe reinigen. Mit der Zeit gewinnen Sie auch ohne schriftlichen Zeitplan den Überblick. Wenn wir neue Sachen ausprobieren, machen auch wir uns einen Zeitplan, schließlich sind wir keine Profi-Köche, sondern nur Öko-Gelegenheits-Köche.

AUBERGINE & Co. KG
GEMÜSE

Früher waren wir begeisterte Fleischesser. Heute sind wir wie gewandelt, vom Saulus zum Paulus, vom Schnitzel zum Grünkohl: erstens ist Fleisch sowieso nicht mehr das, was es einmal war, und zweitens funktioniert die hohe Fleischproduktion der Industrieländer nur mit Hilfe der Futtermittelimporte aus den Ländern der Dritten Welt. Brot für die Welt, aber das Fleisch bleibt hier...

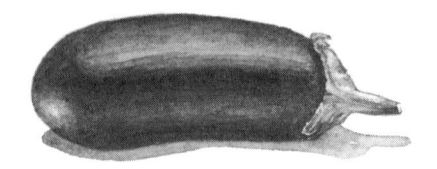

Tatsächlich aber ist das nur *ein* Grund für unseren eingeschränkten Fleischkonsum, ein gewichtigerer ist der: mittlerweile haben wir viele hervorragende Gemüsegerichte gekostet und schätzengelernt, gegen die Fleisch in der Regel doch recht eintönig schmeckt. Beim gemeinsamen Mittagessen im Büro (des Öko-Instituts) gibt es meist schnell zubereitetes und billiges Gemüse, zum Beispiel – nur um Ihnen den Mund wäßrig zu machen – gebratenen Broccoli, gefüllte Kohlblätter, gedünsteten Chicorée, gratinierte Auberginen oder Lauchtorte.

Natürlich gibt es auch gute – ernährungsphysiologische – Gründe für den Griff zum Gemüse: es weist von allen Lebensmittelgruppen den höchsten Gehalt an Vitaminen, besonders Vitamin A, und Mineralstoffen auf, außerdem reichlich Ballaststoffe, die zu einer besseren Darmtätigkeit beitragen. Falls Sie unter Verstopfung leiden: schmeißen Sie die Abführpillen weg oder – besser und umweltbewußt – bringen Sie sie zum Apotheker und eilen zum Gemüsestand. Statt «pflanzlicher» Abführmittel kann man besser Gemüse essen, Gemüse statt Pille.

«Ballaststoffe» ist übrigens ein schlechter Begriff. Er stammt noch aus einer Zeit, in der nicht direkt verwertbare Bestandteile der Lebensmittel als überflüssig – eben als Ballast – angesehen wurden. Weit gefehlt! So wie wir für den Urin Wasser benötigen, brauchen wir für den Stuhlgang Ballaststoffe. Sie sind für uns so lebenswichtig, wie sie es für Schiffe oder für Fesselballons sind!

Gleiches gilt für die Vitamine:
Nachtblinde sollten viel Karotten, Feldsalat, Grünkohl, Spinat und Petersilie essen, bei Erkältungen sollte man zu Paprika, Grünkohl, Meerrettich, Schnittlauch und Petersilie greifen. Frauen bei der Menses und Männer, die sich bei den ersten Kochversuchen in die Finger schneiden, sollten nicht auf Spinat, dicke Bohnen und Schnittlauch verzichten.

Gemüse ist also gesund, möchte man meinen, wenn, ja, wenn es nicht das «Gift im Essen», die «Chemie in Lebensmitteln» gäbe.
Cadmium im Blumenkohl, Blei in der Karotte, zu viel Nitrat in der Roten Bete, chlororganische Pestizide auf dem Kopfsalat und «Muttermilch hochbelastet» sind Schreckensmeldungen der letzten Jahre. Die bundesdeutschen Gesundbeter wie etwa das Bundesgesundheitsamt betonen zwar immer wieder, daß nur in ca. 1 Prozent der Stichproben die Höchstmengen überschritten würden und daß außer in Einzel-

fällen die Belastung der Lebensmittel mit chemischen Schadstoffen gesundheitlich nicht bedenklich sei.

Wer's glaubt, wird selig, und vielleicht kommt die Seele auch etwas früher in den Himmel...
Wer nicht ganz so vertrauensselig ist, kann Gemüse selbst anbauen oder Gemüse aus garantiert ökologischem Anbau kaufen (s. S. 90 ff.). Auch durch Putzen und Schälen läßt sich der Schadstoffgehalt etwas verringern, entsprechende Angaben finden Sie bei den Rezepten.
Allgemeine Aussagen über den Schadstoffgehalt von Gemüsearten sind nur dann möglich, wenn die Pflanzen Schadstoffe in unterschiedlichem Ausmaß anreichern, zum Beispiel bei Nitrat oder bei großblättrigen Gemüsearten.

Maßnahmen zur Schadstoffverminderung

- Gemüse gründlich unter fließendem Wasser waschen, besonders bei gekräuselten, behaarten oder rauhen Oberflächen (Wirsing, bestimmte Salatarten)
- Schälen ist – wenn möglich – dem Waschen vorzuziehen (Gurken)
- äußere Blätter nicht mitverwenden (Salat, Kohl).

Am Beispiel der Gemüsekonserven und des Gemüseverbrauchs läßt sich eine interessante Entwicklung aufzeigen. Um die Jahrhundertwende wurden pro Person und Jahr 35 bis 40 kg Gemüse verbraucht, heute sind es ca. 67 kg. Betrachtet man aber nur das Frischgemüse, so blieb die Menge relativ konstant, sie liegt weiterhin bei ca. 40 kg. Die Zunahme des Gemüseverbrauchs wurde also im wesentlichen durch eine Zunahme des Konservengemüses erreicht. Allein von 1960 bis 1981 stieg der Verbrauch von Gemüsekonserven von 10 kg auf 27 kg pro Person und Jahr, bei Tiefkühlgemüse stieg die Nachfrage auf das 12,5fache.
Die Gemüseerzeugung in Kleingärten und Hausgärten beträgt jährlich rund 8 kg pro Person, somit ist – statistisch gesehen – jeder fünfte in der glücklichen Lage, sich vollständig aus dem eigenen Garten zu versorgen.
Im Vergleich zu anderen Ländern ist unser Gemüseverbrauch jedoch immer noch bescheiden: in Frankreich beträgt der jährliche Pro-Kopf-

Verbrauch 115 kg, in Italien 158 kg und in Griechenland gar 208 kg. Die Griechen müssen die reinsten Vegetarier sein. Aber ist es nicht ungesund und einseitig, nur vegetarisch zu essen?
Auch wir waren lange Zeit dieser Meinung. Kräftig «genährt» wurde sie durch entsprechende Berichte über Unterversorgung mit wichtigen Vitaminen und Spurenelementen und entsprechende Mangelkrankheiten. Mit der Zeit wurden wir jedoch immer mißtrauischer, beschlich uns doch der leise Verdacht, daß hier Ausnahmefälle zur Verdammung einer gewiß doch gesunden und ökologischen Ernährungsrichtung benutzt wurden.
Die bisherigen Ergebnisse einer «Vegetarierstudie» im Bundesgesundheitsamt belegen nun aber, daß eine vegetarische Kost auch als Dauerkost in jeder Hinsicht geeignet ist.

VEGETARISCHE ERNÄHRUNG

Wir essen *nicht* vegetarisch, wenngleich nur noch wenig Fleisch und Wurst, dennoch möchten wir es nicht versäumen, Ihnen die drei wichtigsten vegetarischen Richtungen vorzustellen:

- *Ovo-lacto-vegetarisch:* hier wird kein Fleisch, keine Wurst und kein Fisch gegessen (weil vom toten Tier stammend), wohl aber Eier und Milch (weil vom lebenden Tier stammend);
- *Lacto-vegetarisch:* hier wird auch noch auf Eier verzichtet;
- *Vegan:* in dieser «strengsten» Kategorie wird auch noch die Milch abgelehnt, zum Teil sogar auch Honig.

Vegetarische Kost (die Aussagen beziehen sich im folgenden auf ovo-lacto-vegetarische Kost) hat gegenüber unserer «Normal»-Ernährung folgende Vorteile:

- Fleisch und Wurst sind die wichtigste Quelle für sog. «versteckte Fette», die bei Fleisch zudem überwiegend aus gesättigten Fettsäuren bestehen, die die Herzinfarktgefahr erhöhen. Das gleiche trifft auch für Cholesterin zu. Die hohe Fettzufuhr stellt eines der Hauptprobleme unserer Ernährung dar, durch vegetarische Kost wird sie sinnvoll erniedrigt.
- Auf der anderen Seite essen wir im Durchschnitt zu wenig Kohlenhydrate und unter den Kohlenhydraten zu viel Zucker (Anteil ca. 40 Prozent). Vegetarische Kost und ein höherer Verzehr von stärkereichen Lebensmitteln wie Hülsenfrüchte und Kartoffeln beheben diesen Mangel.
- Fleisch(produkte) enthalten keine Ballaststoffe, dadurch kommt es leicht zu Verstopfungen. Vegetarische Kost mit viel Gemüse und Getreide ist geradezu ideal.
- Zu hoher Fleisch- und Wurstkonsum kann Gicht auslösen. Fleisch(produkte) enthalten viele Purine, eine Vorstufe der Harnsäure, die im Körper gebildet und in der Hauptsache über den Urin abgeführt wird. Bei entsprechender Veranlagung kann es zu erhöhtem Harnsäurespiegel im Blut und zu Gicht kommen.
- Bei Nicht-Vegetariern besteht oft eine Unterversorgung an Eisen, Kalzium und Jod. Bei vegetarischer Kost wird in der Regel ausreichend Kalzium zugeführt (zum Beispiel durch Käse und Quark), der Eisenbedarf wird durch Hülsenfrüchte, Vollkornprodukte und entsprechendes Gemüse bzw. Kräuter (Schnittlauch, Petersilie) gedeckt. Gute Jodquellen sind Seefisch und Trauben, Mineralwasser, Karotten, Hülsenfrüchte und Jodsalz, hierauf sollte man auch bei vegetarischer Kost besonders achten.
- Auch für die Zufuhr der meisten Vitamine ist vegetarische Kost deutlich besser.

Das Gemüseangebot ist so reichhaltig, daß Sie fast immer frisches Gemüse kaufen (oder ernten) können (siehe Saisonkalender Gemüse). Auf Gemüsekonserven können Sie deshalb weitgehend verzichten. Frischgemüse sollten Sie nicht lange lagern, am besten aber im Gemüsefach im Kühlschrank oder in Vorratsräumen mit hoher Luftfeuchtigkeit, ansonsten verliert es an Geschmack und Inhaltsstoffen. Letzteres sollten Sie auch bei der Gemüsezubereitung bedenken: je schonender sie ist, um so mehr können Sie den natürlichen Geschmack kosten. Für die Zubereitung gelten folgende Regeln:

- Gemüse erst kurz vor dem Kochen zubereiten
- möglichst wenig zerkleinern
- lange Aufheizzeiten vermeiden, Ankochen bei höchster Temperaturstufe
- mit möglichst wenig Wasser garen
- Topf mit gut passendem Deckel verschließen
- häufiges Umrühren vermeiden
- möglichst kurze Garzeit
- längeres Warmhalten vermeiden; lieber kalt stellen und bei Bedarf wieder erhitzen.

AUBERGINE & CO. KG

SAISONKALENDER
GEMÜSE

	Jan.	Febr.	März	April	Mai	Juni	Juli	Aug.	Sept.	Okt.	Nov.	Dez.
Artischocken					■							
Auberginen				▨	■	■	■	■	▨	▨		
Bleichsellerie/Staudensellerie	▨	▨	▨	■	▨	▨	▨	▨	▨	▨	▨	▨
Blumenkohl	▨	▨	▨	▨	▨	▨	▨	▨	▨	▨	▨	▨
Bohnen, grün*	▨	▨	▨	▨	▨	▨	■	■	■	▨	▨	▨
Broccoli/Spargelkohl	▨	▨	▨	▨	▨	▨	▨	▨	▨	▨	▨	▨
Chicorée	▨	▨	▨	▨	▨	▨	▨	▨	▨	▨	▨	▨
Endiviensalat/Eskariol	▨	▨	▨	▨	▨	▨	▨	▨	▨	▨	▨	▨
Erbsen, grün*						■	■	▨				
Feldsalat/Rapunzel*	▨	▨	▨	▨					▨	■	■	▨
Fenchelgemüse	▨	▨	▨	▨	▨	▨	▨	▨	▨	▨	▨	▨
Grünkohl	▨	▨	▨							▨	▨	▨
Gurken*	▨	▨	▨	▨	▨	▨	▨	▨	▨	■	▨	▨
Kohlrabi*	▨	▨	▨	▨	▨	▨	▨	▨	▨	▨	▨	▨
Kopfsalat*	▨	▨	▨	■	■	■	■	■	■	▨	▨	▨
Kürbis	▨	▨							▨	▨	▨	▨
Meerrettich	▨	▨	▨	▨	▨	▨	▨	▨	▨	▨	▨	▨
Melonen Wasser-/ Zucker-/	▨	▨	▨	▨	▨	▨	▨	▨	▨	▨	▨	▨
Möhren	▨	▨	▨	▨	▨	▨	▨	▨	▨	▨	▨	▨
Paprikaschoten	▨	▨	▨	▨	▨	▨	▨	■	■	▨	▨	▨
Petersilie*	▨	▨	▨	▨	▨	▨	▨	▨	▨	▨	▨	▨
Porree/Lauch	▨	▨	▨	▨	▨	▨	▨	▨	▨	▨	▨	▨
Radieschen*	▨	▨	▨	▨	▨	▨	▨	▨	▨	▨	▨	▨
Rettich*	▨	▨	▨	▨	▨	▨	▨	▨	▨	▨	▨	▨
Rhabarber				▨	■	■	▨					

SAISONKALENDER GEMÜSE

Legend: ● = Monate starker Angebote, ○ = Monate geringer Angebote, (leer) = Kein Angebot

	Jan.	Febr.	März	April	Mai	Juni	Juli	Aug.	Sept.	Okt.	Nov.	Dez.
Rosenkohl	●	●	○						○	●	●	●
Rote Bete/-Rüben	●	●	○				○	○	●	●	●	●
Rotkohl	●	●	○	○			○	●	●	●	●	●
Schwarzwurzeln	●	●	○	○					○	●	●	●
Sellerieknollen	●	●	○	○				○	●	●	●	●
Spargel				○	●	●						
Spinat*	○	○	●	●	●	○	○	○	●	●	○	
Steckrüben/Kohlrüben	○	○							○	●	●	●
Tomaten*					○	○	●	●	●	○		
Weißkohl/Chinakohl	●	●	○	○			○	○	●	●	●	●
Wirsing	●	●	○	○	○	○	○	○	●	●	●	●
Zucchini/Courgettes						○	●	●	○	○		
Zwiebeln	●	●	○	○				○	●	●	●	●

*auch als Unterglaskulturen

Zeichenerklärung:

☐ Kein Angebot

▨ Monate geringer Angebote

■ Monate starker Angebote

nach: Auswertungs- und Informationsdienst für Ernährung, Landwirtschaft und Forsten AID e.V.

SPINAT

Mit Spinat meinen wir die frischen grünen Blätter, nicht jedoch die tiefgefrorenen grünen Eisklumpen, die sich aufgelöst in eine grüne Pampe verwandeln. Spinat ist ein feines Blattgemüse, als Beilage wie als Hauptgericht und als Salat geeignet. Beim Wurzelspinat wird die ganze Pflanze von der Wurzel abgestochen, er muß deshalb mehrfach gut gewaschen werden. Er ist kräftiger im Geschmack. Beim Blattspinat werden nur die einzelnen Blätter geerntet, er ist zarter und besonders für Salat geeignet. Spinat ist aus Asien im 16. Jahrhundert zunächst nach Spanien eingewandert und hat dann alle Küchen erobert. Er ist vitaminreich, der Eisengehalt wird überschätzt. Spinat sollten Sie nicht länger als einen Tag aufbewahren und ihn dabei im Kühlschrank mit einem ausgewrungenen feuchten Tuch bedecken. Spinat darf nie ein zweites Mal aufgewärmt werden.

Bei jungem Blattspinat müssen nur die kräftigeren Stiele abgebrochen werden, bei älterem Spinat kann der Stiel entfernt werden, indem man das Blatt mit der einen Hand zusammenfaltet und mit der anderen den Stiel herausreißt. Spinat muß sorgfältig mindestens zweimal in viel Wasser gewaschen werden.

BLANCHIERTER SPINAT

Spinat
Olivenöl
Schalotte
Knoblauchzehe

Salz
frisch gemahlener weißer Pfeffer
geriebene Muskatnuß
etwas durchwachsener Speck

Den Spinat blanchieren, also in einen großen Topf mit kochendem Salzwasser hineingeben und – je nach Alter des Spinats – gleich nach dem Aufkochen oder spätestens nach einer Minute herausnehmen. Es ist besser, kleinere Mengen zu blanchieren und mit dem Schaumlöffel herauszuheben, als eine große Menge auf einmal. Den Spinat abtropfen lassen. Bei einem größeren Menu kann man ihn so vorbereitet beiseite stellen.

In einer Pfanne mit etwas Olivenöl den kleingewürfelten durchwachsenen Speck und eine kleingehackte Schalotte und – je nach Geschmack – Knoblauch anbraten. Wenn die Schalotte glasig ist, den blanchierten Spinat zugeben, mit Salz, frisch gemahlenem weißem Pfeffer und etwas geriebener Muskatnuß würzen. Einmal wenden und servieren. Je nach Geschmack und den übrigen Teilen des Gerichts kann der Spinat auch in Butter statt Öl und Speck gebraten werden.

Sie können auch den Spinat tropfnaß in einen Topf geben, zudecken und gerade zusammenfallen lassen. Das dauert nur wenige Minuten. Darauf einige Butterflöckchen. Mit dem gedünsteten Spinat können Sie Omelett oder Maultaschen füllen. Der gedünstete Spinat muß dann vorher gut abtropfen.

Spinat läßt sich auch sehr schön überbacken. Der blanchierte Spinat wird gehackt, in eine geölte Auflaufform gefüllt, gesalzen, gepfeffert, mit Semmelbrösel und Butterflöckchen bestreut und im vorgeheizten Backofen kurz überbacken. Wer will, kann auch Käse hinzugeben.

Spinat paßt nicht nur zu Rührei, sondern hervorragend auch zu Fisch.

CHICORÉE

Chicorée ist die Knospe der Wurzelzichorie, aus der Kaffee-Ersatz hergestellt wird. Zuckerhut und Radicchio sind mit ihm verwandt. Chicorée wird häufig mit Orangen oder Mandarinen (aus der Dose) vermischt. Man weiß nicht recht, ob es ein Salat oder ein verunglückter Obstsalat ist. Der weißgelbe Chicorée schmeckt uns nur als gedünstetes Gemüse, der Radicchio hingegen ist gerade wegen seines bitteren Geschmackstons ein leckerer Salat.

GEDÜNSTETER CHICORÉE

Chicorée *frisch gemahlener Pfeffer, Salz*
Butter *Zitronensaft*

Aus den Chicoréeköpfen wird der bittere Strunk herausgeschnitten. Mit Ihrem spitzen Officemesser (s. S. 33) schneiden Sie einen 2 bis 3 cm tiefen Kegel in den Chicoréekopf. Heraus fällt der bittere Strunk. Einen Topf buttern, den Chicorée hinzugeben und Butterflöckchen daraufsetzen. Salz und Pfeffer hinzu und die Butter einmal aufschäumen lassen, dann bei kleiner Hitze mit gedecktem Topf dünsten, bis der Chicorée gar ist. Mit Zitronensaft beträufeln.
Chicorée läßt sich auch mit Käse überbacken oder mit einer Sauce Béchamel verfeinern, mit Buchweizen gibt dies ein vollständiges Gericht.

KOHL

Wenn man uns im Ausland «Krauts» nennt, so liegt das wohl daran, daß etwa ein Drittel unserer Gemüseernte aus Kohl besteht: Weißkohl (Weißkraut, Spitzkohl, verarbeitet: Sauerkraut), Rotkohl oder Blaukraut, Wirsingkohl. Kohl ist gut zu lagern und deshalb das richtige Wintergemüse.
Kohl hat unerwünschte Folgen, er macht viel Wind. Bevor Sie Kohl absetzen, probieren Sie die Wende: mit Kümmel lassen sich die Folgen mildern. Die Strünke sollten Sie stets herausschneiden. Kohl sollte längere Zeit bei kleiner Hitze garen.

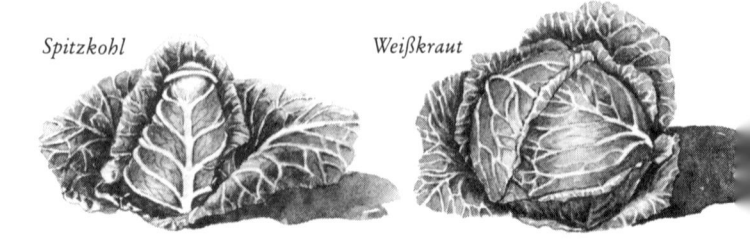

Spitzkohl *Weißkraut*

GESCHMORTER WEISSKOHL

Weißkohl *Olivenöl*
Petersilie *Salz*
Schalotten *frisch gemahlener Pfeffer*
Knoblauch *Kümmel*

Aus dem Weißkohl den Strunk entfernen. Dazu schneiden Sie mit dem großen Kochmesser den Kohl einmal durch und können dann mühelos den Strunk herausschneiden. Der Kohl wird fein gehackt oder geraspelt, einige Minuten in kochendem Salzwasser blanchiert. In einem Topf das Öl erhitzen und die kleingehackte Petersilie, Schalotten, im Frühjahr auch Frühlingszwiebeln, Knoblauch anbraten. Den blanchierten Kohl beigeben, mit Salz, Pfeffer und Kümmel würzen und bei schwacher Hitze schmoren.

Dieses Gericht können Sie variieren, indem Sie statt Olivenöl ausgelassenen Speck nehmen oder Paprikascheiben hinzufügen, mit etwas Essig abschmecken oder zum Schluß Sahne zugeben und mit Essig abschmecken.

Sie können den feingeraspelten Kohl auch gleich schmoren, also nicht vorher blanchieren. Beim Schmoren erhitzen Sie Fett in einer Pfanne und braten die leicht gesalzenen Gemüsestücke darin an. Sie können eine Knoblauchzehe mitschmoren oder gehackte Schalotten später zugeben (damit sie nicht verbrennen). Beim Schmoren soll das Gemüse *leicht* gebräunt sein. Gießen Sie Wasser oder Brühe hinzu, so daß der Satz kurz aufkocht. Dann decken Sie die Pfanne zu und lassen alles bei kleiner Temperatur simmern. Zum Schmoren eignen sich auch Fenchel, Auberginen, Zucchini.

Rotkohl *Wirsing*

Sie können den Kohl auch dünsten: Beim Dünsten wird das frische oder blanchierte Gemüse in einen Topf gegeben. Es wird mit Brühe aufgefüllt. Nach dem Aufkochen bei kleiner Hitze simmern lassen, bis das Gemüse gar ist. Ist noch zuviel Brühe vorhanden, nimmt man das Gemüse heraus und reduziert die Gemüsebrühe bei großer Flamme. Sie wird dann über das Gemüse gegossen.

Zum Dünsten von Gemüse können Sie auch Brühe oder Wein nehmen – nicht jedoch für Kohl. Beim Schmoren und Dünsten wird mit wenig

Flüssigkeit und kleiner Hitze gearbeitet. Das Gemüse verliert sein Aroma an die Brühe, die deshalb immer – notfalls rasch eingekocht – zu diesem Gemüse gegeben wird. Beim Kochen andererseits wird das Gemüse so schnell wie möglich bei großer Hitze in viel Wasser gegart, damit es seine Eigenart erhält.

Kohlblätter lassen sich gut füllen, dazu die ganzen Kohlblätter ein paar Minuten blanchieren und dann kalt abbrausen. Sie sind elastisch. Mit einem flachen Messer die hervorstehende Rippe flachschneiden. Kohlblätter lassen sich nicht nur mit Wurstbrät oder Hackfleisch füllen, sondern beispielsweise auch mit einer Gemüsefüllung aus Auberginen, Paprikaschoten, gekochtem Reis (alles kleinwürfeln und in Olivenöl anbraten, mit Salz und Pfeffer abschmecken).

Für die Fülle können Sie Erbsen, Tomaten (abgezogen und entkernt), gehackten Spinat, gehackte Zwiebeln usw. kombinieren mit gewürfeltem durchwachsenem Speck. Probieren Sie es selbst aus.

WIRSING

Wirsing ist ein feines Gemüse, das sich mit Fisch und Hühnern gut verträgt. Die äußeren dunkelgrünen Blätter werden entfernt, die Strünke und Rippen herausgeschnitten. Als Beilage sollte er in Streifen geschnitten kurz blanchiert werden. In einer Pfanne Butter schaumig werden lassen, den Wirsing hineingeben und mit Salz und Pfeffer abschmecken.

Noch besser kommt der Wirsing zur Geltung, wenn Sie in der Butter eine gehackte Schalotte sowie gewürfelten geräucherten Speck dünsten. Den Wirsing mit ein wenig gemahlenem Kümmel oder geriebener Muskatnuß würzen und zum Schluß Sahne angießen.

Der Wirsing läßt sich vielfältig variieren, in Wein dünsten und mit Tomaten (gehäutet und das Fleisch gewürfelt) reichen.

Wirsingblätter lassen sich gut füllen, mit Geflügel oder beispielsweise Grünkern (natürlich auch vorher blanchieren und kalt abschrecken). Dazu den Grünkern einweichen und garen, mit Salz, Pfeffer, Knoblauch abschmecken und mit anderen Gemüsen, beispielsweise gewürfelten Tomaten, feingeschnittenen Champignons und einem Ei vermischen und damit die Wirsingblätter füllen. In einer feuerfesten gebutterten Form mit etwas Gemüse- oder Fleischbrühe und ein paar Butterflöckchen obenauf in den vorgewärmten Backofen und dort eine halbe Stunde bei mittlerer Temperatur garen.

ROTKOHL

Rotkohl ist kräftig im Geschmack. Er verträgt sich gut mit Apfelschnitzen, einem Lorbeerblatt, einer Nelke, die Sie in die Zwiebel stecken, und etwas Essig zum Abschmecken.

ROSENKOHL

Rosenkohl ist ein gutes Wintergemüse, nach dem ersten Frost schmeckt er besser. Von den Röschen die welken Blätter entfernen. Sie können ihn tropfnaß in einem Topf mit Butter und einer feingehackten Schalotte dünsten, mit frisch geriebener Muskatnuß und Petersilie würzen.

GEBRATENER ROSENKOHL

Rosenkohl *Pfeffer*
Butter *geriebene Muskatnuß*
Salz *Petersilie*

Der Rosenkohl wird ca. 5 Minuten blanchiert. Er muß noch knackig sein. In einer schweren Pfanne Butter aufschäumen lassen, den Rosenkohl hineingeben und mit Salz, Pfeffer und Muskatnuß würzen. Mit reichlich Petersilie bestreuen. Vorsichtig wenden, so daß der Rosenkohl allseits leicht angebraten wird. Wenn Sie es lieber etwas herzhaft haben, können Sie auch kleingewürfelten durchwachsenen Speck und durchgepreßten Knoblauch in der Pfanne auslassen.
Sie können den Rosenkohl auch schmoren. Dazu können Sie ihn in einen Schmortopf mit etwas Butter, Salz und Pfeffer geben und bei kleiner Hitze etwa eine halbe Stunde garen. Mit etwas Zitronensaft abschmecken. Sie brauchen kein Wasser zuzufügen.
Mit Gerste oder Grünkern wird das ein vollwertiges Mittagessen.

BROCCOLI

Broccoli ist mit dem Blumenkohl verwandt. Schneiden Sie die Röschen ab und häuten Sie die Stiele. Zuerst die Stiele in kochendes Salzwasser und nach etwa 10 Minuten die Röschen dazu und nur noch wenige Minuten blanchieren.
Dazu paßt eine Sauce.
Broccoli schmeckt auch gut gebraten. Den blanchierten Broccoli in schäumender Butter, gehackten Mandeln und einer gehackten Knoblauchzehe braten.

BLUMENKOHL

Beliebt und langweilig ist der Blumenkohl. Der langweilige Geschmack wird durch eine weiße Sauce noch hervorgehoben.
Zerteilen Sie lieber den Blumenkohl in die einzelnen Röschen, die 5 bis 10 Minuten blanchiert werden. In einer Pfanne mit gehackten Zwiebeln und Knoblauch und gehackter Petersilie braten. Probieren Sie zur Abwechslung, den Blumenkohl in Curry zu braten. Schütten Sie zuerst kräftig Curry in die schäumende Butter und geben Sie dann die Blumenkohlröschen hinzu.

SELLERIE

Weit verbreitet und für jede gute Fleischbrühe unersetzlich ist der Knollensellerie. Vom Bleichsellerie (Staudensellerie) ißt man die kräftigen Blattstiele.
Nach altem Volksglauben stärkt Sellerie die Potenz. Wir empfehlen: glauben Sie fest daran, denn Glauben macht stark.
Knollensellerie am besten ungeschält kochen, sonst werden die Schnittflächen braun. Wenn Sie Sellerie roh zubereiten, dick schälen und die watteartigen Stellen herausschneiden. Gleich mit Zitrone beträufeln. Sellerie gehört in die Gemüsesuppe und ist auch als Gemüse lecker. Den gekochten Sellerie können Sie mit Käse überbacken reichen. Als Salat können Sie den rohen Sellerie raspeln. Auch der ge-

kochte Knollensellerie schmeckt gut als Salat, mit feingehackten Schalotten, Apfelstückchen (Boskop oder anderem säuerlichen Apfel) und einer Rahmsauce, verfeinert noch mit Walnüssen. Sellerie läßt sich gut pürieren, mit süßer Sahne verfeinern.

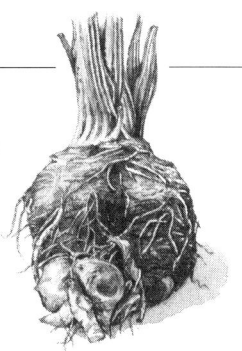

MÖHREN

Die Möhren (norddeutsch Wurzeln) sind in der Küche unersetzlich. Die frühen Sorten heißen Karotten, sie sind kräftig rot und fast rund. Im Sommer und Herbst kennen wir die länglichen Wurzeln, nur die im Spätjahr geernteten Möhren sind lagerfähig. Um das Karotin (Provitamin A) zu erschließen, müssen Sie immer etwas Fett zugeben, beim rohen Möhrensalat also etwas Öl, beim Dünsten stets Butter. Die frühen Karotten und Sommermöhren müssen meist nur gründlich gebürstet, allenfalls geschabt werden. Die Wintermöhren mit dem Sparschäler schälen. Dickere Möhren zerschneiden und den gelben Kern entfernen.

GLACIERTE MÖHREN

Möhren *Salz*
Butter *1 EL Zucker*

Je nach Größe und Alter die Möhren ganz lassen oder teilen. In einem Topf mit etwas Butter, Salz und einem Eßlöffel Zucker auf ein Pfund Möhren aufsetzen und je nach Menge ein bis zwei Fingerbreit Wasser – oder Brühe – beigeben, kurz aufkochen und dann auf mittlerer Hitze garen. Zum Schluß bei großer Hitze das Wasser verdampfen lassen und noch einen Stich Butter beigeben. Der Topf muß dabei immer wieder gerüttelt werden, damit sich die Möhren nicht festsetzen und alle mit der Glasur überzogen sind. Mit Zitronensaft abschmecken. Zur Garnitur etwas Petersilie darüberstreuen.

JUNGE MÖHREN IN SAHNE

Möhren
Wasser
Butter
Salz
Pfeffer

Sahne
1 Eigelb
frische Kräuter (Kerbel, glatte Petersilie, Schnittlauch, wenig Estragon)

In einen Topf mit wenig Wasser die kleinen Möhren und einen Stich Butter hineingeben und mit Salz und Pfeffer und den Kräutern würzen. In offenem Topf bei mäßiger Hitze garen. Nach etwa 10 Minuten Sahne zugießen und bei ganz kleiner Flamme fertiggaren. Nehmen Sie dann den Topf vom Herd. Schütten Sie ein wenig Gemüsesaft in eine Schüssel, in der Sie das Eigelb verkleppern. Die Mischung gießen Sie dann in den Gemüsetopf zurück. Nicht mehr aufkochen, weil sonst das Ei stockt.

ZWIEBELN

Die Zwiebel gehört zu den ältesten Gemüse- und Würzpflanzen. Es gibt viele Sorten: Am weitesten verbreitet ist die Saatzwiebel mit der braunen Außenhaut, im Frühjahr sind die Lauch- oder Frühlingszwiebeln köstlich als Salat oder Gemüse. Die Silber- oder Perlzwiebeln werden meistens nur eingemacht. Die dicken Gemüsezwiebeln sind mild und etwas süß. Die roten Zwiebeln sind ebenfalls mild und für Salat geeignet. Zum pikanten Würzen sind Schalotten besonders geeignet. Sie haben eine länglichere Form und lassen sich sehr gut kleinhacken. Probieren Sie im Frühjahr ein Zwiebelgemüse, das Sie ähnlich wie Lauch zubereiten und mit einem milden Essig oder Zitrone abschmecken. Zwiebeln lassen sich glacieren.

ZWIEBELKUCHEN

5 bis 6 große Zwiebeln
Salz
Pfeffer
Butter zum Braten
200 g ungeräucherter durch-
wachsener Speck
3 Eier
2 EL Sahne
3 EL Crème fraîche

Für den   (für 4 Personen)
Mürbeteig:
500 g Vollkorn-Mehl (Weizen)
250 g Butter
2 Eigelb
Salz
etwas Wasser

Uns schmeckt der Zwiebelkuchen am besten auf einem Mürbeteig. Natürlich können Sie auch einen – salzigen – Hefe- oder Blätterteig als Unterlage verwenden. Bereiten Sie den Mürbeteig so rechtzeitig vor, daß Sie den Teig in einer Schüssel mehrere Stunden kühl lagern können (nicht im Kühlschrank). Dazu die Zutaten in einer Schüssel mit den Fingern mischen. Der Teig soll fest sein. Den Teig auf einem Backblech dünn ausrollen und rundum einen Rand hochziehen.
Die Zwiebeln kurz blanchieren. Wenig Salz ins Wasser, Sie können nämlich dann gleich den Speck darin blanchieren. Der nicht geräucherte durchwachsene Speck wird in kleine Würfel geschnitten. In der Pfanne die Butter schaumig werden lassen und die gehackten Zwiebeln und den Speck hinzufügen, mit Salz und Pfeffer würzen und in einer Schüssel abkühlen lassen.
Die Eier schaumig schlagen und Sahne und Crème fraîche unterrühren und zu den Zwiebeln geben. Die Mischung auf den Teigboden ausbreiten, kleine Butterflöckchen daraufsetzen und im vorgeheizten Backofen ganz unten, am besten auf dem Boden des Ofens bei mittlerer Hitze backen, gegebenenfalls am Schluß noch einmal auf der obersten Leiste.

PAPRIKA

Die Paprika wurde zunächst als Zierpflanze im 16. Jahrhundert aus Amerika nach Europa gebracht. Bekannt sind der milde Gemüse- und der scharfe Gewürzpaprika. Paprika gibt es in vielen Formen und Farben, mit dem sich jeder Gemüseeintopf schmucken läßt. Der Gewurzpaprika wird meist nur getrocknet und als Gewürz vermahlen angeboten. Je nachdem, wieviel von den Scheidewänden und den Samenkernen vermahlen wird, ergeben sich die Stufen edelsüß, halbsüß und Rosenpaprika. Beim Gemüsepaprika immer die inneren Scheidewände und Samenkerne entfernen, denn darin steckt der scharf schmeckende Gewürzstoff. Paprika läßt sich gut in Olivenöl schmoren. Tomaten (enthäutet und gewürfelt) kommen erst in den letzten Minuten hinzu, sonst zerkochen sie. Paprika sind ideal zum Füllen:

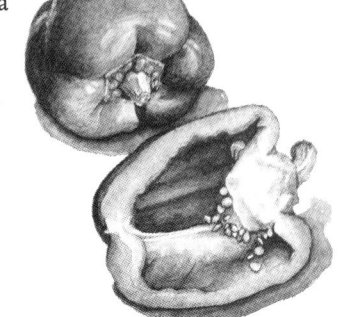

GEFÜLLTE PAPRIKASCHOTEN

6 bis 8 große Paprika (Rezept für vier Personen)

Füllung:	*1 EL Korinthen*
250 g Reis	*½ EL Zucker*
Olivenöl	*Salz*
1 Zwiebel	*Pfeffer*
1 Knoblauchzehe	*Thymian*
1 Tomate	*Petersilie*
1 bis 2 EL Pinienkerne	

Von der Paprikaschote den oberen Teil mit dem Stiel abschneiden, Samen und Rippen entfernen. Beide Teile einige Minuten blanchieren.
In einer Pfanne die Zwiebel im Olivenöl braten, die abgezogene und entkernte Tomate zufügen, ebenfalls die Pinienkerne, Korinthen, Zucker und Thymian. Mit Salz und Pfeffer abschmecken. Den gewaschenen Reis hinzugeben, anbraten, mit Wasser auffüllen und auf kleiner Flamme kochen, bis der Reis die gesamte Flüssigkeit aufnimmt. Etwas abkühlen lassen und die Paprikaschoten damit füllen. Die Paprikaschoten in eine feuerfeste Form dicht nebeneinanderstellen, mit den Deckeln schließen, die Form zur Hälfte mit Wasser füllen, mit einem nicht ganz schließenden Deckel überdecken und im vorgeheizten Backofen bei mittlerer Hitze garen. Mit Petersilie garnieren. Diese

Füllung eignet sich auch für Auberginen, Zucchini und Tomaten. Wenn sie etwas gehaltvoller sein soll, fügen Sie Getreide oder Fleisch hinzu. Sie können diese Füllungen ganz nach Ihrem Geschmack abwandeln.

AUBERGINEN

Die ovalen violetten Auberginen werden auch Eierfrucht genannt. Trotz ihres hohen Wassergehaltes (92 Prozent) erscheinen sie trocken. Sie dürfen nicht im Kühlschrank gelagert werden.
Auberginen können entwässert werden: in Scheiben schneiden, mit Salz bestreuen, ziehen lassen und dann abtupfen. Erst dann braten.
Auberginen lassen sich wie Paprika gut füllen. Sie werden dazu halbiert, das Fleisch wird mit einem Löffel herausgeschabt, so daß noch eine ausreichende Schicht in der Schale bleibt. Das ausgelöffelte Auberginenfleisch nicht wegwerfen, sondern für die Füllung verwenden. Die Auberginenhälften mit Salz bestreuen und mit der offenen Seite nach unten auf einen Teller legen. Vor dem Füllen trockentupfen.

TOMATEN

Die Tomaten wurden früher Liebesapfel genannt, als Wurfgeschoß übermitteln sie aber in der Regel keine Liebesgrüße. Sie werden zwar das ganze Jahr über angeboten, schmecken aber nur, wenn sie in der Sonne reif geworden sind. Die Fleischtomate ist ideal für den Salat, die kugelige Tomate für Salat wie Gemüse oder zur Garnitur geeignet, die Pflaumen- oder Eiertomate für Gemüse und Suppe. Tomaten nicht zusammen mit Gurken aufbewahren, da sie Äthylen ausscheiden, das Gurken vergilben läßt.

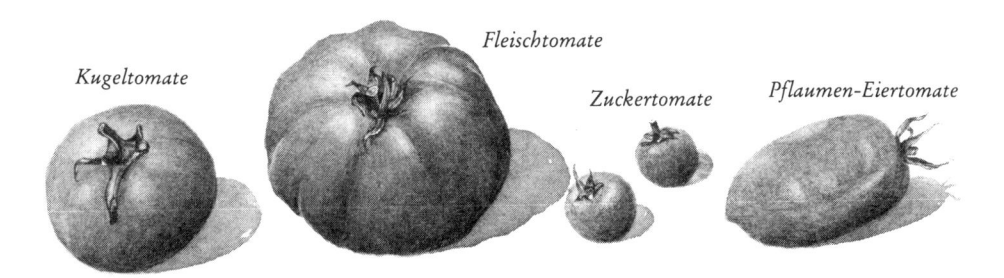

Kugeltomate

Fleischtomate

Zuckertomate

Pflaumen-Eiertomate

Tomaten zu enthäuten ist ganz einfach. Mit einem spitzen, scharfen Messer den Strunk entfernen (einen Kegel schneiden) und auf der Oberseite kreuzweise leicht einschneiden. In kochendes Wasser legen: reife Tomaten nur eine halbe Minute, festere etwas länger. Mit einem Schaumlöffel herausnehmen und gleich kalt abbrausen. Von den Einschnitten her können Sie die Haut dann leicht abziehen. Die Kerne lassen sich gut entfernen, indem Sie die Tomate waagerecht (an ihrem Äquator) durchschneiden und den Samen herausdrücken. Das kleingeschnittene Tomatenfleisch gehört geschmacklich und optisch zu vielen Gerichten. Tomaten können Sie füllen, als Gemüse servieren (mit Zwiebeln, Knoblauch und Salbei gewürzt). Die Möglichkeiten sind so vielfältig, daß wir gar keine gesonderten Rezepte anführen. Nur bei den Suppen finden Sie die Tomatensuppe.

Im Winter kaufen wir keine frischen Tomaten. Diese stammen entweder aus Gewächshäusern und vermitteln nur optische Reize, oder aber sie sind mit hohem Energieaufwand von der südlichen Halbkugel eingeflogen. Wir begnügen uns im Winter mit Tomatenmark oder Tomaten in Dosen.

FENCHEL

Der Gemüsefenchel ist ein Zwiebelgewächs, nicht mit dem Gewürz zu verwechseln. Er schmeckt anisartig. Als Gemüse wie als Salat sind die fleischigen Blattstiele und das Kraut geeignet. Für den Salat sollten Sie Fenchel in feine Scheiben schneiden, da er einen kräftigen Biß hat. Er ist ideal zum Dünsten, läßt sich mit Käse überbacken. Auch als Gemüse soll er seinen Biß behalten.

ZUCCHINI

Zucchini sehen aus wie Gurken, sind aber Kürbisse. Sie haben einen sechskantigen Stiel. In feine Scheiben geraspelt können Sie Zucchini unter Salat mischen. Unerläßlich ist er in Gemüseeintöpfen mit Tomaten und Auberginen. Er schmeckt gedünstet und geschmort, die großen Zucchini können Sie füllen (s. S. 54 f.).

LAUCH

Lauch (Porree) ist ein köstliches Gemüse, das ganze Jahr über zu erhalten. Sie brauchen Lauch als Gewürz auch zum Schmoren von Rinderbraten, in der Fleischbrühe und in jedem Kräuterstrauß. Entfernen Sie zunächst die schlechten äußeren grünen Blätter und schneiden Sie die schlechten Spitzen ab. Dann teilen Sie die Lauchstengel der Länge nach, so können Sie den Sand am grünen Blattansatz am besten entfernen.
Lauch läßt sich in Wein dünsten (mit Muskatnuß abschmecken). Lauch nicht zu lange dünsten, er muß noch Biß behalten.

LAUCHTORTE

2 bis 3 Stangen Lauch
2 Eier
¼ l Sahne
3 EL Crème fraîche
durchwachsener Speck
Butter
Weißwein
Salz
Pfeffer

Für den Mürbeteig:
500 g Vollkorn-Weizenmehl
250 g Butter
2 Eigelb
Salz
etwas Wasser

Bereiten Sie den Mürbeteig wie beim Zwiebelkuchen und walzen Sie den Boden auf einem Backblech ganz dünn aus.
Lauch in feine Streifen schneiden und in Butter bei kleiner Hitze anbraten, salzen, pfeffern und mit etwas trockenem Weißwein (Riesling oder Gutedel) dünsten, bis der Lauch fast gar ist. In einem Sieb abtropfen lassen. Den durchwachsenen Speck blanchieren, würfeln und gut abgetropft auf den Teigboden streuen, Lauch darüber verteilen. Eier mit Sahne und Crème fraîche, Salz und Pfeffer schlagen und darübergießen. Im Backofen bei mittlerer Hitze auf der untersten Leiste, noch besser auf dem Boden eine halbe Stunde backen. Das Ei muß gestockt sein, darf aber nicht zu trocken werden.

BOHNEN

Am weitesten verbreitet sind die grünen Bohnen, die bei uns meist schon zu dick und zu hart angeboten werden. Daneben gibt es die Wachsbohnen, die Schnittbohnen und die dicken Bohnen. Bohnengemüse braucht immer etwas Fett, es muß nicht immer Speck sein. Bohnen dürfen nicht zu lange gekocht oder gedünstet werden, sie müssen noch Biß haben. Fäden müssen vorher entfernt werden. Dazu den Stiel so weit durchschneiden, daß man den Faden abziehen kann. Heute werden meist fadenlose Bohnen angeboten.
Grüne Bohnen können Sie blanchieren und dann anbraten oder in Olivenöl und Knoblauch sautieren. Sautiertes Gemüse muß immer trocken sein. Deshalb die Bohnen nach dem Waschen gut mit einem Tuch trocknen.

Filetbohnen

Grüne Bohnen (Buschbohnen, Stangenbohnen)

Dicke Bo(Puffboh

GEMÜSETORTE

500 g Vollkorn-Mehl
30 g Hefe
0,3 l Buttermilch oder Wasser
60 g geschmolzene Butter
Salz

Belag:
Olivenöl
Salz
Pfeffer
Gemüse der Saison
geriebenen Käse
Crème fraîche
1 Eigelb

Bereiten Sie einen Hefeteig: das Mehl in eine Schüssel geben, die Hefe mit der Buttermilch oder Wasser und Salz auflösen und mit dem Mehl vermischen und den Teig kräftig durchkneten. Dann eine halbe Stunde zugedeckt ruhen lassen. Danach die geschmolzene Butter zugeben und noch einmal kräftig durchkneten. Welches Vollkornmehl Sie wählen, hängt von den Gemüsen ab. Sie können Weizen und Roggen beispielsweise auch mischen. Der Hefeteig wird dünn ausgewellt und auf das gebutterte Backblech gelegt.
Die Oberfläche mit etwas Öl einpinseln und darauf die Gemüse verteilen. Die Gemüse können Sie nach Jahreszeit wählen. Bedenken Sie auch die verschiedenen Farben. Der Hefeteig braucht bei etwa 200° eine gute halbe Stunde. Härteres Gemüse müssen Sie also vorbereiten. Es empfiehlt sich deshalb, Paprikaschoten, Zwiebeln und Lauch leicht anzudünsten und bereits zu würzen (den Knoblauch nicht vergessen!). Gemüse, das sehr wasserhaltig ist, sollte auch vorher angedünstet, abgetropft und dann erst auf den Teig gelegt werden. Das gilt zum Beispiel für Zucchini. Die Tomaten ziehen Sie natürlich ab und entfernen das flüssige Innere.
Der Gemüsekuchen läßt sich mit Sesamkörnern, mit Mandelstiften oder mit Pistazien verfeinern. Ebenso können Sie Champignons verwenden, die Sie in Scheiben schneiden und andünsten. Schließlich darf der Käse (Emmentaler oder Greyerzer) nicht fehlen, den Sie geraspelt zum Schluß über die Gemüsemischung geben. Ganz nach Geschmack können Sie zum Schluß Crème fraîche mit einem verquirlten Eigelb, gewürzt mit Salz und Pfeffer, vorsichtig übergießen und bei großer Oberhitze noch einmal überbacken. Der Gemüsekuchen läßt sich im Geschmack durch die Gemüsesorten, die Mehl- und die Käsesorten vielfältig variieren. Es gibt Leute, die diese Gemüsetorte auch Pizza nennen. Das ist eine Beleidigung!

RATATOUILLE

Zwiebeln
Tomaten
Zucchini
Auberginen
Paprika

Olivenöl
Knoblauch
Bukett garni
frischer gemahlener Pfeffer

Die Zwiebeln hacken und in einer Pfanne im Olivenöl garen, bis sie glasig werden. Die Tomaten abziehen, entkernen und würfeln und zu den Zwiebeln geben. Die Auberginen schälen und in Scheiben schneiden, von den Paprikaschoten die Kerne und Rippen entfernen und in Streifen schneiden und mit den Auberginen und dem zerdrückten Knoblauch in die Pfanne geben. Das Bukett garni (s. u.) beifügen und mit Salz und Pfeffer würzen. Nach einer halben Stunde die in Stücke geschnittenen Zucchini hinzufügen und bei schwacher Hitze noch eine halbe Stunde simmern lassen. Dann alles durch ein Sieb abgießen und die Brühe auffangen. Die Gemüsemischung warm halten und die Flüssigkeit bei großer Hitze einkochen und zu den Gemüsen geben. Soll der Eintopf kalt gegessen werden, fügt man noch etwas Olivenöl zu. Nach diesem Prinzip können Sie die verschiedensten Gemüse miteinander kombinieren. Das Bukett garni besteht aus Lauch, Petersilie, Lorbeerblatt, Thymian und Bleichsellerie. In der Kombination sollten Sie auch grünen Blattsalat nicht vergessen. Variieren Sie die Geschmacksrichtungen mit Majoran, Oregano, Basilikum; natürlich nicht alle Gewürze, sondern immer nur eines, und nicht so viel, daß es penetrant durchschmeckt. Für die schnelle Küche sind die chinesischen Gemüsegerichte zu empfehlen. Dabei wird das Gemüse kleingeschnitten und in heißem Öl gebraten. Die Reihenfolge richtet sich nach den Garzeiten der einzelnen Gemüse.
Auch wenn wir die Kartoffel in einem besonderen Kapitel behandeln, sollten Sie die Kartoffeln bei Ihren Gemüseeintöpfen nicht vergessen. Achten Sie aber darauf, daß sie nicht zerkocht. Wenn Sie zuviel Gemüsesaft haben, sollten Sie ihn, wie hier beschrieben, besser abgießen und gesondert einkochen, sonst wird das Gemüse zu weich.
Sie können dazu Vollkornbrot essen oder – je nach Gemüsen – Gerste oder Weizen garen und zum Schluß untermischen. Das ist eine volle, leckere Mahlzeit.

Hülsenfrüchte

Bei Hülsenfrüchten, wie zum Beispiel den Linsen, muß man unwillkürlich an Aschenputtel denken. «Die guten ins Töpfchen, die schlechten ins Kröpfchen», so mußte Aschenputtel die Linsen sortieren, die ihm die garstigen Stiefschwestern («schön und weiß von Angesicht, aber garstig und schwarz von Herzen») in die Asche schütteten. Aber am Schluß hat sie doch den Königssohn gekriegt! Und vielleicht geht es Ihnen auch so? Aber natürlich nicht, wenn Sie Hamburger bei Burger King essen.

Es ist ja nicht mehr üblich, getrocknete Hülsenfrüchte zu essen. Die Älteren erinnern sich noch an die «schlechten Zeiten», als es häufiger Gerichte aus Hülsenfrüchten gab. Heute ist das nur noch ein Essen «für arme Leute». Und auch die müssen nicht mehr die Bohnen oder Linsen über Nacht einweichen, sie können gleich zur Dose greifen.

Getrocknete Hülsenfrüchte, besonders die Sojabohnen, enthalten viel Eiweiß, Mineralien und Vitamin B. Die Sojabohnen, die Sie bei uns zum Kochen kaufen können, sind in Wahrheit die kleinen Mung-Bohnen. Sie enthalten ungesättigte Fette und Lecithin.
Getrocknete Bohnen und Erbsen werden über Nacht eingeweicht, Linsen können Sie zwei Stunden einweichen und dabei auch die Kochzeit reduzieren. Bohnen werden gewaschen und schlechte ausgesondert. Man nimmt vier Teile Wasser auf einen Teil Bohnen. Am nächsten Tag kochen Sie die Bohnen im Einweichwasser. Es gibt auch noch eine Schnellmethode, bei der Sie die Bohnen aufkochen und dann eine gute Stunde warm stellen und danach kochen.

Kochzeiten:
Erbsen und kleinere Bohnen: *ca. eine Stunde*
größere Bohnen: *ca. zwei bis drei Stunden*
Sojabohnen: *ca. drei bis vier Stunden*
Linsen: *ca. 20 bis 30 Minuten*

Im Dampfdrucktopf verringern sich die Zeiten:
Erbsen und kleine Bohnen: *ca. 20 Minuten*
größere Bohnen: *ca. 30 bis 40 Minuten*
Sojabohnen: *ca. 40 bis 50 Minuten*
Linsen (eingeweicht):   *ca. 10 Minuten*

Da Bohnen oft schäumen, können sie im Dampfdrucktopf das Ventil zusetzen. Deshalb darf der Dampfdrucktopf nur zur Hälfte gefüllt werden.
In das Bohnenwasser von Anfang an Salz und etwas Öl geben und leicht köcheln. Nach der halben Garzeit die übrigen Gewürze hinzugeben. Bohnen eignen sich wie Getreide zum Kochen in der Kochkiste. Weil das Kochen von Bohnen so lange Zeit in Anspruch nimmt,

wird auch empfohlen, gleich etwas mehr zu kochen und einen Teil dann einzufrieren. Das mag praktisch sein, doch müssen Sie den Energieaufwand beim Einfrieren in Beziehung setzen zu dem Kochen einer zweiten Bohnenration. Wir halten diese Empfehlung nicht für ökologisch, sondern raten statt dessen, Bohnen für zwei Tage zuzubereiten und am nächsten Tag das Bohnengericht abzuwandeln oder einen Bohnensalat für den nächsten Tag vorzubereiten (er muß ziehen!). Selbstverständlich können Sie weiße Bohnen auch durch Sojabohnen ersetzen. Welche Bohnen Sie vorziehen, ist letztlich eine Geschmacksfrage.

Das Eiweiß der Bohnen und Linsen ergänzt sich mit Getreide hervorragend, so daß aus ernährungsphysiologischen Gründen auf Fleisch ganz verzichtet werden kann. Wenn Sie Bohnen, Erbsen und Linsen von Woche zu Woche abwechseln, können Sie an diesen Tagen das Fleisch weglassen oder stark reduzieren. Natürlich wissen wir, wie gut ein Stück Eisbein in der Erbsensuppe schmeckt. Sie müssen das Fleisch ja auch nicht ganz weglassen, wählen Sie einfach eine kleinere Portion und bessern Sie das Gericht mit Getreide auf. Das ist dann sehr viel leichter bekömmlich. Ernährungsgewohnheiten lassen sich nicht von heute auf morgen ändern. Es braucht schon seine Zeit, um seine Vorlieben zu ändern. Wir erinnern uns an die Jahre nach dem Krieg, als es nur am Sonntag ein bißchen Fleisch gab. Verzicht auf Fleisch erweckt deshalb immer die Erinnerung an Armut und Hunger. Außerdem muß das Vorurteil überwunden werden, nur Fleisch spende Kraft.

Wir selbst wollen nicht zum Vegetarier werden, aber Sie auch nicht davon abhalten. Es ist deshalb wichtig, eine persönliche Strategie zu finden: auf jeden Fall nicht täglich Fleisch essen und bei den einzelnen Mahlzeiten weniger Fleisch essen. Dafür aber die fleischlosen Gerichte sorgfältig zubereiten. Sie werden erkennen, daß Sie auch ohne oder mit wenig Fleisch anhaltend satt werden, sich körperlich unbeschwert – und kräftig – fühlen.

GEBACKENE BOHNEN

getrocknete weiße Bohnen
Tomatenmark
Senf
Salz
Pfeffer

Olivenöl
durchwachsener geräucherter
Speck
Bohnenkraut
Oregano

Die eingeweichten weißen Bohnen eine halbe Stunde mit dem Bohnenkraut kochen, dann das Bohnenwasser abgießen und auffangen. Das Tomatenmark mit den Gewürzen mischen, den durchwachsenen Speck würfeln und mit der Zwiebel in etwas Öl glasig werden lassen, mit dem Tomatenmark mischen und mit den Bohnen in eine feuerfeste Form gießen, obenauf etwas Bohnenwasser gießen. Die Form zudecken und in einem vorgewärmten Backofen bei 250° backen. Nach einer halben Sunde den Deckel abnehmen und die restliche halbe Stunde fertig garen.

KERNBOHNEN MIT GERSTE

4 Teile rote Bohnen, 150 g
1 Teil Gerste, 50 g
2 Tomaten
3 bis 4 Karotten
1 Petersilienwurzel
2 Zwiebeln
1 Knoblauchzehe

1 Paprikaschote   (für 4 Personen)
Lorbeerblatt
Koriander
Salz und Pfeffer
geräucherter, durchwachsener
Speck

Bohnen und Gerste zusammen aufsetzen (vorher einweichen!) und nach der halben Garzeit die gestiftelten Gemüse (Tomaten abbrühen, häuten, Kerne entfernen und würfeln) mit dem gewürfelten Speck und die Gewürze hinzugeben. Gewürfelte Zwiebeln und kleingehackten Knoblauch in Öl anbraten, würzen und unter die Bohnenmischung ziehen. Mit frischer gehackter Petersilie bestreuen und mit Zitrone abschmecken.

LINSEN

20 g Linsen
Lorbeerblatt
Oregano
Salz und Pfeffer
Zwiebeln

Petersilienwurzel   (für 4 Personen)
Petersilie
durchwachsener, geräucherter
Speck
Möhren

Die eingeweichten Linsen mit dem vorbereiteten Gemüse, dem Speck und den Gewürzen aufsetzen und nach dem Aufkochen noch eine halbe Stunde köcheln lassen. Die gewürfelten Zwiebeln in Öl anbraten und zum Schluß dazugeben. Mit Essig abschmecken.
Linsen schmecken auch mit Curry gewürzt (scharfer Madrascurry). In Schwaben werden Linsen zu Spätzle gegessen. Sie lassen sich auch gut mit Gerste oder Weizen in einem Eintopf kombinieren.

LINSEN MIT REIS

100 g Linsen
100 g Vollkornreis
Fleischbrühe
Salz und Pfeffer
Majoran
Tomatenmark
Paprikaschote

Zucker
Kreuzkümmel
Chili
Olivenöl
Zwiebeln
Knoblauch

In einem schweren Eisentopf Olivenöl erhitzen und die (eingeweichten) Linsen hinzugeben und unter Rühren anbräunen, mit heißer Fleischbrühe aufgießen, Salz, Pfeffer und Majoran hinzufügen und aufkochen. Den vorgekochten Reis beigeben und leicht köchelnd garen.
In einem zweiten Topf eine Sauce aus Tomatenmark, einer gewürfelten Paprikaschote, Zucker, Salz, Kümmel (im Mörser zerstoßen) zubereiten und mit Chili oder Cayennepfeffer scharf würzen. In Öl die Zwiebeln und Knoblauchzehen anbraten. In einer warmen Schüssel Linsen

und Reis anrichten, die Sauce darübergießen und mit den Zwiebeln garnieren.

CURRYERBSEN

200 g Erbsen
1 EL gemahlenen Koriander
1 TL gemahlene Gelbwurz
½ TL Chilipulver
½ TL gemahlenen Kreuzkümmel
½ TL gemahlenen Ingwer

½ TL Senfpulver   (für 4 Personen)
Butter
kleingehackte Zwiebeln
1 zerdrückte Knoblauchzehe

Die Erbsen in reichlich Salzwasser garkochen. Das Wasser über einem Sieb abgießen, die Erbsen etwas abkühlen lassen. In der Zwischenzeit die Gewürze mischen, in der Pfanne Zwiebeln und Knoblauch in Butter glasig dünsten, die Gewürze zugeben und ein paar Minuten auf kleiner Flamme dünsten. Die gekochten Erbsen hinzugeben, mit Salz abschmecken.
Die Currymischung können Sie auch für andere Gemüse verwenden, zum Beispiel für Blumenkohlröschen.

FREUNDE DER NACHT

KARTOFFELN

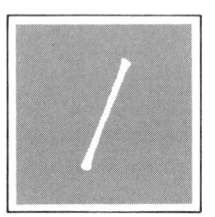

Im Jahr 1537 entdeckten spanische Eroberer im Hochland zwischen Ecuador und Kolumbien erstmals die Kartoffel, eine «mehlige Wurzel von gutem Geschmack». Die im Spanischen Erd-Trüffel genannte Kartoffel wurde fortan als Proviant auf der Rückfahrt verwendet und kam so nach Spanien, wo sie zum erstenmal im Jahr 1573 angebaut wurde.

DIE GESCHICHTE DER KNOLLE

Die Kartoffel galt als botanische Kostbarkeit, vor allem war man von den duftigen Blüten angetan. Bis ins 18. Jahrhundert hinein wurde die Kartoffel kaum gegessen und von Theologen, Ärzten und Landwirten bekämpft. In Preußen wurde die Kartoffel vor allem durch Friedrich II. (Friedrich der Große) gefördert. Er ließ sie von Amts wegen anbauen, und einige Historiker behaupten, daß der Siebenjährige Krieg, der bald danach ausbrach, nur durch die Kartoffel gewonnen wurde, da die Österreicher und Russen die Getreidezufuhr gesperrt hatten.

Der französische Apotheker Antoine Parmentier, der in preußische Gefangenschaft geraten war und Kartoffeln essen mußte/durfte, wurde zum fanatischen Förderer der Kartoffel. Den Höhepunkt seiner Kampagne stellte ein Kartoffelessen dar, bei dem alle Mahlzeiten aus Kartoffeln bestanden. Nach einer Kartoffelsuppe gab es klare Brühe auf Kartoffelbrot. Es folgten gekochte Kartoffeln mit einer weißen Soße, gedämpft, à la maître d'hôtel und braun gebraten. Zur Abwechslung wurden dann Rösti, Kartoffelpastete, Pfannkuchen, Salat und Kuchen serviert. Zum Schluß gab es Kartoffelkäse, Kartoffelbrot, eine Kartoffeltorte, Kartoffelmehlkuchen, Kartoffelkaffee, zwei Kartoffelbrote.
Ein gewisser Erfolg war Monsieur Parmentier nicht abzusprechen, noch heute heißen zahlreiche Kartoffelgerichte nach ihm. Und mit 250 Millionen Tonnen jährlicher Ernte gehört die Kartoffel zu den unentbehrlichen Grundnahrungsmitteln der Menschheit.
Ohne Kartoffel keine industrielle Entwicklung Europas! Das ist zwar etwas übertrieben, aber so ganz unrichtig auch nicht, denn nur durch die Erhöhung der Produktivität in der Landwirtschaft war es möglich, daß genügend Arbeitskräfte zuerst in den Manufakturen, später in der Industrie arbeiten konnten. Bis in die Neuzeit hinein waren die meisten Arbeitskräfte in der Landwirtschaft gebunden. Die Kartoffel hat wesentlich zur Steigerung der Nahrungsmittelproduktion beigetragen.

Die Kartoffel ist ganz zu Unrecht wenig geschätzt. Meist wird daraus nur die Salzkartoffel (ver)kocht. Die Industrie hat sich der Kartoffel angenommen und bietet sie nun vom Pulver bis zu Chips an, so daß man möglichst wenig von dem ursprünglichen Produkt sieht. Zunehmende Verbreitung haben auch die «Fritten» gefunden. Auch sie lassen sich industriell gut präparieren und verkaufen.

Lernen Sie wieder die Kartoffelsorten kennen und probieren Sie aus, wie unterschiedlich sie schmecken.

Besonders mehlig: Bintje.
Mehlig-festkochend: Prinzeß, Marja und Désirée, also gut für Kartoffelbrei und Klöße.
Festkochend: Sieglinde und Hansa, also ideal für den Kartoffelsalat.

Kartoffeln sollten möglichst mit der Schale gekocht werden, also als Pellkartoffeln oder im Ofen, halbiert auf dem geölten Backblech. Sie brauchen bei etwa 250°C je nach Größe 40 bis 60 Minuten. Auf dem Backblech lassen sich auch rohe Kartoffelscheiben mit gehackten Zwiebeln und gehacktem Speck, mit Salz und Pfeffer und etwas Majoran gewürzt, in etwa 45 Minuten knusprig braten. Dazu gibt es Backäpfel.
Bratkartoffeln sollten Sie aus Pellkartoffeln herstellen. In die Pfanne nur wenig Fett, kleingehackten Speck und dann die Kartoffelscheiben hinein. Erst wenn die Kartoffeln schon etwas angebraten sind, kleingehackte Zwiebeln hinzugeben. Nur mittlere Hitze und zuerst den Deckel auf die Pfanne. Wenn die untere Schicht angebraten ist, vorsichtig mit dem Spachtel wenden und offen weiterbraten. Nicht so viele Kartoffeln in die Pfanne, sonst werden sie matschig, und außerdem brauchen sie zuviel Fett. Lieber bei kleinerer Flamme etwas länger und dafür mit weniger Fett braten. Ganz kleine Pellkartoffeln werden nicht zerschnitten, sondern in wenig Butter rundum braun gebraten.

Völlig zu Unrecht hat die Kartoffel den Ruf, sie mache dick. Das stimmt natürlich, wenn Sie Fritten essen oder die fetten Chips zum Krimi knabbern. Sonst ist die Kartoffel ein herrliches Gemüse für all diejenigen, die schlank bleiben wollen.

Wir empfehlen Ihnen, Kartoffeln im Keller zu lagern, denn so können Sie selbst entscheiden, ob und welche Hilfsmittel Sie verwenden, damit die Kartoffeln nicht keimen. Außerdem können Sie dann sicher sein, daß Sie keine ausländischen Kartoffeln bekommen, die bestrahlt werden, damit sie nicht keimen.

SALZ- ODER PELLKARTOFFELN?

Wenn Sie die Kartoffeln mit der Schale kochen – und selbstverständlich nicht durchschneiden –, laugen sie nicht aus und behalten ihre Inhaltsstoffe und ihr Aroma. Ersetzen Sie die Salzkartoffel durch die Pellkartoffel. Probieren Sie aus, wie es schmeckt, wenn Sie im kochenden Wasser ein Minzeblatt, Thymian, Kümmel, Petersilienwurzel mitkochen. Behandeln Sie die Kartoffel wie jedes andere Gemüse, die Kartoffel ist kein Lückenbüßer.

KARTOFFELGRATIN

mehlig-festkochende Kartoffeln
Butter
Salz, Pfeffer
Muskat

süße Sahne und Crème fraîche zu gleichen Teilen
geriebener Käse (Emmentaler oder Gruyère)

Hier machen wir gleich eine Ausnahme von unseren Grundsätzen. Für ein Gratin müssen Sie die Kartoffeln schälen und in Scheiben schneiden, nicht mit dem Hobel raspeln, weil sie sonst zu fein werden. Die Scheiben mit dem Küchentuch abtrocknen. Eine flache Auflaufform buttern und die Kartoffelscheiben dachziegelartig hineinschichten. Jede Schicht salzen und pfeffern und eine Spur frisch geriebene Muskatnuß zugeben. Sahne und Crème fraîche verrühren und darübergießen und dann im warmen Backofen im unteren Teil bei mittlerer Hitze eine Stunde garen lassen. Nun den Käse darüberstreuen – nur sehr wenig – und weitere 10 bis 20 Minuten überbacken. Gratin können Sie abwandeln, indem Sie die Kartoffeln mit Pilzen und Gemüsen kombinieren.

KARTOFFELPÜREE

Aus der Tüte? Kommt nicht in die Tüte! Kommt nicht aus der Tüte. Nehmen Sie mehlig-festkochende Kartoffeln. Früher gab es in jedem

Haushalt einen Kartoffelstampfer. Besorgen Sie sich einen. In die gestampften Kartoffeln einen kleinen Stich Butter geben, aufgekochte Milch, Salz, etwas Pfeffer und frische Muskatnuß. Sonntags können Sie noch ein Eigelb unterschlagen. Wandeln Sie das Kartoffelpüree ab und füllen Sie es in eine gebutterte Auflaufform. Ein paar Butterflöckchen obenaufsetzen und überbacken. Zur Variation: mit Käse bestreuen.

KARTOFFELKÜCHLEIN

Kartoffelküchlein können Sie aus Kartoffelpüree formen. Damit Ihnen die Küchlein nicht verlaufen, nehmen Sie wenig Milch. Die Pfanne nur ganz dünn mit Öl pinseln und bei kleiner bis mittlerer Hitze knusprig braten.
Das Mehl hat als Vollkornmehl hoffentlich seinen Schrecken verloren, deshalb können Sie in die Kartoffeln auch Weizenvollkornmehl geben und die Küchlein darin zum Schluß einmal wälzen oder nach Wunsch ein Eigelb vermischen.
Kartoffelküchlein lassen sich vielfältig variieren, mit Kümmel, frischen Kräutern wie Petersilie, Schnittlauch, Kerbel, Majoran. Wenn Sie Zwiebeln untermischen, sollten Sie die feingehackten Zwiebeln vorher glasig dünsten. Mit Gemüsen oder Pilzen eine Delikatesse.

ÜBERBACKENE KARTOFFELN

Festkochende Kartoffeln gut sauberbürsten und halbieren. In eine mit Öl ausgepinselte Auflaufform mit der glatten Seite nach unten legen. Salzen und pfeffern und mit Kümmel bestreuen. Im Backofen bei mittlerer Temperatur etwa eine halbe Stunde backen. Süße Sahne mit geriebenem Käse vermischen, darübergießen und noch einmal 10 Minuten überbacken. Zuletzt noch etwas Kümmel darüberstreuen. Dazu ein frischer Salat, und fertig ist das Gericht.

KARTOFFELAUFLAUF

festkochende Kartoffeln *Salz*
Tomaten *Pfeffer*
Butter *Basilikum*
geriebener Käse

Pellkartoffeln pellen und in dünne Scheiben schneiden. Die Tomaten ebenfalls in Scheiben schneiden und in einer Auflaufform außen einen Kranz Kartoffeln dachziegelartig einschichten, dann Tomaten, dann wieder Kartoffeln, immer wieder salzen und pfeffern, für die Kartoffeln einen Hauch Muskat. Gehacktes Basilikum darüberstreuen, zerlassene Butter gleichmäßig verteilen, mit Käse bestreuen und im Backofen bei mittlerer Temperatur eine knappe halbe Stunde garen. Mit Basilikumblättern verzieren. Diesen Auflauf können Sie auch mit anderen Gemüsen kombinieren.

KARTOFFELN MIT QUARK

Pellkartoffeln mit Quark «ist ein typisches Arme-Leute-Essen». In der Regel schmeckt es auch fad und langweilig. Das muß nicht sein. Nehmen Sie statt Pellkartoffeln Blechkartoffeln. Die Kartoffeln werden gut gebürstet und halbiert, mit der Schnittfläche nach unten auf das leicht geölte Backblech gelegt. Leicht eingeölt, gesalzen und gepfeffert und mit Kümmel bestreut im Backofen bei mittlerer Temperatur eine Stunde backen. Quark müssen Sie nicht mit Sahne aufschlagen, Sie können dazu auch Milch nehmen, salzen und pfeffern und natürlich mit Kräutern würzen wie Schnittlauch, Petersilie, Kerbel oder feingehackten Frühlingszwiebeln. Dazu noch einen Salat.

SONNENWIRBEL
SALATE

*E*in Salat gehört fast zu jedem Essen, er kann als Vorspeise oder Hauptgericht gereicht werden. Salat muß immer frisch sein (die Vitamine gehen bei der Lagerung schnell verloren), darf aber nicht in Plastik oder Folie verpackt gekauft werden. Salat, der schlaff und matt geworden ist, kann man auch in der Salatschüssel nicht mehr aufmöbeln.

Salate gibt es je nach Jahreszeit. Salat – oder Gemüse – muß vollreif sein. Wer das immer noch nicht glauben will, soll doch im Winter eine schöne rote Holland-Tomate kaufen und einmal ohne alle Zutaten hineinbeißen. Anschließend ein Glas Mineralwasser trinken. Was war würziger?
Sie können Salat mit den vielfältigsten Soßen zubereiten. Wir wollen Ihnen nur einige Vorschläge machen und Ihre Phantasie anregen. Die beste Soße macht keinen guten Salat, wenn der Salat nach dem Waschen naß in die Schüssel kommt. Deshalb ist unabdingbare Voraussetzung, daß Sie den Salat trockenschleudern – in einem Drahtkorb oder einer Salatzentrifuge. Wir tupfen ihn immer noch mit einem Handtuch ab, damit er so trocken wie möglich ist.
Salat gehört in eine Schüssel, die mindestens um ein Drittel größer ist als die Salatmenge. Achten Sie darauf, daß es sich nicht um eine bleihaltige Glasur handelt, denn sonst essen Sie mit jedem Salat mehr Blei, als wenn der Salat gleich neben der Autobahn gewachsen wäre. Bei allen Blattsalaten sollten Sie die Salatsoße erst unmittelbar vor dem Servieren über den Salat gießen und dann mit beiden Händen vorsichtig umwenden, ja, ganz richtig, mit den Händen.

Andere Salate wie Kohl-, Bohnen-, Paprikasalate sollten ein Weilchen in der Soße ziehen. Tomaten schneiden wir am liebsten auf und legen sie dachziegelartig in eine flache Schale, über die wir die Soße gießen. Natürlich lassen sich verschiedene Salate kombinieren, da kommen Sie auf mehr als 365 Kombinationen im Jahr!

SALATSOSSEN

Für eine gute Salatsoße brauchen Sie vor allem Öl, Essig und Senf. Beim Einkauf dürfen Sie nicht sparen. Wählen Sie kaltgepreßtes Olivenöl aus der ersten Pressung und Nußöl. Beim Essigeinkauf wird es schwierig, denn – bis auf Obstessig – ist kein guter deutscher Essig zu haben. Wir empfehlen Ihnen, französischen oder italienischen Essig zu kaufen und französischen Senf (Dijon). Sie schmecken den Unterschied. Sie brauchen Weinessig, für feine Sachen Himbeer- und Sherryessig.
Estragonessig können Sie selbst herstellen, indem Sie ein, zwei Estragonzweige in eine leere Flasche stecken und mit Essig auffüllen. Nach ein paar Wochen ist er würzig.

SONNENWIRBEL

Wenn Sie Ihre Salatsoße mit Kräutern würzen, sollten Sie nur frische Kräuter nehmen oder gar keine, denn getrocknete Kräuter eignen sich nur zum Kochen und Braten, nicht für den Salat. Zu vielen Soßen gehört die kleingehackte Zwiebel. Wir empfehlen Ihnen Schalotten, sie sind würziger und schärfer, Sie können dafür weniger Pfeffer nehmen. Für die Salatsoße mahlen Sie den Pfeffer, denn der im Mörser gestoßene Pfeffer ist dafür nicht fein genug. Es ist ganz selbstverständlich, daß Sie keinen gemahlenen Pfeffer aus der Dose streuen, der ist vielleicht scharf, aber nahezu geschmacklos.
Vor Dill möchten wir warnen, er ist nur sparsam zu gebrauchen, sonst schlägt der Dillgeschmack alles tot.
Bei allen Essigsoßen sollten Sie eine Prise Zucker probieren, die gleichsam den Kontrapunkt für den Essig bietet. Bei leichten Joghurtsoßen empfehlen wir Ihnen, ein paar Tropfen Öl nicht zu vergessen.
Welche Soße Sie wählen, hängt vom Salat (und vom «Haupt»-Gericht) ab. Wir geben Ihnen im folgenden die Rezepte für die wichtigsten Grundsoßen, die Sie dann beliebig variieren können.

VINAIGRETTE

Dazu brauchen Sie einen Teil Essig und zwei bis drei Teile Öl (für vier Personen also zwei Eßlöffel Essig und 4 bis 6 Eßlöffel Öl). Es kommt immer zuerst der Essig in eine Glasschüssel, dann Salz und frisch gemahlener Pfeffer, zuletzt wird das Öl mit dem Schneebesen untergeschlagen.
Dieses Grundrezept können Sie vielfältig variieren. Das beginnt mit der Prise Zucker, die Sie mit dem Salz im Essig auflösen. Der Geschmack läßt sich durch die Wahl des Essigs und Öls variieren. Vergessen Sie nie, daß das Öl in den Essig gerührt wird, nie umgekehrt.
Diese Soße läßt sich vielfältig mit Kräutern, Zwiebeln, Knoblauch vermischen. Nehmen Sie Schalotten statt Zwiebeln. Ganz fein gehackt werden sie mit dem Salz vermischt im Essig verrührt. Mit der Knoblauchzehe können Sie entweder die Salatschüssel ausreiben oder – kräftiger – die Knoblauchzehe auspressen und mit dem Essig verrühren. Wenn Sie frische Kräuter hacken, müssen Sie diese etwas im Essig ziehen lassen, bevor Sie Öl unterschlagen.

Ein Teelöffel Senf und dafür etwas weniger Essig gibt einen kräftigen Geschmack, den Sie mit einem Eigelb abrunden können. Das Eigelb wird zuletzt untergeschlagen. Wenn Sie den strengen Essiggeschmack nicht so gerne haben, können Sie auch mit saurer Sahne oder Crème fraîche die Soße strecken. Wer es gerne lieblich hat, nimmt süße Sahne. Schlanker wird die Soße mit Joghurt. Für eine Roquefortsoße zerdrücken Sie etwas Roquefort und geben ihn in die Vinaigrette.

MAYONNAISE

Eine leichte Mayonnaise läßt sich mit Quark schlagen. Nehmen Sie auf ein Eigelb zwei Eßlöffel Öl und schlagen Sie das Ei glatt, hinzu ein Teelöffel Zitronensaft und zwei bis drei Eßlöffel Quark, mit Salz und Pfeffer abschmecken.
Den Geschmack dieser Mayonnaise können Sie nun mit Senf, mit zerdrücktem Knoblauch, mit verschiedenen gehackten Kräutern variieren. Bei der Remoulade fügen Sie Kapern, kleingehackte Cornichons, Petersilie, Schnittlauch, Kerbel, Estragon, nach Lust auch eine kleingehackte Sardelle hinzu. Mit etwas Tomatenmark oder Paprika läßt sich die Mayonnaise rot einfärben.

FELDSALAT (SONNENWIRBELE)

Feldsalat mit einigen feingeschnittenen rohen Champignons durchmischen und eine Vinaigrette zubereiten. Ein bis zwei Scheiben gekochten Schinken (ohne Fett) in kleine Stückchen schneiden und untermischen. Weizenbrot in kleine Würfel schneiden und in einer Pfanne mit etwas Butter und Öl leicht anbräunen, die Vinaigrette kurz vor dem Servieren untermischen, dann die Brotwürfel hinzu. Dieser Salat eignet sich gut als Vorspeise.

ROTKOHL-
UND ANDERE GEMÜSESALATE

Rotkohl in feine Streifen schneiden. Wir mögen ihn roh, andere blanchieren ihn eine Minute. In einer Vinaigrette eine gute Stunde marinieren. Unmittelbar vor dem Servieren wird feingewürfelter durchwachsener Speck ausgelassen, mit Essig abgelöscht und über den Rotkohl gegossen. Gleich servieren.
Probieren Sie aus, ob Sie den Karottensalat lieber als Rohkostsalat essen oder mit blanchierten Karotten. Bohnen müssen auf jeden Fall gut fünf Minuten blanchiert werden. Der Bohnensalat wird am besten, wenn er einen Tag durchgezogen ist. Mit einer Vinaigrette angerichtet, paßt Schafskäse dazu.

Nahezu alles, was Sie als Gemüse dünsten oder braten, können Sie auch roh zubereiten. Je knackiger die Gemüse sind, desto länger müssen sie marinieren. Sie sollen noch Biß haben, aber auch gut durchgezogen sein. Sie dürfen eben nicht nach Rohkost schmecken.

GEMÜSETELLER

Eine auch für das Auge erfreuliche Vorspeise ist ein Gemüseteller aus verschiedenen Gemüsen der Jahreszeit, die geraspelt oder geschnitten auf einem großen flachen Teller farblich abgestimmt angerichtet werden. Darüber wird eine Soße Vinaigrette, eine kräftige Roquefort-Soße oder aber auch eine Senf-Soße gegeben. Natürlich können Sie auch die einzelnen Gemüse mit unterschiedlichen Soßen servieren. Dann sollten es aber nicht mehr als drei Soßen sein. Für eine solche rohe Gemüseplatte sind praktisch alle Gemüsesorten zu verwenden. Kartoffeln und Bohnen sollten Sie aber nicht roh essen (Bohnen mindestens fünf Minuten blanchieren).

MARINIERTE GEMÜSE

Als Vorspeise sind in einer Vinaigrette marinierte Gemüse eine gute Abwechslung zum Salat. Brokkoli- oder Blumenkohl-Röschen werden ein paar Stunden mariniert, ebenso sind Staudensellerie, Fenchel, Pilze, Rote Bete und Karotten dazu geeignet.
Nicht nur die Staudensellerie, auch die Sellerieknolle können Sie roh mit Äpfeln zubereiten und am besten raspeln und mit Zitrone beträufeln. Nüsse passen gut dazu. Fenchel sollte länger in einer Essig-Öl-Soße mit Rosinen marinieren, geraspelte Möhren sind mit saurer Sahne oder auch in einer Senfsoße lecker. Bei allen diesen Salatzubereitungen muß immer Öl dabeisein, bei den Möhren ist das unabdingbar. Dazu wählen Sie entweder Olivenöl oder je nach Geschmack und Geldbeutel Nußöl.
Bei den Salatsoßen müssen Sie nicht nur das klassische Repertoire bie-

ten, probieren Sie die verschiedensten Käsesoßen mit Gorgonzola, Edelpilz-, Schafskäse usw. In vielen Salaten fühlen sich Nüsse wohl.

Salat läßt sich auch aus gekeimten Mung-Bohnen (bei uns als Sojabohnen verkauft) herstellen. Die Keime kennen Sie aus der Frühlingsrolle beim Chinesen. Wenn Ihnen die Frühlingsrolle penetrant schmeckt, liegt das am alten Öl, nicht an den Bohnenkeimlingen. Wechseln Sie dann nicht Ihren Geschmack, sondern das chinesische Restaurant.

LINSENSALAT

rote oder dunkle Linsen
ein paar Endivienblätter
ein Bund Suppengemüse (Karotte, Petersilienwurzel,
Sellerie, Lauch)
ein Kräutersträußchen (Bukett garni)

Die Linsen in Wasser mit dem vorbereiteten Suppengemüse und dem Kräuterstrauß gut 20 Minuten kochen. Die Linsen müssen noch Biß haben. Abtropfen lassen.
Bereiten Sie eine Vinaigrette mit kleingehackten Schalotten und etwas Knoblauch. Die Soße muß saurer sein als üblicherweise. Nußöl ist vorzuziehen. Die Linsen in der Soße mindestens eine Stunde ziehen lassen, mit Salz und Pfeffer abschmecken. Etwas Vinaigrette übriglassen. Zum Servieren die Endivienblätter durch die restliche Vinaigrette ziehen und die Linsen darauf anrichten.
Das wird eine volle Mahlzeit, wenn Sie dazu gebratene Geflügelleber oder feine Scheiben gebratene Rinderleber oder eine gebratene Hühnerbrust reichen. Das Fleisch (oder die Leber) soll nur in Butter gebraten werden und mit Salz und Pfeffer abgeschmeckt werden. Dazu schmeckt ein Weizenvollkornbrot.

Rohkost, das ist etwas für «Heilige», aber Salat – auch aus rohem Gemüse – mit phantasievollen Soßen, das ist etwas für Öko-Köche. Übrigens gibt es nicht nur rohe Salate und Gemüse, auch rohes Fleisch kann fein schmecken, als Tatar beispielsweise. Roher Fisch ist weniger bekannt. Roher Lachs: den Lachs in feine Scheiben schneiden, mit Zitrone beträufeln, leicht salzen und mit wenigen Tröpfchen Olivenöl einreiben, ruhen lassen, leicht pfeffern und servieren. Roher Fisch ist lecker, er muß eben nur ganz frisch sein. Und damit hat die Rohkost alle ideologischen Vorurteile überwunden: wenn es auch rohes Fleisch gibt, kann Rohkost ja nicht nur etwas für die «Körnerfresser» sein...

KARTOFFELSALAT

Es gibt nicht nur *ein* Rezept für den Kartoffelsalat: man kann ihn mit Mayonnaise anrichten, selbstgeschlagener natürlich, oder den badischen Kartoffelsalat zubereiten.
Festkochende Kartoffeln in der Schale kochen, pellen, in Scheiben schneiden und mit ein wenig heißer Brühe übergießen und ziehen lassen. Einen säuerlichen Apfel in kleine Würfel schneiden, ebenso eine Gewürzgurke und nach Geschmack Staudensellerie, Tomate, Kräuter wie Kerbel, Schnittlauch, glatte Petersilie. Die Brühe abgießen und die Zutaten untermischen und schließlich die Mayonnaise vorsichtig unterheben. Eine Stunde ziehen lassen. Aber bitte nicht im Kühlschrank, die Kartoffeln sollen ihren Kartoffelgeschmack nicht verlieren!
Beim badischen Kartoffelsalat stellen Sie aus Brühe, Weißweinessig und Öl (Nußöl!) eine Marinade her, in die Sie kleingehackte Zwiebeln und Petersilie mischen, salzen und pfeffern. Diese Marinade gießen Sie handwarm über die Kartoffelscheiben. Zur Garnitur können Sie ausgelassene Speckwürfelchen darüberstreuen oder in Nußöl gebratene Zwiebelchen.
Wenn Sie Kartoffelsalat und anderen Salat servieren, bereiten Sie Kartoffeln und die anderen Salate immer getrennt zu. Das macht zwar etwas mehr Arbeit, belohnt Sie aber damit, daß die einzelnen Salate ihren eigenen Geschmack entfalten und sich im Zusammenspiel eine viel größere Harmonie einstellt, als wenn alle mit derselben Marinade übergossen werden.

NATUR PUR
VOM EINKAUF

Wenn Sie auf den großen Geschmack kommen und ökologisch kochen und essen wollen, stoßen Sie auf eine große Schwierigkeit: gute und giftfreie Lebensmittel zu erschwinglichen Preisen mit einem akzeptablen Zeitaufwand zu bekommen. Wir haben genug über Chemie in Lebensmitteln gelesen und gehört, wissen aber nicht so recht, wie wir damit umgehen können. Nur zu leicht geben wir uns dem katastrophalen Feeling hin: «Es ist doch eh alles Wurscht.»

DER ÖKOLOGISCHE BIO-NATUREINKAUF

Auch der «Bio»einkauf scheint nicht die Rettung zu sein: zu teuer, zu weit weg und die Ungewißheit, ob das nun wirklich «biologische» Produkte sind. Man hat ja schon soviel gehört...

Es ist tatsächlich nicht so leicht, ökologisch einzukaufen; die gesellschaftlichen Hemmnisse sind groß, die Kennzeichnung miserabel, und doch: so schnell geben wir nicht auf!
Leicht beantworten läßt sich die Frage: «Wie kommt das Gift ins Essen?», schwer die Frage: «Wie kriegt man es wieder raus?», erst recht, wenn man das nur auf der individuellen Ebene lösen will.

In der Landwirtschaft und in der (Massen-)Tierhaltung werden bewußt eine Reihe von Chemikalien eingesetzt. Bei der Pflanzenproduktion sind dies (Kunst-)Dünger und Pestizide aller Art wie etwa Pilzbehandlungsmittel oder Insektenvernichtungsmittel, bei der Tierhaltung Masthilfsmittel und Tierarzneimittel, wobei letztere oft schon prophylaktisch gegeben werden. Diese Mittel bleiben zu einem kleinen, aber nicht unbedenklichen Teil auf oder in den Produkten zurück, u. a. weil sie schlecht abbaubar sind.
Weitere Fremdstoffe geraten unbeabsichtigt auf oder in die Lebensmittel, zum Teil direkt, zum Teil über den Boden: allgegenwärtige Umweltchemikalien wie zum Beispiel Cadmium, Blei oder bestimmte schwer abbaubare organische Chemikalien wie polychlorierte Biphenyle (PCB).
Während Rückstände wie Kunstdünger, Pestizide und Umweltchemikalien generell unerwünscht sind, gilt das nicht für Konservierungsstoffe (siehe S. 98 ff.) oder generell für Zusatzstoffe (siehe S. 96 ff.), die bei der Weiterverarbeitung oder Lagerung zugesetzt werden: ihre (Un-)Gefährlichkeit ist oft umstritten, aber auch der Sinn und Nutzen ihres Einsatzes.
Weitere Verunreinigungen sind möglich durch unsachgemäße Verarbeitung und Lagerung oder durch verbotene Anwendung (zum Beispiel Östrogen im Kalbfleisch oder «Frostschutzmittel» nicht nur im österreichischen Wein).

Giftstoffe – wie wir sie aufnehmen

Stoff	über Luft (in Prozent der Gesamt-belastung)	über Trink-wasser (in Prozent der Gesamt-belastung)	über Lebens-mittel (in Prozent der Gesamt-belastung)	pflanzliche Lebensmittel (in Prozent, bezogen auf Lebensmittel)
Cadmium	5 (Nicht-raucher)	1–2	über 90	75–80
Blei	zusammen ca. 15		ca. 85	85
Queck-silber				43
chlor-organische Pestizide			ca. 97	26
Pestizide	zusammen 1 (andere Wege: 16)		83	
PCB	–	–	–	13,1 (pflanzliche Fette 6,7; fett-arme pflanzliche Nahrungsmittel 6,4)
Nitrat	–	abhängig vom Nitratgehalt	75 mg	72 Gemüse restliche Lebens-mittel 9

tierische Lebensmittel (in Prozent, bezogen auf Lebensmittel)	Reduktion der Aufnahme durch küchenmäßige Zubereitung	Anmerkung
20–25	kaum möglich	hoher Gehalt in Rind- und Schweineniere und -leber, bestimmten Wildpilzen, Muscheln
15	möglich: 30–70 Prozent bei pflanzlichen Produkten	hoher Gehalt: Rinder- und Kalbsleber, Blattgemüse, Wurzelgemüse, verschiedene Pilze, Beeren; Vorsicht: alte Trinkwasserleitungen teilw. aus Blei!
42 (tierische Produkte außer Fisch) 15 (Fisch)	ca. 50 Prozent bei pflanzlichen Produkten	hoher Gehalt: Pilze, Fische: Grundhai, Heringshai, Weißer Heilbutt, Blauleng, Thunfisch, Aale aus küstennahen Gewässern und Mündungsgebieten von Flüssen, Hecht.
2 (Fische) 72 (tierische Produkte außer Fisch)	Obst und Gemüse sorgfältig waschen oder schälen; bei Blattgemüse äußere Blätter entfernen	
	Ost und Gemüse sorgfältig waschen oder schälen; bei Blattgemüse äußere Blätter entfernen	
87,3 (Fett von Fischen 34,4; Fett von Landtieren 20,9; Fett von Milchprodukten 28,5)	Obst und Gemüse sorgfältig waschen oder schälen, bei Blattgemüse äußere Blätter entfernen	
19 Fleisch	Gemüse und Salat luftig lagern, nicht zu lange und nicht bei Zimmertemperatur; bei Kopfsalat und Blattgemüse Stiele und äußere Blätter entfernen; stark nitrathaltiges Gemüse wie Spinat sollte nicht wieder aufgewärmt werden	hoher Gehalt bei Gemüse: Kopfsalat, Rettich, Rote Bete, Spinat, Chinakohl

In der Tabelle «Giftstoffe – wie wir sie aufnehmen» wird gezeigt, wie wir die wichtigsten Schadstoffe aufnehmen: Cadmium, Blei, Chlorkohlenwasserstoffe und Pestizide nehmen wir zu ca. 90 Prozent über Lebensmittel auf, Luft und Trinkwasser sind hier zweitrangig (Ausnahme: Quecksilber). Von den über die Lebensmittel aufgenommenen Schadstoffen stammen die Schwermetalle hauptsächlich aus pflanzlichen Produkten, Pestizide und Chlorkohlenwasserstoffe aus tierischen Produkten.

Fazit: eine wesentliche Verringerung der Aufnahme von Umweltchemikalien können wir individuell vor allem erreichen durch
- fleischarme Kost und Fleisch(produkte) aus ökologischer Tierhaltung, ungepökelte Produkte (weniger Pestizide, Chlorkohlenwasserstoffe und Nitrat bzw. Nitrit)
- selbstangebautes Gemüse, Gemüse vom Naturkostladen und frisches Gemüse (weniger Nitrat, zum Teil weniger Schwermetalle, weniger Pestizide)
- gezieltes Schälen und Putzen (weniger Blei, zum Teil weniger Nitrat).

Tatsächlich läßt sich also die Schadstoffaufnahme durch die Wahl der Lebensmittel und entsprechende Zubereitung verringern, manchmal allerdings nur auf Kosten der ernährungsphysiologischen Qualität.
Dem eingeschränkten Verzehr von Leber wegen hoher Schadstoffbelastung steht der hohe Vitamingehalt entgegen. Dem Verzicht auf Vollkornprodukte wegen erhöhter Schwermetallgehalte in den Randschichten des Getreidekorns widerspricht der Reichtum an Mineral- und Ballaststoffen.

Informationen über einzelne Lebensmittel gibt es in der Regel nur als Durchschnittswert, die Belastung eines einzelnen Lebensmittels (etwa der Tomate, die Sie gerade kaufen oder essen) kennen Sie leider – oder zum Glück – nicht. Uns wäre es auf jeden Fall zuwider, neben Messer und Gabel noch mehrere Prüfstäbchen liegen zu haben. Dennoch können Sie sich auf Wahrscheinlichkeiten und Plausibilitäten stützen: Gemüse aus industriefernen Gebieten wird weniger Schwermetalle enthalten als Gemüse, das in der Nähe eines Industriegebiets gezogen wurde. Chemiefrei angebaute Produkte aus dem eigenen Garten und aus Bioläden werden wenig bis gar keine Pestizide enthalten. Frische und selbst zubereitete Nahrungsmittel enthalten keine Zusatz- oder Konservierungsstoffe.

Je nach Lebensmittel, Jahreszeit, Region, (Nicht-)Möglichkeit des Selbstanbaus, Nähe eines Bioladens und unterschiedlichen finanziellen Ansprüchen gibt es nun verschiedene Möglichkeiten, der Chemiefalle zu entkommen.

Für Ihre Entscheidung können Sie jeweils ein Frageraster durchgehen (Entscheidungsmodell «Chemiearmes Essen»):
- welches Nahrungsmittel will ich?
- kann ich es selbst anbauen / habe ich es im Garten?

Wenn nein:
- will ich es im Naturkostladen, beim Biowinzer oder beim Vertrauensbauern kaufen («Bioeinkauf»)?

Wenn nein:
- welche Anbaugebiete sind noch die besten?
- gibt es besondere Putz- oder Kochtechniken zur Schadstoffverringerung?

1. WAHL DES NAHRUNGSMITTELS

Wir entscheiden uns für ein bestimmtes Essen oder Nahrungsmittel zuerst einmal, weil es uns schmeckt und wir es gerne kochen und essen, in zweiter Linie auch aus ernährungsphysiologischen Gründen («weil es gesund ist»), weil es einen möglichst geringen Giftgehalt hat und sicherlich auch aus Gewohnheit. Bei Ihnen liegen die Prioritäten vielleicht anders. Auf jeden Fall halten wir es für unsinnig, die Speisekarte nach dem Mindestgiftgehalt zusammenzustellen: der Verlust an Lebensfreude und/oder ernährungsphysiologischer Bedeutung wiegt sicher schwerer. Dennoch gibt es leider Lebensmittel, die erfahrungsgemäß hoch belastet sind und die Sie möglichst selten oder gar nicht auf die Speisekarte setzen sollten: Innereien wie Niere und Leber, Thunfisch, Treibhaus-Kopfsalat...

Die Wahl des Nahrungsmittels nach den «Kriterien für Ökoessen» (S. 12 ff.) unter Berücksichtigung der genannten Verzehrsbeschränkungen führt schon zu einer ersten Verminderung der Schadstoffaufnahme.

2. SELBSTVERSORGUNG

Sieht man von den Schadstoffen ab, die über die Luft kommen (wie zum Beispiel Cadmium) oder als Altlasten im Boden schlummern, bietet der Selbstanbau von Gemüse, Obst und Gewürzen eine Möglichkeit, frische Produkte zu ernten, die nicht mit Pestiziden oder zuviel (Kunst-)Dünger behandelt wurden (vorausgesetzt, Sie und Ihr Nachbar ackern giftfrei ...). Diese Möglichkeit sollte nicht unterschätzt werden: in der Bundesrepublik gibt es mehrere Millionen Hausgärten und ca. 600 000 Schrebergärten, in diesen wird immerhin halb soviel Gemüse erzeugt wie in der bundesdeutschen Landwirtschaft! Nimmt man die Ziergärten mit dem entsetzlich leblosen englischen Rasen hinzu, so bietet sich ein beachtliches Potential für die Selbstversorgung. Der eigene Garten eignet sich unter dem Gesichtspunkt der Schadstoffreduzierung besonders für solche Gemüse und Obstsorten, bei denen in der konventionellen Landwirtschaft erfahrungsgemäß viel gedüngt und gespritzt wird, wie Salat oder Erdbeeren.

Die schöpferische Gartenarbeit ist ein guter Ausgleich zu der oft einseitigen Tätigkeit im Beruf (und schafft neue Lebensgeister, um sich gegen die einseitige Tätigkeit zu wehren). Das Fahren zum Trimmdich-Pfad kann entfallen, man bückt sich nun nach den Schnecken statt vor dem Schild auf dem Trimm-dich-Pfad.

3. BIOEINKAUF

Wer keinen eigenen Garten oder keine Lust zum Gärtnern hat oder die Selbstversorgung mit möglichst giftarmen Produkten ergänzen möchte, kann ökologisch gezogene Produkte kaufen: im Naturkostladen, auf dem (Wochen-)Markt, beim Bio-Bäcker, beim Bio-Winzer, teilweise gibt es sogar schon Bio-Ecken im Supermarkt (vgl. auch «Bioeinkauf», S. 90 ff.). Wer sich vergewissert, daß die Produkte wirklich biologisch gezogen wurden (dafür gibt es Kriterien und Erzeugerorganisationen wie Bioland oder Demeter, vgl. S. 93 f.), kann wiederum mit geringeren Schadstoffgehalten rechnen, vor allem bei Pestiziden und Nitrat.
Daß die Preise oft höher sind als bei konventionell angebauten Pro-

dukten, schreckt viele und vor allem weniger verdienende Verbraucher ab. Andererseits ist trotz der höheren Preise für Bioprodukte die ökologische Ernährung nicht unbedingt teurer, weil gleichzeitig mit der Ernährungsumstellung bestimmte teure Produkte der konventionellen Ernährung wie Fleisch und Wurst in geringerem Maß verzehrt werden (vgl. S. 81 ff.).

4. DIFFERENZIERUNG NACH ANBAUGEBIETEN UND -METHODEN

So bleibt als letzte Möglichkeit beim Einkauf, bestimmte Anbaugebiete zu bevorzugen oder zu meiden. Es empfiehlt sich beispielsweise, Fische nicht aus Mündungsgebieten von Flüssen zu kaufen, Gemüse nicht gerade aus der Umgebung von Industriegebieten, Fleisch nicht aus der Massentierhaltung, Eier nicht aus der Käfighaltung usw. Umgekehrt sollte man möglichst regionale/lokale Produkte bevorzugen, bei denen Anbaugebiet und -methode bekannt und die Transportwege kurz sind.

Das ist natürlich kaum möglich bei Kaffee oder Südfrüchten. Hier kann man nach politischen Gesichtspunkten einkaufen, zum Beispiel Kaffee aus Nicaragua, aber keine Orangen aus Südafrika (vgl. «Politik mit dem Einkaufszettel», S. 102 f.).

5. BESONDERE PUTZ- UND KOCHTECHNIKEN

Bestimmte Schadstoffe kann man durch Waschen, Putzen oder Schälen reduzieren, weil sie stark an der Oberfläche (zum Beispiel Blei) oder in den wasserführenden Stielen und Blattrippen (zum Beispiel Nitrat) konzentriert sind. Das gilt ebenso für Lagertechniken (Gemüse sollte nicht warm und unter Luftabschluß gelagert werden, weil dann mehr Nitrit entsteht) und Kochtechniken (Gepökeltes sollte nicht gegrillt oder gebraten werden, schon gar nicht zusammen mit Käse: kein Toast Hawaii!).

DER GUTE EINKAUF

Sieht man vom Selbstanbau ab, fängt gutes Essen beim Einkauf an. Wir dachten lange, daß Handelsklassen und Güteklassen Informationen über die Qualität der Produkte geben. Weit gefehlt. Handelsklassen geben im wesentlichen nur Auskunft über äußere Merkmale, also Länge, Größe, Gewicht und Aussehen. Über wertgebende Inhaltsstoffe wie Mineralstoffe und Vitamine oder gar über die Belastung mit chemischen Schadstoffen sagen die Handelsklassen gar nichts aus. Ein Auto, das groß und schön lackiert ist, aber dessen Motor kurz vor dem Zusammenbruch steht, könnte nach diesen Maßstäben durchaus in Güteklasse I oder sogar Extra-Klasse vertreten sein. Für den Einkauf von Gemüse und Obst bringt die Einordnung nach Handels- und Güteklassen also wenig Information, für die Schadstoffbelastung gar keine.

Viele sind der Meinung, «Bio»-Produkte seien absolut giftfrei und die Bezeichnung «Bio» sei geschützt. Weit gefehlt. Spätestens seit auch konventionelle Handelsorganisationen auf der Gesundheitswelle mitschwimmen und die Werbung mit Begriffen wie Bio-, Natur- und Öko überladen ist, muß man sehr vorsichtig sein. Beim Einkauf von «Bioprodukten», sei es nun im Bioladen, auf dem Markt oder in der Bio-Ecke im Supermarkt, gilt es, sorgfältig nachzufragen – erst recht beim regelmäßigen Einkauf. Wenn wir uns schon die Mühe machen, etwas weiter zu fahren oder etwas mehr Geld zu zahlen, möchten wir doch sicher sein, reelle Ware zu erhalten. Am sichersten sind Sie, wenn die Produkte von Erzeugerorganisationen wie Bioland, ANOG, Biokreis Ostbayern, Naturland oder Demeter (s. u.) stammen. Seien Sie ruhig beharrlich: auch unter grünen Läden gibt es schwarze Schafe. Spätestens wenn Sie im tiefsten Winter im Bioladen biologisch gezogene Tomaten finden, sollte Ihnen ein (rotes) Licht aufgehen ...

Waren aus dem «Umstellungsbetrieb» (zum Beispiel «biodyn» oder «Bioland aus dem Umstellungsbetrieb») sollten Sie nicht verachten. Bedingt durch die Umstellung und das Wirtschaften auf bislang «mißhandelten» Böden können zwar die Produkte etwas schlechter sein als aus dem jahrelangen ökologischen Anbau. Andererseits aber unterstützen Sie damit Bauern, die umstellen wollen, und das fällt bei den agrarwirtschaftlichen Rahmenbedingungen sehr, sehr schwer, die Umstellung drängt die Bauern für ein paar Jahre an den Rand ihrer finanziellen Existenz.

Gleiches wird allzugern über Verbraucher behauptet, die im Naturkostladen einkaufen. Das sei für den Normalverbraucher zu teuer und eigentlich nur den «doppelverdienenden Lehrerehepaaren» möglich. Interessanterweise kommt dieser Vorwurf aus Industrie- und Politikerkreisen, die keine Möglichkeit auslassen, Sozialleistungen abzubauen, bei Tarifverhandlungen gnadenlos aufzutreten und sich um Normalverdiener keinen Deut scheren. Dennoch ist die Frage spannend:

IST ÖKOLOGISCHE ERNÄHRUNG WIRKLICH TEURER?

Volkswirtschaftlich gesehen, ist ökologische Ernährung sicher «billiger»: die «Kosten» durch ernährungsabhängige Krankheiten werden auf 40 Milliarden jährlich geschätzt, die Kosten für Umweltschäden, Rohstoffverschwendung etc. werden vorsichtshalber gar nicht erst abgeschätzt. Der Verbraucher, der sich ökologisch und gesund ernährt, leistet also einen Beitrag zur gesellschaftlichen Kostensenkung.
Aber auch den einzelnen kommt die ökologische Ernährung nicht teurer. Im Gegenteil: ökologische Ernährung besteht ja nicht darin, die gleichen Produkte wie früher aus dem Bioladen zu verwenden. Vielmehr geht der Einkauf von ökologisch erzeugten Lebensmitteln Hand in Hand mit einer veränderten Ernährungsweise.
Da werden zwar mehr, besseres und meist teureres Gemüse, Obst und Vollkornprodukte gegessen, aber dafür weniger Fleisch, weniger Wurst, Süßigkeiten, Alkohol konsumiert.

In einer wissenschaftlichen Untersuchung wurden – unter Versuchsbedingungen – die Kosten dreier verschiedener Speisepläne verglichen:

- konventionelle Kost
- ovo-lakto-vegetabil (also ohne Fleisch und Fisch), aber im normalen Einkauf
- ovo-lakto-vegetabil und Alternativ-(Bio-)Produkte.

Überraschendes Ergebnis: Wenn man lediglich die Ernährung umstellt (von konventionell auf ovo-lakto-vegetabil), wird es für den Verbraucher um rund 18 Prozent billiger!! Nur wenn die Produkte der geänderten Ernährung auf dem Biomarkt oder im Bioladen gekauft werden, wird sie um etwa 12 Prozent teurer.
In einer anderen Untersuchung wurden in Münster 31 Haushalte über die Kosten der Ernährung mit Vollwertkost befragt. Ergebnis: mit 636 DM monatlich lagen diese Haushalte nur 14 DM höher als der vom Statistischen Bundesamt errechnete Durchschnittshaushalt (622 DM). Rund 150 DM wurden für den Posten Fleisch/Fisch/Ei ausgegeben, höher lagen die Ausgaben für Gemüse und Salat, Obst, Getreideprodukte und Milchprodukte.

Unsere eigenen Erfahrungen zeigen, daß die Mehrkosten durch Gemüse, Obst, Getreide im Bioeinkauf durch geringeren Fleisch- und Wurstkonsum, weniger Alkohol und Süßigkeiten mehr als kompensiert werden.

Wir gehen freilich noch weiter: Da sich nicht nur die Ernährung ändert, sondern auch die Lebensführung insgesamt (zum Beispiel mehr Fahrradfahren, mehr gemeinsame Kochabende statt Gaststättenbesuch etc.), sinken die Lebenshaltungskosten insgesamt deutlich.
Zum Schluß noch eine kleine Zahlenspielerei und eine Biomilchmädchenrechnung: wenn Sie unsere Ratschläge beherzigen, brauchen Sie bestimmt keine Vitamintabletten, keine Abführtabletten und keine Schlankheitspräparate. Ehrensache, daß Sie Ihren Konsum an Bier und Wein und Zucker um mindestens 50 Prozent reduzieren und daß Sie im Garten keine Pestizide mehr verwenden. Damit würde sich für Sie – rein statistisch – eine Kostenersparnis von DM 245 jährlich ergeben. Dafür können Sie den Bioladen auf den Kopf stellen!

«BIOEINKAUF»

Wo man hinschaut, gibt es schon «biologische» Lebensmittel, Biogemüse, ungespritztes Obst, Eier aus der Freilandhaltung und sogar schon Biofleisch und Biowein. Nur die Bio-Zigarette fehlt noch ..., allerdings oft auch die Gewißheit, daß hinter dem «grünen Schein» auch ein wirklich ehrlicher Kern steht sowie schonende Weiterverarbeitung, Transport und Lagerung. Ungeachtet dieser Probleme kann niemand erwarten, daß die allgemeine Luftbelastung, etwa mit Schwermetallen, ausgerechnet die ökologisch gezogenen Produkte verschont. Verlangen kann man freilich, daß kein Kunstdünger, keine oder nur bestimmte unbedenkliche Spritzmittel verwendet wurden. Entsprechendes gilt für die Tierhaltung.

Am einfachsten hat man es, wenn der Laden, bei dem man regelmäßig einkauft, dem Bundesverband Naturkost e. V. angehört. Die über 1000 Händler und Läden haben sich verpflichtet, nur Waren aus kontrolliertem Anbau zu verkaufen. Die dafür verbindlichen Qualitätskriterien werden von gewählten Vertrauensleuten bei Erzeugern, Herstellern und (!) Zwischenhändlern überprüft.

Kontakt: *Bundesverband Naturkost, Friedrichstr. 2, 6233 Kelkheim.*

In Reformhäusern gibt es die «*neuform-Produkte*». Sie sind in der Regel weit besser als konventionelle Produkte, aus ökologischem Anbau, enthalten teilweise aber auch Konservierungsstoffe. Auch hier gibt es Kriterien (so naturbelassen wie möglich, Produkte möglichst aus ökologischem Vertragsanbau usw.).

Kontakt: *neuform-Genossenschaft, Waldstr. 6, 6370 Oberursel 4 (Tel. 06172/3 0030).*

Für *Bio-Gemüse* und Bio-Obst gibt es mittlerweile mehrere Erzeugerverbände, die für ökologischen Anbau garantieren. 1984 einigten sich diese Organisationen auf *Rahmenrichtlinien* für die Erzeugung von landwirtschaftlichen Produkten aus dem ökologischen Landbau. Vergleichbare Richtlinien gibt es seit 1980 in der Schweiz und seit 1981 in Österreich.

Schweiz: «Richtlinien über Verkaufsprodukte aus biologischem Landbau»

Bezug: *Vereinigung Schweizerischer Biologischer Landbau-Organisationen, VSBLO, Bernhardsweg, CH-4104 Oberwil/BL*

Österreich: «Richtlinien für die Erzeugung von landwirtschaftlichen Produkten aus biologischem Anbau in Österreich»

Bezug: *Ludwig-Boltzmann-Forschungsstelle für Biologischen Landbau an der Versuchs- und Forschungsanstalt der Stadt Wien, Rinnböckstr. 15, A-1110 Wien.*

Die deutschen Rahmenrichtlinien (auch Berliner Richtlinien genannt) wurden von der «Stiftung Ökologischer Landbau» zusammen mit den

fünf Anbauorganisationen des ökologischen Landbaus (Bioland, Demeter, Naturland, ANOG, Biokreis Ostbayern) erarbeitet. Die Organisationen bzw. ihre Mitglieder verpflichten sich, die Anbaurichtlinien einzuhalten und zu überwachen, nur dann gilt für die Produkte: «aus ökologischer Erzeugung».
Die fünf Anbauorganisationen des ökologischen Landbaus haben zum Teil weitergehende oder modifizierte Kriterien, nachfolgende Richtlinien werden aber von allen eingehalten:

Richtlinien für den Pflanzenbau

- *standortangepaßte Arten- und Sortenwahl*
- *ausgewogene Fruchtfolge*, mit ausreichender Gründüngung (im Zwischenfruchtbau als Untersaat)
- *gezielte Humuswirtschaft und Pflanzenernährung*, Düngung mit wirtschaftseigenen Stoffen (Mist, Gülle, Kompost usw.) bzw. Gründüngung. *Verboten sind Kunstdünger und Klärschlamm*, erlaubt sind bei Bedarf einige nicht direkt pflanzenverfügbare Mineraldünger (einige Gesteinsmehle, Thomasmehl usw.)
- *vorbeugender Pflanzenschutz* (durch Stärkung der bodeneigenen Abwehrkräfte, geeignete Fruchtfolge, Pflanzenkombinationen, standortangepaßte Arten und Sorten sowie angepaßte Anbau- und Pflegemaßnahmen), *verboten sind synthetische Pflanzenbehandlungsmittel*, zugelassen sind einige Pflanzenpräparate (zum Beispiel Brennesseljauche), in Ausnahmefällen und nur beschränkt zugelassen sind einige Mittel gegen Pilzkrankheiten (zum Beispiel Kupferpräparate).

Richtlinien für die Tierhaltung

- geeignete Zuchtmethoden und Rassenwahl
- artgemäße Aufstallung, die die Tiere nicht zu sehr in ihren Verhaltensgewohnheiten und Bewegungsabläufen behindert. Die Käfighaltung von Hühnern ist untersagt.
- der Viehbesatz darf 2,5 Großvieheinheiten je Hektar nicht überschreiten
- Futtermittel müssen ebenfalls aus dem ökologischen Anbau stammen
- Masthilfsmittel (wie etwa Hormonzusätze) und prophylaktisch gegebene Pharmaka (zum Beispiel Antibiotika) sind verboten

- medizinische Behandlung mit Chemotherapeutika ist nur in Ausnahmefällen zugelassen.

Für *Sonderkulturen* existieren noch keine gemeinsamen Richtlinien.

Nun brauchen Sie sich nicht mehr verwirren zu lassen: mit diesen Richtlinien haben Sie einen Fragenkatalog, mit dem Sie jeden Bioverkäufer zum Wahnsinn oder zur Wahrheit treiben. Sie können ferner sicher sein, in *Naturkostläden* Produkte aus garantiert ökologischem Anbau zu erhalten, Sie sollten in jeder Bio-Ecke im Supermarkt, bei jedem Marktstand nachfragen, ob der Erzeuger (der Bauer) einer der nachfolgenden Organisationen angehört und nach deren Richtlinien wirtschaftet.

Bioland

ist der größte bundesdeutsche Erzeugerverband für Naturkost, dem derzeit etwa 800 Bauernhöfe mit ca. 15 000 ha Anbaufläche, vorwiegend aus Baden-Württemberg und Bayern, angehören. Die vorwiegend gemischt-wirtschaftlich arbeitenden Betriebe (Pflanzenbau und Tierhaltung) arbeiten nach der organisch-biologischen Methode. Die Produkte werden direkt ab Hof, auf (Wochen-)Märkten oder über Zwischenhändler an Naturkostläden verkauft. Die Bioland-Betriebe werden mehrmals jährlich unangemeldet überprüft, ebenso auch die Verarbeitungsbetriebe (zum Beispiel Mühlen und Bäckereien).
Erst die dritte Ernte nach der Umstellung auf den biologisch-organischen Anbau darf mit dem Warenzeichen «Bioland» ausgezeichnet werden, die zweite Ernte kann das Gütesiegel «Bioland aus dem Umstellungsbetrieb» tragen.
Zeitschrift: «Bioland»

Kontakt: *Fördergemeinschaft organisch-biologischer Land- und Gartenbau, Bahnhofstr. 1, 7326 Heiningen.*
Auf Anfrage erhältlich: Liste der «Bioland-Erzeugnisse» (einschließlich Verarbeitungsfirmen) und Informationen über die Fördergemeinschaft.

Demeter (Biodyn)

Die rund 650 Demeter-Höfe (Anbaufläche: ca. 12 000 ha) sind vorwiegend gemischte Betriebe und arbeiten nach der biologisch-dynamischen (anthroposophischen) Wirtschaftsweise. Sie werden vom For-

schungsring für Biologisch-Dynamische Wirtschaftsforschung überwacht und beraten. Besondere Richtlinien gelten auch für die Weiterverarbeitung von Gemüse, Obst(säften), Milch und Fleisch; chemische Konservierungs- und Schönungsmittel sind dafür untersagt. Betriebe, die vom konventionellen Anbau auf die biologisch-dynamische Wirtschaftsweise umstellen, müssen zwei bis drei Jahre das Zeichen «biodyn» tragen.
Die Demeterhöfe werden vom Forschungsring für Biologisch-Dynamische Wirtschaftsforschung und von den örtlichen Arbeitsgemeinschaften überwacht und beraten. Die Produkte werden direkt ab Hof, auf (Wochen-)Märkten, vor allem aber über Demeter-Großhändler an Reformhäuser vertrieben bzw. verkauft.
Vereinsorgan: «Lebendige Erde» (erscheint alle zwei Monate)

Kontakt: *Demeter-Bund, Wellingstr. 24, 7000 Stuttgart-Sillenbuch. Die Richtlinien, allgemeine Informations- und Bezugsquellen-Hinweise sind auf Anfrage erhältlich.*
Versandstellen: *Bauckhofversand Uelzen, 3110 Uelzen 9 und Gärtnerei Weilerhof, Uhlandstraße, 8754 Großostheim*

ANOG

Die «Arbeitsgemeinschaft für naturnahen Obst-, Gemüse- und Feldfruchtanbau» ist eine gemeinnützige Vereinigung von Landwirten und Beratern und umfaßt Betriebe in fünf europäischen Ländern, die sich vertraglich verpflichten, die Anbaurichtlinien zu erfüllen. In der Bundesrepublik gibt es 30 Höfe mit einer Anbaufläche von ca. 600 ha.
Die Anbaurichtlinien sind unterschiedlich scharf:
Für *Getreide und Kartoffeln* gilt ein Anwendungsverbot von chemischen Spritzmitteln und Kunstdünger,
bei *Obst* dürfen bestimmte, von der ANOG entwickelte synthetische Schädlingsbekämpfungsmittel eingesetzt werden. Das ANOG-Obst kann deshalb im strengen Sinne nicht als Bio-Obst gelten.
ANOG-Produkte werden hauptsächlich zu Fruchtsaft und Konfitüren oder zu Getreideflocken weiterverarbeitet, nur geringe Mengen werden ab Hof oder an Naturkostläden verkauft.
Übergangsbetriebe dürfen erst nach drei Jahren das Zeichen «ANOG-biologisch wertvolle Nahrung» tragen.
Vereinsorgan: «Information ANOG-biologisch wertvolle Nahrung (Erscheinung vierteljährlich)

Kontakt: *ANOG, Anton-Reuter-Str. 18, 5400 Koblenz 1*

Naturland

Naturland (Verband für naturgemäßen Landbau e. V.) wurde 1982 gegründet und ist eine Anbauorganisation für ökologischen Land-, Garten- und Obstanbau, die nach ähnlichen Grundsätzen wie Bioland arbeitet. Es gibt derzeit 90 Höfe mit einer Anbaufläche von ca. 1200 ha.

Kontakt: *Verband für naturgemäßen Landbau e. V. (Naturland), Kleinhaderner Weg 1, 8032 Gräfeling*

Biokreis Ostbayern

Dem 1979 gegründeten Biokreis Ostbayern, der bislang nur in Bayern ansässig ist, sind 22 Höfe mit einer Anbaufläche von ca. 300 ha angeschlossen, die Wochenmärkte und Naturkostläden beliefern. Zeitschrift: «Bio-Nachrichten» (Erscheinung: halbjährlich)

Kontakt: *Biokreis Ostbayern e. V., Kleiner Exerzierplatz 9, 8390 Passau*

Warenname und Schutzzeichen

ZUSATZSTOFFE? KOMMT NICHT IN DIE TÜTE!

Um möglichst wenig Chemie mitzuessen, sollte man so wenig wie möglich Zusatzstoffe mit der Nahrung aufnehmen. Das ist aber leichter gesagt als getan, denn nicht alle Zusatzstoffe unterliegen der Kennzeichnungspflicht, und wenn, so ist die Kennzeichnung nicht unbedingt verständlich. E 605 kennt jeder. E 107, E 102 oder E 162 kennt dagegen kaum jemand; das kann sich rächen. E 102 beispielsweise ist ein gesetzlich zugelassener, am meisten eingesetzter Farbstoff (Tartrazin), der bei vielen Menschen Allergien auslösen kann. In der Bundesrepublik reagieren schätzungsweise 13 000 Menschen auf Lebensmittelzusatzstoffe allergisch, hauptsächlich Farbstoffe.

E 162 ist dagegen der harmlose Farbstoff der Roten Bete, E 107 synthetisches Alpha-Tocopherol (Vitamin E).
Wenn wir uns «normal» ernähren, essen wir Farbstoffe, Aroma- und Geschmacksstoffe, Geschmacksverstärker, Süßstoffe, Konservierungsstoffe, Antioxidantien, Emulgatoren, Verdickungs- und Geliermittel, Schaumstabilisatoren, Feuchthaltemittel, Überzugsstoffe, Rieselhilfsstoffe, Schmelzsalze, Backhilfsmittel, Kutterhilfsmittel, Teigkonditionierungsmittel, Säureregulatoren, Klär-, Trenn- und Filterhilfsmittel u. a. mit.

Als Zusatzstoffe sind übrigens auch noch die eigentlichen Lebensmittel erlaubt...
Immer mehr Lebensmittel kommen heute verarbeitet auf den Markt. Tütensuppen, Kartoffelspezialitäten, Fischstäbchen u. ä. sind heute eine Selbstverständlichkeit. Die industrielle Nahrungsmittelproduktion und – erst in zweiter Linie – veränderte Verbrauchergewohnheiten haben entscheidend dazu beigetragen, daß heute eine Vielzahl von Lebensmitteln Zusatzstoffe der unterschiedlichsten Art enthalten. Lebensmittel sollen zum Beispiel durch Konservierungsmittel länger haltbar gemacht werden, durch Farbstoffe ein attraktiveres Aussehen bekommen oder durch Antioxidantien vor dem Ranzigwerden bewahrt werden.

Jährlich essen wir einige hundert Gramm dieser Chemikalien, ohne daß wir es so recht wissen, wohlgemerkt: das sind alles Stoffe, die *bewußt* zugegeben werden. Hinzu kommt noch das «übliche» Gift im

Essen: Pestizide und Umweltchemikalien in geringen Dosen. Während diese mit Sicherheit giftig wirken, sollen Zusatzstoffe nach Willen des Gesetzgebers nicht giftig, sondern, wie es so schön heißt, in der zugelassenen Konzentration gesundheitlich unbedenklich sein.

Daß das von Zusatzstoffen ausgehende Gesundheitsrisiko durchaus nicht immer einheitlich eingeschätzt wird, zeigt sich besonders am Beispiel der Farbstoffe. So sind in der Bundesrepublik 12 und in den USA 8, in Norwegen dagegen keine synthetischen Farbstoffe zugelassen, weil sie Allergien auslösen können. Andere Stoffe wie etwa E 142 (Brillantsäuregrün) und E 127 (Erythrosin) sind im Bakterienversuch schwach erbgutschädigend, bei Schweinen kann es bei höheren Dosen zu Schilddrüsenvergrößerungen kommen. Einige Zusatzstoffe sind dagegen mit Sicherheit unbedenklich, viele sind besonders in ihren Wechselwirkungen mit anderen Stoffen und Umweltchemikalien nicht ausreichend untersucht. Die Lebensmittelindustrie behauptet immer wieder, daß das heutige Lebensmittelangebot ohne Zusatzstoffe nicht so reichhaltig wäre. Wie wahr!

Natürlich gibt es Zusatzstoffe, die eine wichtige Funktion erfüllen: So schützt zum Beispiel Nitritpökelsalz die Wurst vor den Fleischvergifter-Bakterien (Clostridium botulinum), die ein für den Menschen schon in kleinsten Mengen tödliches Gift bilden. Sicher ist aber auch, daß aus dem Pökelsalz in der Wurst stark krebserzeugende Nitrosamine gebildet werden können und daß in anderen Ländern die Pökelung wesentlich restriktiver gehandhabt wird, ohne daß dadurch die Vergiftungen durch die obengenannten Bakterien zugenommen haben.

Da erscheint es uns doch sinnvoll, so wenig wie möglich Zusatzstoffe «mitzuessen». Vorsicht ist die Mutter der Porzellankiste. Und wenn die Lebensmittelindustrie darin rumtrampeln will, ist das ihre – o nein! – unsere Sache, denn *wir* essen mit. Die Lebensmittelindustrie hat freilich ihre Gründe. Mit Sicherheit will sie niemand bewußt schädigen (das wäre auch mit Sicherheit geschäftsschädigend), aber sie hat ihre technologischen und verkaufsfördernden Gründe (vgl. Reinheitsgebot für Bier, S. 220 ff., und Lebensmittelbestrahlung, S. 101).

Schauen wir uns doch die Zusatzstoffe mal etwas näher an (soweit sie deklariert werden müssen):

Farbstoffe

Das «Auge ißt mit», der Körper schaut gequält zu. Wieso brauchen wir «Kosmetika» im Essen? 1982 wurden in der Bundesrepublik 950 000 kg synthetische Lebensmittelfarbstoffe produziert und verbraucht. Ihr Einsatz ist unter rein verkaufsfördernden Aspekten zu sehen. Sie werden u. a. bei Süßwaren und Süßspeisen, Backwaren, Fischerzeugnissen, Teigwaren, Milchprodukten und Obstkonserven verwendet. Es ist kein Geheimnis, daß sich gerade Kinder von buntgefärbten Süßigkeiten verlocken lassen – ein Umstand, der angesichts des ohnehin viel zu hohen Zuckerkonsums in die Diskussion um Für und Wider synthetischer Farbstoffe unbedingt einbezogen werden sollte.

Bei Obstkonserven sollen die Farbstoffe den durch die Erhitzung verlorenen Farbton der Früchte wiederherstellen. Nun wird zwar immer wieder betont, der Verbraucher soll durch Lebensmittelzusätze nicht getäuscht werden, doch warum dann eine Lebensmittelfärbung, die den Eindruck von Frische vermittelt und die mit Vitaminverlusten einhergehende Hitzebehandlung in Vergessenheit geraten läßt? Im Haushalt käme wohl kaum jemand auf den Gedanken, eingemachte Kirschen nach dem Motto «Das Auge ißt mit» mit Farbstoff zu versetzen. Diesen unnötigen Kram erkennen Sie an den E-100er-Nummern.

Bei Konservierungsstoffen sind wir konservativ,

wir weichen möglichst auf Lebensmittel ohne Konservierungsstoffe aus, mit Ausnahmen: zum Beispiel Wurst. Konservierungsstoffe wie Benzoesäure, Sorbinsäure, Ameisensäure und jeweils deren Salze, Propionsäure und PHB-Ester und verschiedene Fruchtbehandlungsstoffe hemmen das Wachstum von Bakterien, Hefen und Schimmelpilzen und schützen die Lebensmittel so in gewissem Umfang vor dem Verderb. Die Palette chemisch konservierter Produkte ist breit; Beispiele sind Wurstwaren, Fischerzeugnisse, Fruchtzubereitungen für Joghurt, Limonaden, Fertigsalate, Käse, Schnittbrote und Backwaren, Mayonnaise, Oberflächen von Zitrusfrüchten und Bananen.

Konservierungsstoffe sind in den erlaubten Mengen zum Teil unbedenklich, manche allerdings können Allergien auslösen (zum Beispiel Benzoesäure, PHB-Ester), bei anderen sind die gesundheitlichen Auswirkungen noch unzureichend erforscht (Fruchtbehandlungsstoffe). Konservierungsmittel erkennen Sie an den E-200er-Nummern, zum Beispiel E 214: dies sind PHB-Ester und Verbindungen, körperfremde Substanzen, sie können Allergien auslösen, bei hohen Dosen führen sie bei Ratten zur Verlangsamung des Wachstums, wirken gefäßerweiternd und betäubend.

Antioxidationsmittel

Diese Zusatzstoffe schützen die Lebensmittel vor dem Verderb durch Luftsauerstoff, beispielsweise das Fett vor Ranzigwerden. Natürliche Stoffe mit antioxidativer Wirkung sind zum Beispiel die Tocopherole (Vitamin E) und Ascorbinsäure (Vitamin C). Daneben gibt es zu diesem Zweck auch synthetische Stoffe wie die Gallate, BHA (Butylhydroxianisol) und BHT (Butylhydroxitoluol). Diese synthetischen Antioxidationsmittel dürfen nur bestimmten Lebensmitteln zugesetzt werden. Sie sind zu erkennen an den E-300er-Nummern (zum Beispiel E 320 = Butylhydroxianisol, synthetischer Stoff, kann Überempfindlichkeitsreaktionen und Allergien hervorrufen, kann im Tierversuch Lebervergrößerungen verursachen, reichert sich im Körper an).

Verdickungs-, Gelier- und sonstige Mittel

sind an den E-400-Nummern zu erkennen (zum Beispiel Phosphate). Sie werden vielfältig eingesetzt, unter anderem zur Herstellung von Schmelzkäse und zur Verbesserung des Wasserbinde- und Safthaltevermögens bei Brühwürsten. Ferner verhindern sie das Gelieren von Kondensmilch in der Dose und das Verklumpen pulverförmiger Produkte, sie dienen als Verdickungsmittel zum Beispiel in Pudding und sind in coffeinhaltigen Erfrischungsgetränken (Cola-Getränken) enthalten.
Phosphat ist für den Menschen lebensnotwendig. Seine Zufuhr muß aber immer im Zusammenhang mit der Aufnahme an Calcium betrachtet werden. So weist die Deutsche Gesellschaft für Ernährung darauf hin, daß die Phosphatzufuhr eine beträchtliche Höhe erreicht hat, hohe Phosphatzufuhr jedoch bei gleichzeitig durch die Nahrung nicht voll gedecktem Calcium-Bedarf möglicherweise die Ausbildung von Kalkarmut im Skelett begünstigt.

NATUR PUR

Die These, daß Phosphatzusätze und natürlicherweise phosphatreiche Nahrung Verhaltensstörungen bei Kindern (hyperkinetisches Syndrom) hervorruft, ist weiterhin umstritten. Mag man über die gesundheitlichen Auswirkungen einzelner Zusatzstoffe streiten, so steht doch fest, daß täglich Hunderte fremder Stoffe aufgenommen werden: Rückstände verschiedener Pflanzenbehandlungsmittel und Tierarzneimittel, Industrieschadstoffe, Reinigungsmittelrückstände aus der Verarbeitungsindustrie und Stoffe, die von der Verpackung auf Lebensmittel übergehen, gelangen mit der Nahrung in den Körper, hinzu kommen Arzneimittel. Die Forschung darüber, wie sich diese Stoffe gegenseitig beeinflussen, steckt allerdings noch in den Anfängen und wird in absehbarer Zukunft auch nicht zu befriedigenden Erkenntnissen führen.

Aus diesem Grund sollte man sowenig wie möglich Lebensmittel mit Zusatzstoffen zu sich nehmen – vor allem aber nicht überflüssige Zusatzstoffe wie etwa Farbstoffe.

Das ist aber leichter gesagt als getan, denn nicht jeder Zusatzstoff ist deklarationspflichtig! So müssen zum Beispiel Schwefel in Wein und Nitritpökelsalz in unverpackten Wurstwaren *nicht* deklariert werden. Ab dem 26.12.83 müssen zwar die Zutaten, die bei der Lebensmittelherstellung verwendet werden, auf den Packungen stehen. Übergangsregelungen gelten jedoch für Lebensmittel, die länger als 18 Monate haltbar sind, wie Gemüsedosen (bis 31.12.86) und Getränke in Mehrwegflaschen (bis 26.12.88).

Kein Gesetz ohne Ausnahmen: auf Honig, Zucker, Kakao, Kaffee-Extrakt, Aromen und alkoholischen Getränken mit mehr als 1,2 Prozent Alkohol brauchen keine Zutaten zu stehen.

Es gibt nicht nur chemische Konservierung, die bedenklich ist (siehe oben oder bei Bier, S. 220ff.), sondern auch physikalische Verfahren, die gefährlich und unnötig sind. Die Industrie hat hier weniger Hemmungen: beide Konservierungsarten ermöglichen eben auch bestimmte Produktions- und Handelserleichterungen. The show must go on:

LEBENSMITTELBESTRAHLUNG

Von der Lebensmittelindustrie wird neuerdings die Bestrahlung von Nahrungsmitteln als «Ersatz» für die chemische Konservierung propagiert. In der Bundesrepublik ist sie bis auf wenige Ausnahmen (zum Beispiel sterile Kost für Krankenhäuser) verboten, nicht so in anderen Ländern. Niederländische Kartoffeln, Gemüse oder Erdbeeren können durchaus bestrahlt sein, ohne daß dies deklariert werden muß. Beim Kauf sind Sie ahnungslos!
Die Lebensmittelbestrahlung ist nicht nach unserem Geschmack, die Bestrahlung birgt hohe Risiken und ist nicht notwendig.
Zur Strahlenkonservierung werden energiereiche Strahlen aus radioaktivem Material oder Elektronenbeschleunigern verwendet. Damit kann u. a. die Auskeimung (zum Beispiel bei Kartoffeln) verhindert, die Obstreife verzögert und die mikrobielle Belastung verringert werden. Eines der Hauptargumente der Befürworter ist, daß die Bestrahlung von Hähnchen das Salmonellenrisiko senken würde. Da die Bestrahlung bei Hähnchen aber zu teuer ist, wird sie in Holland gar nicht im Großmaßstab durchgeführt – ein Scheinargument also, um die Bestrahlung durch diese Hintertür salonfähig zu machen. Außerdem würden dadurch nur falsche Tierhaltung und Schlachtmethoden unterstützt (s. S. 141).

Der Nutzen ist gering, die Nachteile und Risiken aber sind hoch:
- durch die Strahleneinwirkung können Inhaltsstoffe (zum Beispiel Vitamin B_1) zerstört und zum Teil völlig neue giftige Verbindungen gebildet werden (sog. Radiolyseprodukte),
- es kann zur Anreicherung von widerstandsfähigeren Mikroorganismen kommen,
- es kann zu Erbgutschädigungen und Strahlenresistenz der Mikroorganismen und damit zu ganz neuen Mikroorganismen kommen,
- bei Bakterien und Schimmelpilzen, die giftige Stoffwechselprodukte bilden, können zwar die Bakterien oder Pilze abgetötet werden, die in die Lebensmittel freigesetzten Stoffwechselprodukte sind aber weiterhin giftig,
- die Strahlenbehandlung könnte dazu führen, daß bei der Lebensmittelindustrie die Verarbeitungshygiene vernachlässigt oder verdeckt wird. Am Schluß kann man ja noch mal bestrahlen!

Das Fazit wäre dann: *die Industrie strahlt, der Verbraucher nicht!*

POLITIK MIT DEM EINKAUFSZETTEL

Ökologische Ernährung ist weit gefaßt und keineswegs auf die individuell geringste Schadstoffaufnahme reduziert. Sie berücksichtigt das ökologische, soziale und wirtschaftliche Umfeld, in dem Lebensmittel produziert werden.

• Wenn Obst in Obstplantagen unter Einsatz von hochgiftigen Pflanzenschutzmitteln wächst, so daß Hunderte von Greifvögeln vom Himmel fallen (so geschehen am Bodensee nach Einsatz des Mäusebekämpfungsmittels Endrin), verschlingen wir mit den Äpfeln auch die toten Bussarde.

• Wenn auf der Speisekarte «Schildkrötensuppe» steht und gleichzeitig Schildkröten auf der «Roten Liste» der aussterbenden Tierarten stehen, verzichten wir auf Schildkrötensuppe (sie schmeckt ohnehin nur mäßig), um nicht am Aussterben der Meeresschildkröten mitschuldig zu werden. (Übrigens erfolgreich: der Suppenhersteller Lacroix hat seine Schildkrötensuppe vom Markt genommen.)

• Und die 250 Küchenchefs des Rastätter Kreises erwiesen sich als wahre Ökoköche, indem sie fortan auf Froschschenkel verzichten. Aus zwei Gründen: Millionen von Fröschen werden auf brutale Weise die Schenkel ausgerissen. Da die Frösche Insekten vertilgen, nehmen die Insekten überhand. Dafür wird fleißig DDT gespritzt.

• Der Schweizer Nestlé-Konzern wurde boykottiert («Nestlé tötet Babies»), weil er mit einer rücksichtslosen Marktkampagne Millionen von Müttern in der Dritten Welt dazu brachte, auf das Stillen ihrer Säuglinge zu verzichten. Wohl wissend, daß die hygienischen Verhältnisse eine Zubereitung des Milchpulvers mit einwandfreiem Wasser in vielen Familien und Ländern nicht zulassen und zudem die industrielle Säuglingsnahrung für viele fast unbezahlbar war.
Nach Schätzung der UNICEF sterben jährlich etwa eine Million Kinder, weil sie nicht gestillt werden.

• Die «Evangelische Frauenarbeit in Deutschland» startete 1977 einen Boykott von Südafrika-Produkten, insbesondere von Südfrüchten, wegen der Rassendiskriminierung in Reaktion auf ein Zitat des südafrikanischen Premierministers J. B. Vorster (1972): «Jeder Kauf eines südafrikanischen Produktes ist ein Baustein für die Mauer unseres Fortbestehens.» Und umgekehrt!

- Aber: es gibt nicht nur den Boykott, sondern auch die Unterstützung:
der Tante-Emma-Laden um die Ecke oder der Naturkostladen können durch häufigen Einkauf gestützt werden, damit das Angebot gesunder Lebensmittel und / oder ein verkehrsgünstiger Einkauf um die Ecke.

- Kaffee aus Nicaragua und Tee aus Tansania können über entwicklungspolitische und kirchliche Initiativen gekauft werden, um eine gerechtere Verteilung der Handelsspannen zu ermöglichen und um ökologische Initiativen in diesen Ländern zu unterstützen oder – beim Beispiel Nicaragua – gleichzeitig auch die derzeitige (1985) politische Situation zu stabilisieren.

- Tee und Kaffee alternativ
«Alternativ» Tee und Kaffee kann man in Naturkostläden und Dritte-Welt-Läden kaufen oder sich bestellen. Unter Alternativprodukten verstehen wir hier Tee aus biologischem Anbau und Tee bzw. Kaffee mit einem Solidaritätsaufschlag zur Ausgleichung der ungerechten Handelsspannen.
Es gibt eine Reihe von kirchlichen und entwicklungspolitischen Initiativen (s. S. 276), die z. B. Tee aus Tansania oder Kaffee aus Nicaragua direkt importieren und mit einem Aufschlag von 10 Prozent hier weiterverkaufen. Damit soll ein kleiner, aber wirksamer Beitrag dafür geleistet werden, daß es nicht eine Erste, Zweite und Dritte Welt mehr gibt, sondern nur noch Eine Welt.
Machen Sie doch in Ihrem Betrieb den Vorschlag, regelmäßig aus der Kaffeekasse den etwas teureren Kaffee mit dem Solidaritätszuschlag zu kaufen. Dann geht's rund in der Kaffeerunde.

Adresse: *Evangelische Frauenarbeit, Unterlindau 80, 6000 Frankfurt 1*

SCHMIERMITTEL
FETTE & ÖLE

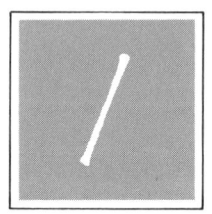

In Großmutters Küche wurde mit Fett noch ganz bedenkenlos umgegangen, Rezepte mit ein, zwei Pfund Butter waren keine Seltenheit. Auch das Fleisch war fett und wurde in viel Fett gebraten. Später wurden die Soßen noch mit reichlich Sahne verfeinert. Solche Fett- und Sahneküchen finden Sie auch heute noch, beispielsweise bei Bocuse.

Auf der anderen Seite lehnen viele Menschen heute Fett gänzlich ab, das Fleisch darf keinen Fettrand oder keine Fettadern haben, Butter soll ungesund sein, statt dessen wird Margarine gegessen. Auch bei den Salatsoßen ist man mit dem Öl knausrig. Die Folge dieser Mode ist das fettarme Superschwein, das, kurz gemästet mit Getreide und Soja, vorbeugend mit Arzneimitteln versorgt, sich dann als wäßriges Schnitzel in der Teflon-Pfanne ausweint und auf die Hälfte zusammenschnurrt.

Beim Fett müssen Sie zwischen sichtbarem und unsichtbarem Fett unterscheiden. Die versteckten Fette stecken im mageren Fleisch, Fisch, natürlich in Nüssen und besonders in den verarbeiteten Lebensmitteln wie Wurst, Mayonnaise, Kartoffelchips, Torten, Schokolade und Käse. In der Verarbeitung wird den Lebensmitteln viel zuviel Fett zugesetzt. Fett ist billig und «transportiert den Geschmack». Viele Geschmacksstoffe und Vitamine sind fettlöslich, brauchen zum Transport auf die Zunge und in den Körper also Fett. Ein roher Möhrensalat muß beispielsweise immer mit etwas Öl zubereitet werden, das fettlösliche Vitamin A kann so vom Körper besser aufgenommen werden.

Fette und Öle sind Verbindungen von Glycerin mit Fettsäuren. Es gibt gesättigte, ungesättigte und mehrfach ungesättigte Fettsäuren. Unser Körper braucht mehrfach ungesättigte Fettsäuren, da er sie selbst nicht bilden kann. Sie finden sie in kaltgepreßten Pflanzenölen. Diese Öle sind zwar heute nicht mehr wirklich kaltgepreßt, aber nicht hoch erhitzt oder gar durch chemische Extraktion gewonnen. Wenn Öl oder Fett sehr hoch erhitzt wird, wenn es raucht und blauschwarz wird, verändert es sich chemisch und wird gesundheitsschädlich. So heiß sollten Sie Öl nie werden lassen. Butter wird bei höheren Temperaturen braun und schwarz, weil sie noch Milcheiweiß enthält, das sich zersetzt (bei 150 °C). Im Butterschmalz ist das Eiweiß entfernt, es verträgt deshalb höhere Temperaturen.

Nehmen Sie Butter statt Margarine, denn Margarine wird aus vielerlei Fetten mit Hilfe der Chemie gewonnen, gehärtet, mit Farb- und Geschmacksstoffen verbessert, damit sie möglichst wie Butter aussieht und schmeckt. Nehmen Sie doch gleich das Original, aufs Brot und zum Kochen und Braten.

Obwohl Butter bei gut 90° beginnt, braun zu werden, ist Butter zum Braten von Schnitzel, Kotelett oder Leber gut geeignet. Das Fleisch

SCHMIERMITTEL

bleibt saftig, sofern es von einem natürlich aufgewachsenen Schwein stammt. Die Butter verbrennt nicht so rasch, wenn Sie zuvor in die Pfanne einen Tropfen Öl geben. Soll ein größeres Stück Fleisch rundum scharf angebraten werden, damit sich die Poren schnell schließen, nehmen Sie Maiskeimöl oder nicht extrahiertes, ungehärtetes Kokosfett. Auch dieses Öl darf nicht so hoch erhitzt werden, daß es raucht. Es hat aber überwiegend gesättigte Fettsäuren und kann deswegen höher erhitzt werden als andere Fette.
Schmalz gibt einen kräftigeren Geschmack.
Gänseschmalz schmeckt nicht nur gut auf dem Brot, sondern auch im Sauerkraut.
Kaltgepreßtes Olivenöl (am besten «extra vergine») und Nußöl sind ideal für Salate, Rohkost, Mayonnaisen und alle kalten Verwendungen. Kaltgepreßtes Olivenöl hat viele ungesättigte Fettsäuren und soll nicht zum Braten mit hohen Temperaturen verwendet werden.
In Ihrer Küche brauchen Sie also kaltgepreßtes Oliven- und Nußöl (für den Feldsalat), Kokosfett und Butter (nach Bedarf Butterschmalz). Sie sollten immer nur eine kleine Flasche Öl verwenden. Wenn Sie eine große Flasche kaufen, füllen Sie eine kleine Portion ab und lassen den Rest im Kühlschrank.

Fett gehört also zu unserer Nahrung als lebenswichtiger Brennstoff. Mehrfach ungesättigte Fettsäuren kann unser Körper nicht selbst bilden; diese Fette sind daher vor allem wichtig, sie beschleunigen den Fettstoffwechsel und haben Einfluß auf das Absinken des Cholesterinspiegels. Außerdem sind wichtige Vitamine nur mit Hilfe von Fetten verwertbar. Nicht zuletzt lassen Fette auch den Geschmack unserer Speisen zu erhöhter Geltung kommen.
Wie gehen wir in der Öko-Küche am besten mit unserem Wissen um? Im Durchschnitt rechnet man etwa 1 g Fett pro Tag auf 1 kg Körpergewicht. Meistens essen wir mehr. Das nicht gleich verwertete Fett setzt sich – wie manche Zeitgenossen immer wieder zu ihrem Leidwesen bemerken – als Reserve, als Fettpolster im Körper ab. In schlechten Zeiten mag diese Reserve wichtig sein. Solange unsere Ernährung jedoch gut und reichlich ist, führt eine besonders hohe Reserve eher zur Belastung oder gar zu Krankheit.
Im Winter bei kalten Temperaturen (übrigens auch beim Kaltduschen!) verbrauchen wir Menschen mehr Kalorien als im Sommer, bei schwe-

rer körperlicher Arbeit, womöglich im Freien, die mit viel Bewegung verbunden ist, mehr als bei sitzender Tätigkeit im Büro.

Alle diese Faktoren spielen eine Rolle bei der Berechnung unseres persönlichen Fettbedarfs. Wer außerdem bereits vorhandene überflüssige Fettpolster allmählich abbauen möchte, kann noch einmal einen Abstrich am täglichen Fettverbrauch machen.

Ganz ohne Selbstdisziplin läßt sich das Problem der belastenden Fettpolster nicht lösen. Wir können uns aber in der Küche einige Tips zunutze machen. Zunächst achten wir bereits beim Einkauf auf versteckte Fette. Dann lassen sich viele Zutaten bei der Zubereitung von zuviel Fett befreien, sei es bei der Vorbereitung, dem Kochen oder Braten. Saucen lassen sich beispielsweise nach dem Erkalten von dem Fettdeckel weitgehend entfetten. Mit dem restlichen, geschmackvollen und würzigen Fett lassen sich an den nächsten Tagen gut Kartoffeln braten. Haben wir es sehr eilig, kommt die Sauce ins Wasserbad, dann in den Kühlschrank. Bei Suppen ist das Verfahren ähnlich. Jeder, der sich schon einmal am heißen, obenauf schwimmenden Fett einer Hühnersuppe den Mund verbrannt hat, wird es vorziehen, sie in Zukunft einen Tag vorher zu kochen. Geht das gar nicht, läßt sich das heiße Fett auch so abschöpfen. Ein paar Fettaugen bleiben allemal auf der Suppe.

FLEISCHESLUST
VON SCHWEINEN, RINDERN & UNSCHULDIGEN LÄMMERN

Lust auf Fleisch ergreift den Bundesdeutschen nahezu jeden Tag, Fleischeslust – statistisch – nur einmal die Woche. Pro Kopf verbraucht er jährlich ca. 90 kg, etwa 60 bis 65 Prozent Frischfleisch und etwa 35 bis 40 Prozent Fleischerzeugnisse wie zum Beispiel Wurst. 1960 lag der Pro-Kopf-Verbrauch noch bei ca. 60 kg, vor fünfzig Jahren bei 45 kg, um 1800 bei etwa 15 kg.

Der Mythos Fleisch ist unbesiegbar: wem es gutgeht, der ißt Fleisch. *Fleisch gibt Kraft. Fleisch ist gesund.*

Sonntags gab es bei uns immer Fleisch, unter der Woche manchmal, später häufiger – je nach Stand der Haushaltskasse. Der Braten hatte seinen zentralen Platz beim Sonntagsessen. In der Woche reichten Speck zum Gemüse oder Fleisch zum Kochen einer Suppe. Auf die Frage: «Was gibt's zu essen?», kommt heute meist die Fleisch-Antwort: Rindsrouladen (Schnitzel, Gulasch ...) – die «Beilagen» wie Gemüse, Teigwaren oder Salat, die Suppe, der Nachtisch werden nicht erwähnt.

FLEISCH IST DER FETTE HERRSCHER DES ESSENS

Am Fleische scheiden sich die Geister, auf der einen Seite sitzen «die griesgrämigen Müsli- und Körnerfresser», auf der andcren Seite «die kranken fetten Fleischfresser».
Uns schmeckt Fleisch. Wir sehen auch gar nicht ein, warum wir kein Fleisch essen sollen. Uns schmecken Gemüse und Obst und Müsli und Rohkost und Fisch, und und ... aber wir verstehen nicht, warum wir jeden Tag Fleisch essen sollten. Wir haben unseren Fleischkonsum ohne Zwang reduziert, einfach dadurch, daß wir viele neue und alte Gerichte ohne Fleisch kennen- und schätzengelernt haben.

Ein hoher Fleischverbrauch ist hauptsächlich aus drei Gründen problematisch:
- zu hoher Fleisch- und Wurstkonsum sind ungesund,
- zu hohe Fleischproduktion ist bei uns ökologisch unvertretbar,
- Fleischproduktion mit riesigen Futtermittelimporten ist für die Dritte Welt ökologisch und politisch untragbar.

VIEL FLEISCH, VIEL GICHT, VIEL HERZINFARKT

Fleisch enthält viel Eiweiß, darunter alle acht essentiellen Aminosäuren, Eisen und wichtige Vitamine der B-Gruppe. Fleisch enthält keine

Ballaststoffe, wenig Kohlenhydrate, viel Fett (besonders «verstecktes» Fett), Cholesterin und Purine; Wurst sehr viel Fett, viel Kochsalz und andere Zusatzstoffe.

Hoher Fleisch- und Wurstkonsum trägt mit großer Wahrscheinlichkeit zu einer Reihe von Krankheiten bei. Aber brauchen wir nicht Fleisch, um unseren Eiweiß-Bedarf zu decken?

In der Bundesrepublik werden 45 bis 55 g als tägliche Eiweißaufnahme für Erwachsene empfohlen. Die tatsächliche Aufnahme beträgt aber durchschnittlich 80 g, sie ist vor allem auf den zu hohen Fleischkonsum zurückzuführen.

FLEISCH UND UMWELT VERBRATEN

Das tägliche Schnitzel wurde bei uns durch die Intensivlandwirtschaft und Massentierhaltung möglich. Während früher – und heute wieder – im Ökolandbau gemischtwirtschaftliche Betriebe ausgewogen Pflanzen und Tiere produzieren, wurde durch die Intensivierung der Landwirtschaft dieses Gleichgewicht zerstört. Die Folgen sind: massive Anwendung chemischer Pflanzenbehandlungsmittel, Überdüngung durch Gülle aus der Massentierhaltung und Verfüttern wertvoller Grundnahrungsmittel (Getreide, Soja) an die Mast-Tiere.

Als *ein* Beispiel für die dadurch hervorgerufenen Umwelt-, Boden- und Wasserprobleme kann das Nitrat gelten. Durch übermäßige und nicht sachgerechte Düngung (mit Kunstdünger oder Gülle aus der Massentierhaltung) hat sich insgesamt – und regional sogar ganz erheblich – Nitrat im Boden, im Grundwasser und damit im Trinkwasser angereichert.

Dabei bleibt es nicht! Die nicht artgerechte Massenproduktion führt
- verstärkt zu Tierkrankheiten (zum Beispiel Seuchen) und deshalb (prophylaktischer) Gabe von Tierarzneimitteln (Beruhigungsmittel, Antibiotika), auch als Masthilfsmittel (Hormone).
- zu minderwertiger Fleischqualität (PSE-Fleisch, Salmonellen bei Geflügel)
- zu massiven ökologischen Schäden beim intensiven und rigorosen Anbau von Futtermitteln in der Dritten Welt (zum Beispiel Rodung riesiger Waldflächen, Monokulturen) und hierzulande (zum Beispiel Mais).

• zur Energieverschwendung: für die Produktion von einer Kilokalorie Rindfleisch werden 10 Kilokalorien Weizen verfüttert. Das Ganze nennt man vornehm Veredelungsverluste. Die Verhältnisse liegen im Schnitt bei 12:1 (Hühnerfleisch), Milch (5:1), Eier (4:1), Schweinefleisch (3:1).

SATTES VIEH – HUNGRIGE MENSCHEN

Vor dem Hintergrund des «Welthungerproblems» werden die ökologisch, sozial und politisch von uns nicht hinzunehmenden Nachteile des hohen Fleischkonsums am krassesten deutlich. Der zynische Satz «Brot für die Welt, das Fleisch bleibt hier» hat leider seine Berechtigung: So importiert die EG jährlich mehr als 20 Millionen Tonnen Futtermittel (für die Fleisch-, Milch- und Eier-Produktion) aus Ländern der Dritten Welt, auch aus solchen, denen die EG Nahrungsmittelhilfe bietet (beispielsweise Hirse und Sorghum aus dem Sudan, Kenia und El Salvador). In der Bundesrepublik stammten 1984 etwa die Hälfte der Futtermittelimporte aus der Dritten Welt, fast 10 Prozent aus Afrika (25 Prozent aus der Sahelzone!!). Etwa 11 Prozent unserer Fleischprodukte wurden mit Futtermitteln aus der Dritten Welt erzeugt, bezogen auf den Eiweißgehalt gar 18 Prozent! So essen wir jedes 10. Schnitzel, jeden 10. Liter Milch auf Kosten der Menschen, die hungern müssen. Die eine Milliarde Menschen in den Industrieländern verfüttern soviel Weizen an Schlachttiere, wie die Rest-Weltbevölkerung zum Essen hat! Mit unseren Schnitzeln essen wir den Hungernden den letzten Löffel Brei vom Teller.
Die Dritte-Welt-Länder erzielen durch Verkauf ihrer Futter- bzw. Nahrungsmittel keine «wertvollen Devisen». Die Preise bei Agrarprodukten fallen rapide, die landwirtschaftliche, auf Eigenversorgung ausgerichtete Struktur der Länder wird so zerstört. Die Devisen kommen hauptsächlich einer kleinen Machtelite in diesen Ländern zugute und werden in eine ausufernde Bürokratie, Rüstung und ins Militär gesteckt. Letzteres wiederum sichert die Machteliten und den Rückfluß der «wertvollen Devisenquellen» in die Industrieländer. Das ist die Kumpanei der Mächtigen.
Auch aus gesundheitlichen Gründen essen wir persönlich weniger Fleisch und Wurst. Wichtige Nährstoffe lassen sich nicht (nur) durch Fleischverzehr, sondern (auch) durch andere Kost aufnehmen, beispielsweise durch Hülsenfrüchte, Gemüse, Getreide, Nüsse.

FLEISCHESLUST

Als «Fleischersatz» werden gerne Soja und Tofu gepriesen sowie «Sojafleisch» (s. u.). Soja ist so wenig Ersatz für Fleisch, wie eine Frau ein Ersatzmann ist (oder umgekehrt). Wir wundern uns immer wieder, wie oft «Bioköstler» Ersatz*schnitzel*, Bio-*Frikadellen* usw. propagieren. Da blitzt doch ein recht dünnes Selbstbewußtsein durch, da fehlt der Mumm, den man durch kräftige und gesunde Vollwertkost bekommt...
Wußten Sie übrigens, daß Sie jeden Tag ein halbes Pfund Soja essen? Statistisch gesehen, über die Verfütterung von Soja in der Tierproduktion? Soja und Getreide können Sie aber auch ohne solche Umwege essen. Wir bieten Ihnen dazu leckere Rezepte.
In Asien ist die Sojabohne seit rund 5000 Jahren bekannt und zählt dort zu den wichtigsten Grundnahrungsmitteln. In den letzten Jahrzehnten hat Soja eine neue «Qualität» gewonnen; es wird an Mast-Vieh verfüttert. Soja läßt sich maschinell leicht anbauen, spritzen und ernten. Es ist ein typisches Produkt der industriellen Landwirtschaft – wie bei uns der Mais. Mittlerweile stammen 60 Prozent der Weltsojaproduktion aus den USA.

Ihre ernährungsphysiologisch herausragende Stellung findet die Sojabohne durch ihre wertvollen Inhaltsstoffe:
- sie enthält außergewöhnlich viel Eiweiß (mehr als doppelt soviel wie Rindfleisch) und – wie Fleisch – alle acht essentiellen Aminosäuren, die der Mensch im eigenen Stoffwechsel nicht selbst herstellen kann.
- Soja enthält – im Gegensatz zu Fleisch – kein Cholesterin und kaum gesättigte Fettsäuren, dafür viel essentielle Fettsäuren.
- Soja ist vergleichsweise kalorienarm.
- Soja enthält viele Vitamine der B-Reihe (mehr als Fleisch) und Vitamin E.

Es gibt folgende Sojasorten:
- die gelbe Sojabohne: Herstellung von Tofu, Miso, Tempeh, Tamari,
- die grüne Sojabohne (Mungbohne): Herstellung von Keimlingen
- die rote Sojabohne (Adzuki): etwas geringerer Eiweißgehalt, leicht verdauliche Hülsenfrucht.

TOFU UND TVP

Zur Herstellung von *Tofu* werden Sojabohnen eingeweicht, zu Püree vermahlen und mehrmals aufgekocht. Die Faserstoffe setzen sich ab, zurück bleibt Sojamilch. Durch Zugabe von Gerinnungsmittel flockt die Milch aus, es entstehen Sojaquark und Molke. Der gepreßte Sojaquark wird Tofu genannt.
Tofu, gewürzt mit frischen Kräutern, Zwiebeln, Knoblauch, ist als Brotaufstrich geeignet. Wir allerdings ziehen Quark vor, auch wenn Quark nicht alle Aminosäuren enthält.
TVP wird seit einigen Jahren bei uns als «Sojafleisch» (Textured Vegetable Protein = strukturiertes pflanzliches Eiweiß) angeboten. Es sieht Fleisch sehr ähnlich und hat einen hohen Eiweißgehalt (um 50 Prozent). In Amerika wird es bereits in großem Umfang verarbeitet und dient u. a. als «Hamburger Helper», in der Bundesrepublik ist eine Mischung von Fleisch und Soja verboten.
Problematisch ist der hohe industrielle Verarbeitungsgrad von TVP: Von den Sojabohnen wird das Öl abgetrennt, der zurückbleibende Ölkuchen zu Mehl gemahlen, bis auf 200 °C gekocht und unter starkem Druck durch eine Düse gepreßt. Dadurch bekommt es eine fleischähnliche Konsistenz, die noch durch Zugabe entsprechender Farb- und Aromastoffe sowie Gewürzen fleischähnlich gemacht wird. Solches Kunstfleisch gehört nicht in die Öko-Küche.

DAS FLEISCH

Es folgen Rezepte zu Schwein, Rind, Kalb, Wild, Geflügel und Fisch. Wer kein Fleisch ißt, mag gleich bei den Fischen weiterlesen (s. S. 148 ff.).
Wenn Sie beim Einkauf Schwein haben, erwischen Sie noch ein echtes Schwein, meist erwischen Sie aber Fleisch, das beim Braten Wasser verliert und schrumpelt, trocken und zäh wird: sogenanntes PSE-Fleisch. Die Abkürzung PSE kommt aus dem Englischen und bedeutet blaß (pale), labbrig (soft) und wäßrig (exudative). Die Übersetzung sagt eigentlich schon alles über die Qualität dieses Fleisches aus, nichts aber über die Hintergründe, die zu einer derartigen Entwicklung geführt haben.
Die Steigerung der Produktivität durch Rationalisierung von Arbeitsabläufen und schnellere Maschinen bis hin zum Fließband wurde in der

FLEISCHESLUST

Lassen Sie
wieder die
Sau raus

FLEISCHESLUST

Tierhaltung versucht, doch nur mit mäßigem Erfolg, weil sich die Natur widersetzt. Bei der Fleischproduktion durch Massentierhaltung wurden (und werden) viele Tiere auf engstem Raum zusammengepfercht, Fütterungs- und Säuberungszeiten reduziert. Gleichzeitig versuchte man sich an züchterischen Höchstleistungen: bildlich gesprochen ließ man die Sau raus und konstruierte statt ihrer eine Hochleistungsfleischmaschine, die 1. mehr Fleisch pro Zeiteinheit ansetzt, 2. weniger Fett, 3. vier Koteletts mehr liefert. Aus sentimentalen Gründen behielt diese Fleischmaschine den Namen Schwein, wir wollen es zur besseren Kennzeichnung Schwein '80 nennen.

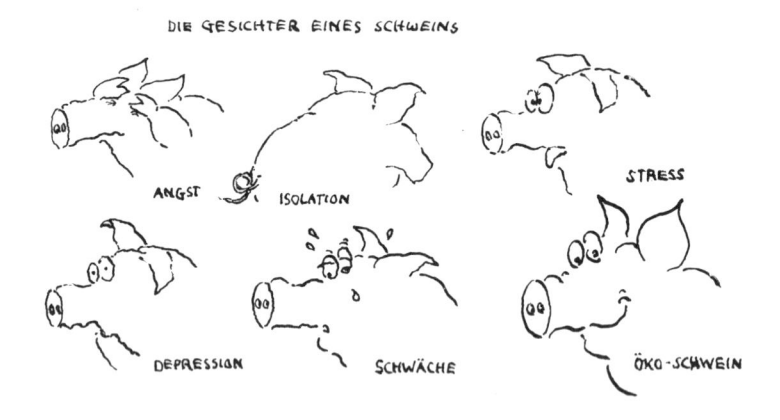

DIE GESICHTER EINES SCHWEINS

ANGST ISOLATION STRESS

DEPRESSION SCHWÄCHE ÖKO-SCHWEIN

Unter Rentabilitätsgesichtspunkten war Schwein '80 nicht schlecht: verglichen mit dem traditionellen Schwein hatte Schwein '80 zwei Rippenpaare und damit 4 Koteletts mehr, enthielt 70 Prozent mehr magere Muskelmasse, der Speck- und Nierenfettanteil fiel von 14 Prozent auf 8 Prozent, der intramuskuläre Fettanteil (das sogenannte «versteckte» Fett) von 5 Prozent auf 2 Prozent. Und während man früher ein Jahr brauchte, um ein Schwein auf 130 bis 150 kg zu bringen, produziert Schwein '80 schon in 6 Monaten 100 kg und kann dann geschlachtet werden. Pro Jahr verlassen rund 90 Millionen Schweine '80 das Fließband der Fleischproduktion. Wie Sie erraten haben, ist Schwein '80 natürlich doch keine Maschine, sondern immer noch ein Lebewesen. Und deshalb hat Schwein '80 massive Schwierigkeiten mit seinen Produktions-Bedingungen, denn Leben kann man das selbst für ein Schwein nicht mehr nennen:

- Da es mit anderen armen Schweinen eng zusammengepfercht wird und kaum Bewegung hat, wird es neurotisch und zeigt Verhaltensstörungen. Dagegen gibt's Beruhigungspillen.
- Seine natürliche Abwehrkraft ist geschwächt, zugleich entstehen durch die Massentierhaltung leichter Infektionen. Dagegen gibt's Antibiotika und die schon vorbeugend ins Futter!
- Der Rücken ist zu lang, das Fleisch zu schwer, Schwein '80 ist meist krank. Fast alle Tiere haben Beinschäden.
- Damit es schneller Fleisch ansetzt, bekommt Schwein '80 Masthilfsmittel (zum Beispiel Hormone) ins Futter.
- Die hohe Muskelmasse belastet Herz und Kreislauf, die Umgebung erzeugt Stress. Vorbeugend gegen Herzinfarkt bekommt das Tier sogenannte Beta-Rezeptoren-Blocker.
- Durch vielfältige Stressreaktionen wird das Fleisch verändert, es kommt zu einer Denaturierung des Muskeleiweißes und zur Bildung von sogenanntem PSE-Fleisch. PSE-Fleisch enthält nicht zuviel Wasser (wie viele denken), es hat aber ein verändertes Safthaltevermögen.
- Vor dem Schlachten schlucken die Schweine Beruhigungsmittel, weil sonst viele schon vorzeitig am Herzinfarkt sterben würden, wenn sie das erste Mal in ihrem Leben den Stall verlassen und von der Natur geschockt werden.

Nicht nur Schwein '80 ist unglücklich, auch der Verbraucher hat kein Schwein mehr, sondern minderwertiges Fleisch:
- PSE-Fleisch verliert Gewicht beim Lagern und Kühlen, schrumpft und verliert Wasser bei der Zubereitung – es bräunt nicht und schmeckt fade;
- es enthält Rückstände im Fleisch durch Tierarzneimittel und Masthilfsmittel.

Nun wird behauptet, das alles habe der Verbraucher mit seinem Wunsch nach fettarmem Fleisch so gewollt. Uns kommen die Tränen vor Rührung.

Die Massentierhaltung und die Fleischproduktion wurden entwickelt, weil man in der Bundesrepublik durch solche «Veredelungswirtschaft» am meisten verdienen kann. Der Gipfel dieser Schweinerei besteht darin, daß die EG-Handelsklasseneinteilung das PSE-Fleisch protegiert.

Deshalb verbrauchen *wir* wenig Fleisch und Wurst und essen vollwertige Kost. Machen Sie einen Metzger ausfindig oder stiften Sie ihn an, «sauberes» Fleisch zu verkaufen bzw. nur entsprechende Schweine zu schlachten. Das Fleisch soll von Natur aus mit leichten Fettadern durchzogen sein («marmoriert»). Blasses, wäßriges und extrem fettarmes Fleisch kaufen wir nicht, erst recht kein abgepacktes Fleisch mit rosa Flüssigkeit in der Packung.

VOM SCHINKEN BIS ZUR KEULE

Nach unserem langen Vorspann über Schwein '80 werden Sie sich wundern, daß wir immer noch Schweinefleisch essen.
Natürlich essen wir nicht diese blaßrosa Masse, die, als Schnitzel gebraten, in der Pfanne zusammenschnurrt, das Wasser ausspritzt, daß es nur so zischt, und in Form eines ledrigen Lappens auf dem Teller landet. Gemeint ist vielmehr Fleisch von Schweinen, die ohne chemische Hilfsmittel aufgezogen sind, die im Sommer auf der Wiese herumlaufen und ein festes, hellrotes, marmoriertes Fleisch geben. Es gibt sie, viele Bauern halten sich ein solches Hausschwein und verkaufen ihre industrielle Schweinerei an andere. Sorgen Sie dafür, daß Ihr Metzger Fleisch von solchen Schweinen verkauft, oder tun Sie sich zusammen, zwecks gemeinsamer Schweinerei. Vielleicht findet sich in Ihrer Nähe ein Bauer, der für Sie ein Schwein großzieht.

Wenn der Feinstschmecker Siebeck resigniert auf den Genuß von Schweine- und Kalbfleisch verzichtet, weil dieses Fleisch nur noch wie Fleisch aussieht und nach nichts mehr schmeckt, ist ihm zwar zuzustimmen, doch bleibt er auf halbem Wege stehen: wir wollen auf Kalb und Schwein nicht verzichten. Deshalb fängt das gute Fleischessen damit an, daß man eine Bezugsquelle von gutem Fleisch findet oder sich schafft. Das ausgiebigste Würzen nutzt nichts, wenn nicht die Grundlage selbst würzig ist: das Fleisch. Das gilt übrigens auch für das Rindfleisch.

Bevor wir einige Fleischrezepte empfehlen, müssen wir noch auf ein anderes Problem eingehen: Wer etwas Kocherfahrung hat, wird wohl eine Busch- von einer Stangenbohne unterscheiden, eine Zwiebel von einer Schalotte, doch wer weiß schon, welche verschiedenen Stücke so ein Rindvieh liefert! Und welches Stück sich für welchen Gebrauch eignet? So wird das arme Rind nur in Suppen- und Bratenteile aufgegliedert, das Schwein besteht nur noch aus Schnitzel, Kotelett, Braten und Lendchen, kein Wunder, daß das Eisbein kalte Füße bekommt.

Deshalb zeigen Ihnen die Abbildungen, wo die Stücke sitzen und welche Sie seit Jahren nicht mehr gegessen haben! Auch Fleisch sollte man ganzheitlich verwerten und nicht immer nur Schnitzel essen.

Wo ist der Schinken beim Schwein?

1	Kopf	(zum Kochen für Sülze)
2	Nacken, Kamm, Hals	(Schmorbraten, Nackenkotelett zum Kurzbraten, auch geräuchert als Kasseler)
3	Brust, Rippenbrust	(Schweinerippe zum Schmoren, Gulasch, Eintopf)
4	Rücken	(geräuchert als Kasseler und als Lachsschinken)
5	Koteletts, Lummerkoteletts, Filet	(zum Kurzbraten)
6	Schulter, Bug, Blatt	(Schmorbraten, Ragout, Hackfleisch, Spießchen, gepökelt und gekocht als Vorderschinken, gepökelt und geräuchert als Bauernschinken)
7	Bauch	(als Braten, Schälrippchen, gepökelt und geräuchert als Bauch- und Frühstücksspeck, Rauch- und Dörrfleisch)
8	Keule, Schinken, Schlegel, Kappe	(als Schwartenbraten, Schnitzel, Steaks)
9	Rückenspeck	(frisch als «grüner» Speck, für Schmalz, Spicken, Bardieren)
10	Haxe, Eisbein	(frisch als gepökelt zum Kochen, Schmoren, Braten)
11	Spitzbein, Pfoten	(zum Kochen, für Sülze und Aspik)

FLEISCHESLUST

Wo ist die Hüfte beim Rind?

1	Hals, Nacken	*(zum Kochen und Schmoren)*
2	Kamm	*(saftiges Fleisch, gut für Sauerbraten)*
3	Hochrippe	*(zum Braten, Grillen, Schmoren)*
4	**Schulter** auch Bug und falsches Filet	*(bestes Kochfleisch, auch zum Schmoren)*
5	Brust	*(zum Kochen)*
6	Querrippe	*(zum Kochen)*
7	Bauchlappen	*(zum Kochen)*
8	Roastbeef und Filet	*(bestes Fleisch für Steaks und Grillbraten)*
9	**Hüfte** auch Blume, Tafelspitz	*(zum Kurzbraten, Schmoren – für Steaks, Rouladen, großer Schmorbraten)*
10	Schwanzstück	*(für Rostbraten, Sauerbraten, Rouladen, Gulasch, Steaks, Tatar)*
11	**Kugel** auch Nuß, Maus	*(für Fleischfondue, Rouladen, Gulasch)*
12	**Beinfleisch** auch Haxe	*(zum Kochen und Schmoren)*

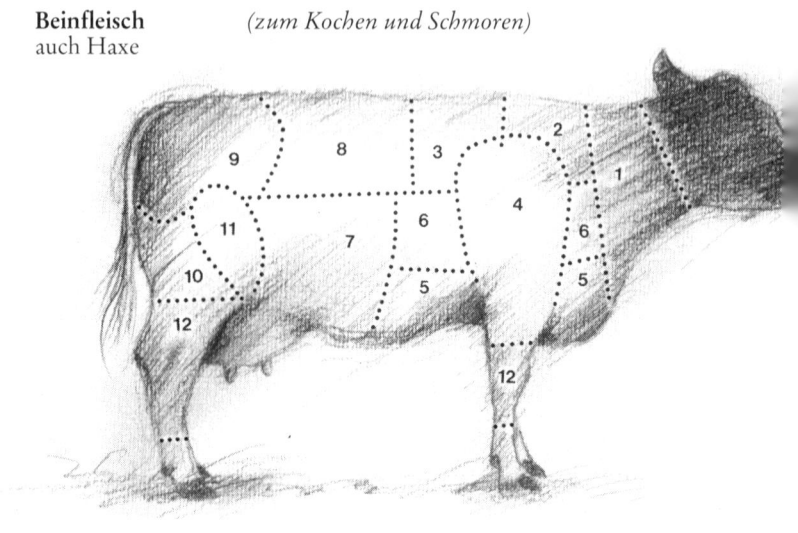

Wo ist die Keule beim Lamm?

1	Nacken (Kamm und Hals)	(zum Schmoren und Kochen – für Ragouts und Eintöpfe)
2	Rücken unterteilt in Kotelettstück und Nierenstück, auch Sattel	(für Koteletts bzw. Chops – mit Filet und kurzem Knochen im Ganzen als Braten, auch längs des Rückgrats geteilt als Kammkrone)
3	Lammkeule	(für Steaks, Spießchen, Ragout und als ganzer Braten)
4	Schulter	(im Ganzen als Schmorbraten – für Ragout, Spießchen, Eintöpfe)
5+6	Brust und Bauch	(zum Kochen für Ragout und Eintöpfe)
7	Haxen	(zum Kochen)

Der deutsche Verbraucher weiß, daß Lebensmittel nur taugen, wenn sie frisch sind. Also will er frisches Fleisch, nicht dieses alte, das schon so lange rumhängt. Schweinefleisch wird in der Tat frisch verbraucht, doch Rindfleisch oder auch Lamm und erst recht Wild müssen abhängen. Durch das Abhängen wird das Fleisch mürbe. Gutes Rindfleisch hat eine intensive rote Farbe und ist mit Fettäderchen leicht marmoriert durchzogen. Das magere, blutigrote, frische Rindfleisch in den Supermärkten und Lebensmittelketten ist meist von schlechter Qualität, zäh, ohne Geschmack und oft voller Chemie. Verzichten Sie lieber auf dieses Fleisch und gönnen Sie sich ein- oder zweimal die Woche das etwas teurere, dafür aber gut abgehangene Fleisch. Sagen Sie Ihrem Metzger, was Sie kochen wollen. Fragen Sie ihn, welche Stücke er empfiehlt. Lassen Sie sich verschiedene Stücke zeigen und lernen Sie auf diese Weise, daß ein Rind eben nicht nur aus Suppen- und Bratenfleisch besteht.

DER BRATEN

Es muß in der Regel immer alles sehr schnell gehen, das Kochen wie das Essen, von anderen schönen Dingen erst gar nicht zu reden. Deshalb wird das Fleisch immer mehr zu Portionsstücken zurechtgeschnitten. Nehmen Sie sich bewußt vor, einmal große Stücke zu schmoren. Lieber drei Tage an einem großen Stück essen, als drei Tage Schnitzel.

Noch etwas Wichtiges: das Fleisch braucht den Knochen. Nicht nur, wenn es noch lebendig herumläuft, sondern auch im Kochtopf. Kein Braten, kein Gulasch ohne Knochen. Ein Kotelett mit Knochen schmeckt immer besser als ein Schnitzel, der Knochen gibt dem Fleisch den kräftigen Ton. Natürlich können wir auch auf den Knochen verzichten, beim Filet zum Beispiel. Vom Spicken halten wir übrigens nicht viel. Wenn Sie ein großes Fleischstück mit Speck spicken, verletzten Sie die Fasern, so daß zuviel Fleischsaft austritt. Gutes Fleisch brauchen Sie nicht zu spicken. Wenn es sein muß, können Sie ein großes Fleischstück mit dünnen Speckscheiben umwickeln. Wenn Sie ein Fleischstück im Backofen auf dem Rost braten wollen, sollten Sie es gut mit Öl bepinseln, salzen und pfeffern und in den sehr heißen Backofen einschieben, damit sich durch die große Hitze gleich alle Poren schließen. Wenn das Fleisch ringsum eine knusprige Kruste bekommt, können Sie die Hitze herunterschalten. Der Braten muß immer wieder mit heißem Fett begossen werden. In einer Pfanne kann darunter der Bratensaft gesammelt und mitserviert werden. Auf dem Herd können Sie in einer großen Kasserolle sautieren, das Fleisch also in heißem Fett rundum knusprig anbraten und dann bei kleinerer Hitze garen lassen. Vor dem Servieren sollten Sie das Fett weitgehend abschöpfen.

Verwenden Sie für große Braten nur Fett, das hitzebeständig ist, also Keimöl wie Sonnenblumenöl, kein kalt gepreßtes Olivenöl. Bei kleinen Stücken braten Sie in Butter bei mittlerer Hitze. Die Butter darf nicht braun werden.
Beim Schmoren von Fleisch brauchen Sie Zeit. Das Fleisch wird rundherum scharf angebraten und kann dann in der Kasserolle mit Gemüsen und Wein langsam schmoren, bis der Duft durch die ganze Wohnung zieht. Das Fleisch soll aber nicht kochen. Einen Teil der Gemüse

pürieren Sie und dicken damit die Soße – ohne Mehl. Ein Bratenstück servieren Sie auf einem Holzbrett (möglichst mit einer Rille für den Saft). Schneiden Sie immer quer zur Fleischfaser.
Die Zubereitung eines größeren Fleischstücks ist gar nicht so schwierig, sie fordert nur Zeit. Wenn Sie für ein Stück von zwei Kilo drei bis vier Stunden bei mittlerer und eher kleiner Hitze einplanen, dürfte der Braten sicher gelingen.
Wir bevorzugen schließlich auch deshalb das große Bratenstück, weil Sie das Fleisch auch kalt aufschneiden und entweder mit einem Salat an einem heißen Tag zu Mittag oder abends reichen können. Als Brotbelag ist Braten Wurst vorzuziehen, zumal diese immer einen hohen versteckten Fettanteil hat. Versuchen Sie, ob Sie lieber ein mageres Fleischstück oder ein mit einer Fettader durchzogenes Stück, zum Beispiel von der hohen Rippe, mögen. Das Stück mit der Fettader bleibt saftiger, das Fett müssen Sie ja nicht mitessen – obwohl es bei richtiger Zubereitung köstlich schmeckt.

SCHWEINEFLEISCH

Wenn Sie kein gutes Schwein bekommen, sollten Sie höchstens einmal in der Woche Schweinefleisch essen. Das genügt Ihnen nicht? Dann sorgen Sie dafür, daß Ihr Metzger regelmäßig «Bio»-Schweine vorrätig hat. Das ist nicht leicht, aber auch nicht unmöglich. Das «Bio»-Schwein hat festes Fleisch und einen deutlichen Eigengeschmack. Vergleichen Sie selbst. Braten Sie einmal ein Schnitzel vom «Bio»-Schwein und eines aus dem Sonderangebot. Das «Bio»-Schnitzel bleibt gleich groß und wird gut braun. Es hat einen festen Biß. Das Industrie-Schnitzel verliert Wasser und schrumpelt zu einem ledrigen Lappen. Wohl bekomm's.

KOTELETT UND SCHNITZEL

Ein Kotelett ist wegen des Knochens schmackhafter als ein Schnitzel, das Halskotelett ist saftiger. Kotelett wie Schnitzel sollten Sie nicht in heißem Öl braten, sondern in schäumender Butter, die nicht braun werden darf. Bei mittlerer Hitze und dafür etwas länger gebraten, bleibt das Kotelett saftig. Im Unterschied zum Rindersteak darf es innen nicht mehr blutig bleiben. Kotelett und Schnitzel lassen sich mit Kräutern würzen, mit Majoran und etwas Thymian, mit Basilikum oder Salbei und Knoblauch. Frische Kräuter nicht mitbraten, sondern zum Schluß erst in die Pfanne geben, und nur die letzten Minuten das Fleisch in den Kräutern wenden.

SCHWEINEBRATEN

Als Bratenstücke eignen sich Teile vom Kamm, vom Rücken und mit Schwarte aus der Keule. Beim Schwartenbraten schneiden Sie die Schwarte kreuzweise bis auf das Fett ein. Der Braten wird gesalzen und gepfeffert, mit Majoran und Thymian eingerieben. In einer Kasserolle wird etwas Öl erhitzt und das Fleischstück rundum angebraten, dann in den vorgewärmten Backofen bei etwa 200 °C in der offenen Kasserolle gebraten. Zwischendurch wird es mit etwas Bier übergossen. Nach einer Stunde halbierte Zwiebel zufügen. Die Bratzeit richtet sich nach der Größe des Stücks. Der Schweinebraten muß beim Anschnitt innen noch saftig sein und einen leichten rosa Schimmer haben. Die Schweineschulter mit Knochen eignet sich gut als Braten im Backofen. Die Schulter wird mit Salz und Pfeffer eingerieben und mit Öl bepinselt, dann in den heißen Backofen auf den Rost gelegt. Vergessen Sie nicht, die Bratpfanne darunterzustellen. Die Schweineschulter können Sie mit halbierten Knoblauchzehen oder mit Kräutern spicken, sie wird knuspriger, wenn sie mit etwas Bier begossen wird.

RINDFLEISCH

Mit dem Ochsenschwanz, den Sie kaufen, kann auch eine Kuh die Fliegen vertrieben haben, denn als Rindfleisch wird das Fleisch von Kühen, Ochsen und Bullen angeboten. Je älter das Tier ist, desto dunkler und aromatischer ist das Fleisch. Es sieht dann schon etwas grau aus. Wer Rindfleisch nur kurz in der Pfanne brät, kennt das Rind entweder nur als Hack, Steak oder Filet.
Gutes Rindfleisch sollte zum Kochen mindestens drei bis fünf Tage, zum Braten fünf bis acht Tage, zum Grillen noch länger abgehangen sein. Hier gilt das Kriterium «möglichst frisch» ausnahmsweise nicht! Beim Rindfleisch findet man oft DFD-Fleisch, d. h. dunkel (dark), fest (firm) und trocken (dry). Dieses «leimige» Fleisch kommt vor allem bei Jungbullenfleisch vor, es schmeckt schlecht und verdirbt schnell. Bei Rindfleisch aus der Massentierhaltung gelten die gleichen Bedenken wie bei Schweinefleisch.

SCHMORBRATEN

Verlangen Sie Schulterspitze (falsches Filet), Hochrippe oder Schwanzstücke, dazu einige Knochen.

fetter Speck zum Anbraten,   *Thymian, Lorbeer,*
1 Stange Lauch,   *1 bis 2 Knoblauchzehen,*
2 bis 4 Möhren,   *Salz, Pfeffer,*
2 bis 3 Zwiebeln,   *Brühe und Rotwein*
Kräutersträußchen aus Petersilie,

Der Speck wird in der Kasserolle ausgelassen und die in Würfel geschnittenen Gemüse und Zwiebeln darin angebraten und herausgenommen. Das Fleisch wird gesalzen, gepfeffert und rundum angebraten. Nehmen Sie zwei Holzlöffel zur Hilfe, damit auch alle Seiten im

FLEISCHESLUST

ausgelassenen Fett anbraten können. Dann werden Knochen, Gemüse, Kräuterstrauß und Gewürze hinzugefügt, mit Brühe und Wein aufgefüllt, so daß das Fleisch zu einem Drittel bedeckt ist. Mit Deckel wird die Kasserolle in den vorgewärmten Backofen geschoben. Bei mittlerer Hitze läßt man das Fleischstück, je nach Größe, zwei bis drei Stunden schmoren.

Das Fleisch wird herausgenommen, warm gestellt, dann läßt man es ruhen. Der Fond wird durch ein Sieb passiert und bei großer Hitze eingekocht, mit Salz und Pfeffer abgeschmeckt. Den Schmorbraten können Sie vielfältig variieren: nehmen Sie unterschiedliche Fleischstücke und ergänzen Sie die Gemüse durch ein Stück Sellerieknolle mit etwas frischem Selleriegrün, im Herbst nehmen Sie Pilze. Lassen Sie den Wein weg oder probieren Sie es mal mit weißem Wein. Zum Kochen sollten Sie immer den Wein nehmen, den Sie auch beim Essen trinken.

Oder Sie marinieren das Fleischstück einen halben Tag: dabei reiben Sie es mit Salz, Pfeffer und frischen Kräutern ein und begießen es mit Wein (oder auch noch etwas Cognac). Es ruht dann einen halben Tag in einem geschlossenen Gefäß. Die Soße kann natürlich auch mit Sahne, Crème fraîche – und damit natürlich auch mit Kalorien – angereichert werden. Sie können einen Teil der Gemüse auch pürieren und damit die Soße dicken, auf keinen Fall brauchen Sie Mehl oder Mondamin zum Andicken.
Dazu passen immer Kartoffeln und Gemüse, selbstgemachte Spätzle und Nudeln.

SCHAFFLEISCH

Da Schafe meist im Freien leben und fast nie in Massenhaltung, ist ihr Fleisch besser und weniger schadstoffbelastet. Günstige Angebote gibt es von August bis November. Ein «Vorteil» für den eiligen Verbraucher ist die kurze Garzeit von Lammfleisch.

LAMM

Bei uns wird vom Osterlamm bis zum ausgewachsenen Schaf alles Lamm genannt. Die Vorurteile gegen Lamm nehmen immer mehr ab, sie sind auch unbegründet, denn heute wird kein altes, tranig schmekkendes Hammelfleisch mehr angeboten. Das Lammfleisch stammt meist von Schafen, die bis zu zwei Jahre alt sind. Die Schafzucht nimmt bei uns immer mehr zu. Viele Bergwiesen werden heute nicht mehr gemäht, sondern von Schafen abgeweidet.

F L E I S C H E S L U S T

Lammfleisch –
die zarteste
Versuchung,
seit es
Vegetarier
gibt

LAMMSCHULTER

1 Lammschulter mit Knochen
Knoblauch
Senf
Zwiebel
Paprika
Rosmarin
Thymian

Oregano
Salz und Pfeffer
Öl
Cognac
Rotwein
Sahne
Mandeln

Bereiten Sie eine Marinade aus Olivenöl, Cognac, Senf, Paprika, einer kleinen Zwiebel, Rosmarin, Thymian, Oregano, Salz und Pfeffer. In die Lammschulter stecken Sie an verschiedenen Stellen Knoblauchzehen zwischen die Muskelpartien, möglichst ohne die Außenhaut zu verletzen. Lassen Sie die Lammschulter eine Nacht oder auch einen Tag in der Marinade liegen.
Im vorgewärmten Backofen legen Sie die Lammschulter bei guter mittlerer Hitze auf den Rost und begießen Sie immer wieder mit der Marinade. Nach etwa einer Stunde ist das Fleisch gar. Nehmen Sie es heraus und lassen Sie es ruhen. Den Bratenfond löschen Sie mit Rotwein. Die Soße wird etwas eingekocht und mit Sahne gebunden. Zur Garnitur können Sie Mandeln in etwas Butter rösten und mit Salz bestreuen und auf die Lammschulter verteilen. Wenn Sie die Lammschulter mit Knochen wählen, macht es zwar beim Servieren nachher etwas Arbeit, der Geschmack ist jedoch ausgeprägter, und es geht nicht soviel Saft verloren.

LAMMKOTELETT

Von den Lammkoteletts schneiden Sie den dicken Fettrand und die pergamentene Haut ab, lassen aber ein bißchen Fett stehen. Die Lammkoteletts werden dünn mit Öl bestrichen, sie lassen sich in einer schweren Eisenpfanne gut braten, je nach Geschmack können Sie Gewürze wie zum Beispiel Rosmarin oder gepreßte Knoblauchzehe hinzugeben. Lammkoteletts dürfen nur ganz kurz gebraten werden. Sie

dürfen innen rosig sein. Das gilt auch für die gebratene Lammkeule.
Lamm sollte immer auf vorgewärmten Tellern serviert werden.

IRISH STEW

Es muß nicht immer Lammkeule sein, Stücke vom Hals oder der Schulter sind preiswerter. Für das folgende Rezept sollten Sie jedoch auch ein paar Knochen mitschmoren.

Lamm von Hals oder Schulter *fetter Speck zum Anbraten*
2 Zwiebeln *Pfeffer und Salz*
2 bis 3 Mohrrüben *Lorbeerblatt*
reichlich Kartoffeln (doppelte *Kümmel*
*   Menge vom Fleisch)*

Schneiden Sie vom Fleisch alle Sehnen und möglichst viel Fett ab (etwas muß übrigbleiben für das Aroma) und schneiden Sie es in Würfel. In wenig Wasser eine Viertelstunde köcheln. In einer Kasserolle lassen Sie den Speck aus und schichten darin abwechselnd gewürfelte Kartoffeln mit etwas Mohrrüben, Zwiebelringen, Fleisch mit Pfeffer und Kümmel, bis der Topf zu zwei Drittel bedeckt ist. Dann wird die Brühe aufgegossen und am besten im Backofen mit geschlossenem Deckel etwa zwei Stunden bei mittlerer Hitze gegart.
Dieser Eintopf kann auch mit anderen Gemüsen ergänzt werden. Besonders beliebt ist Weißkohl, der in Streifen geschnitten wird, oder Lauch.

WILD

Da unsere Jäger immer was zum Schießen brauchen, steht es mit den meisten Wildbeständen nicht schlecht, der Rotwildbestand ist eher zu hoch. Zunehmend wird Damwild oder Rotwild auch nutztierartig in Gattern gehalten, eine Form der Wild-Massentierhaltung. Gatter-Wild schmeckt nicht so kräftig.

Wildes Wild-Fleisch schmeckt deutlich würziger, ist leicht verdaulich und gut bekömmlich (und enthält bei wirklichem Wild bestimmt keine Tierarzneimittel …). Bedingt durch die Luftverschmutzung weist auch Wild die üblich hohen Schwermetallgehalte auf, in der Umgebung des Schußkanals stark erhöhte Bleigehalte. Hasenleber und -nieren enthalten viel Quecksilber und sollten nach Empfehlung des Bundesgesundheitsministers nicht verzehrt werden. Man könnte wild werden!

Das Märchen von den zwei Hasen

*Zwei Hasen gerieten ob der neuerdings
gespritzten Möhren in ihrem Lieblingsschrebergarten in außergewöhnliche, hasenuntypische Erregung. «Man könnte wild
werden», so geiferten die beiden.
Nachdem sie dann endlich ihrem Unmut Luft gemacht hatten
und wieder zur Ruhe kamen, sagte der eine Hase zum anderen:
«In Zukunft nur noch Möhren vom Öko-Bauern.»
Und wenn die beiden Hasen dieser Erkenntnis treu geblieben sind,
so leben sie noch heute.*

Abhängig von der Jagdsaison können Sie in den folgenden Monaten
frisches Wild erhalten:

Rotwild	*Juni bis Februar*
Dam- und Sikawild	*Juli bis Januar*
Schwarzwild	*Juni bis Januar*
Rehwild	*Mai bis Februar*
Hasen	*Oktober bis Januar*
Rebhühner	*September bis Dezember*
Fasanen	*Oktober bis Januar*
Wildente	*September bis Januar*

Ehrensache, daß Sie kein Krokodil-, Bären-, Löwen- und vergleichbares Fleisch essen.

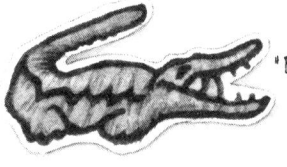

"BITTE KEIN KROKODIL-FLEISCH ESSEN"

Ebenso – aus Artenschutzgründen – kein Schildkrötenfleisch (Schildkrötensuppe) und keine Froschschenkel.

HASENRÜCKEN

Hasenrücken
2 Schalotten
Butter zum Braten
Salz und Pfeffer

3 Wacholderbeeren
trockener, herber Rotwein
Crème fraîche

Der Hasenrücken darf nicht gespickt sein. Einen Hasenrücken sollte man nicht spicken, weil sonst der Saft aus den Filets fließt. Schneiden Sie die Sehnen und auch die Haut vorsichtig ab. Unter dem Hasenrücken sitzen die kleinen Filets, die Sie herauslösen. In einen kleinen Topf mit Butter zunächst die kleingehackten Schalotten und die kleingehackten Fleischstücke hineingeben, anbraten, mit Rotwein ablöschen und weiter einkochen.

Der Hasenrücken wird gepfeffert, mit zerlassener Butter bestrichen und mit den im Mörser zerstoßenen Wacholderbeeren eingerieben. In einen Bräter legen, mit einem Deckel abdecken, in den vorgeheizten

Backofen schieben und dort 5 bis 10 Minuten je nach Größe braten. Dann werden die beiden Filets herausgelöst. Auf einer vorgewärmten Platte und mit einem Deckel bedeckt werden sie in den noch warmen Backofen gestellt. Die übrigen Fleischreste werden abgeschabt und in die Soße gegeben. Wenn sie genug eingekocht ist, kann man sie mit Crème fraîche abschmecken. Die Filets werden in Scheiben geschnitten und mit der Soße übergossen. Nach Geschmack können Sie mit einem Schuß Wacholderschnaps die Soße stärker aromatisieren. Die Filets sollen innen noch zartrosa sein. Sie können die Filets auch zuvor herauslösen und aus den Fleischresten und den Knochen eine Soße kochen, und zwar am besten mit ein bißchen Sellerie, Zwiebel, Lauch, Möhre, Lorbeerblatt, Knoblauchzehe, Petersilienwurzel und einem Beaujolais. Die Hasenfilets werden nur ganz kurz in Butter gebraten, so daß sie innen noch rosig bleiben. Die Soße wird mit Tomatenmark und etwas Rotweinessig abgeschmeckt.

REHRAGOUT

Es muß ja nicht unbedingt Rehrücken sein (den Sie übrigens nicht mit Speck spicken, sondern mit dünnen Speckscheiben belegen sollten, «bardieren» nennt man das). Kaufen Sie nur nicht das «fertige» Ragout, bestellen Sie vielmehr ein Stück Schulter mit Knochen.

Rehschulter
durchwachsener Speck
Schalotten
Salz und Pfeffer
Thymian
Lorbeerblatt

Nelke
Wacholderbeeren
Kräutersträußchen
trockener Rotwein
Crème fraîche

Lösen Sie zuerst mit dem Officemesser die Haut und die Sehnen. Diese «Abfälle» werden sorgfältig aufbewahrt und mit den kleingehackten Knochen zu einer Wildbrühe verarbeitet. Knochen und Sehnen im heißen Backofen vorher gut anrösten und dann einen dunklen Fond kochen (mit einem Kräutersträußchen). Dabei sollten Sie Nelken und Wacholderbeeren nicht vergessen.

Durchwachsenen Speck und das in Würfel geschnittene Fleisch werden scharf angebraten und dann mit ein wenig Fond und einem trockenen Rotwein, zum Beispiel einem Beaujolais, abgelöscht. Erst wenn fast alles eingekocht ist, wieder neue Brühe oder Rotwein hinzugeben. Mit Wein und Crème fraîche abschmecken. Dazu schmecken Vollkornspätzle aus Dinkel- oder Weizenmehl (s. S. 212).

Rehschulter

Rehschulter
durchwachsener Speck
Schalotten
Salz und Pfeffer
Thymian
Lorbeerblatt

Nelke
Wacholderbeeren
Kräutersträußchen
trockener Rotwein
Wildbrühe
Crème fraîche

Mit dem Officemesser die Haut und die Sehnen lösen. Diese «Abfälle» werden sorgfältig aufbewahrt und zu einer Wildbrühe verarbeitet. Knochen und Sehnen im heißen Backofen vorher gut anrösten und dann einen dunklen Fond kochen (mit einem Kräutersträußchen). Dabei Nelken und Wacholderbeeren nicht vergessen.
Durchwachsenen Speck, das in Würfel geschnittene Fleisch scharf anbraten und dann immer mit ein wenig Fond und einem trockenen Rotwein, z. B. einem Beaujolais, ablöschen. Erst wenn alles eingekocht ist, wieder neue Brühe oder Rotwein hinzugeben. Dann mit Wein und Crème fraîche abschmecken.

AUF HERZ & NIEREN
INNEREIEN

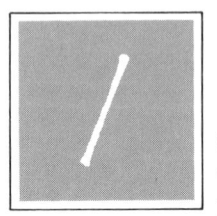

nnereien sind ernährungsphysiologisch wertvoll, doch leider sind sie in der Regel außerordentlich hoch mit Schwermetallen und organischen Schadstoffen belastet. Insbesondere gilt dies für Leber und Nieren, die Fremdstoffe abbauen und ausscheiden. «Saure Nierchen mit Pilzen» decken Ihren Cadmium-«Bedarf» auf lange Zeit. Das Bundesgesundheitsamt empfiehlt, Schweine- und Rindernieren (außer Kalb) nur noch gelegentlich zu verzehren.

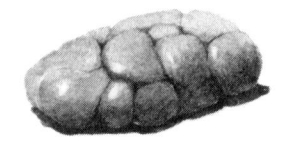

Die Innereien sagen also einiges über den inneren Zustand unserer Republik aus: vergiftet.

Notgedrungen essen auch wir selten Innereien, aber fassen Sie sich ein Herz. Das Herz ist Inbegriff der Gefühle und gleichzeitig schmackhaftes Muskelfleisch – kochen Sie mit Herz! Hirn ist Geschmackssache, wir ziehen Kalbsbries und Kutteln vor. Innereien sollten möglichst bald nach der Schlachtung gegessen werden.

RAHMBEUSCHERL

Verlangen Sie beim Metzger insgesamt 1 Kilo Geschlinge: Innereien vom Rind und jeweils zu gleichen Teilen Lunge, Herz, Leber, Niere, Milz. Das Fleisch muß in feine, dünne Streifen geschnitten sein. Der Metzger kann Ihnen das sehr gut vorbereiten. Es schmeckt als Suppe wie als Ragout.

1 Lorbeerblatt
2 Zwiebeln
Kräuterbund
1 bis 2 Knoblauchzehen
Butter
Riesling

1 Gewürzgurke
1,5 El Kapern
Salz und Pfeffer
Saft und Schale einer abgeriebenen Zitrone
Sauerrahm oder Crème fraîche

Das Geschlinge wird mit Lorbeerblatt, Zwiebeln, Küchenkräutern und Knoblauch in soviel Salzwasser aufgesetzt, wie Sie nachher als Suppe oder Soße haben wollen. Nach einer knappen halben Stunde ist alles gar. Die Brühe wird durch ein Sieb gegossen und gegebenenfalls noch etwas eingekocht. Mit Kapern, kleingeschnittener Gurke, Salz und Pfeffer sowie Zitronensaft und Zitronenschale würzen. Die Sahne unterziehen, das Fleisch hineingeben und noch eine Viertelstunde bei kleiner Hitze ziehen lassen. Dazu reichen Sie Semmelknödel. Mit wenig Brühe können Sie eine Rahmsoße herstellen oder die Beuscherl auch wie eine Suppe zubereiten.

HERZ

¼ Sellerie
3 Karotten
1 Lauchstange
2 Zwiebeln
Pfeffer

Salz
Olivenöl
Weißwein
1 Lorbeerblatt
Sahne

Das Herz wird gründlich gewaschen, in nicht zu große Stücke geschnitten und von allen Sehnen und Häuten befreit, eingesalzen und gepfeffert. In einer Kasserolle im heißen Öl das Herz rundum anbraten und dann die feingeschnittenen Gemüse (Julienne) zugeben, kurz anschmoren und dann mit einem trockenen Gutedel oder Riesling aufgießen. Pfeffer und das Lorbeerblatt hinzugeben und eine halbe Stunde auf mittlerer Hitze garen lassen. Ist das Herz gar, nehmen Sie es heraus, kochen die Soße soweit ein, wie Sie es wünschen, und dicken mit Sahne an.

LEBER

Leberscheiben werden in Vollkornmehl vorsichtig gewendet, bevor sie in schäumender Butter und dann bei kleiner Hitze gebraten werden. Nach kurzer Zeit frische Kräuter wie Salbei oder Majoran zugeben, aber nicht überwürzen. Zum Schluß salzen und pfeffern. Der Bratenfond kann mit Weiß- oder Rotwein abgelöscht und als Soße gereicht werden.

KUTTELN

ca. 500–600 g
 abgekochte Kutteln
2 Zwiebeln
3 Karotten

Salz und Pfeffer
3 Gewürznelken
Thymian
Weißwein

(für 4–6 Personen)

1 Lauchstange
½ Sellerie
Kräutersträußchen
1 Lorbeerblatt

durchwachsener Speck
2 Knoblauchzehen
1 gespaltener Kalbsfuß
4 reife Tomaten

Die Kutteln werden gewaschen und in feine Streifen geschnitten. In einer Kasserolle den Speck mit den kleingeschnittenen Zwiebeln, den Karotten und der Knoblauchzehe anbraten, die übrigen Gemüse und Gewürze hinzugeben, dann die Kutteln und den Kalbsfuß. Die Tomaten enthäuten, kleinschneiden und dazugeben. Mit Weißwein und gegebenenfalls Brühe auffüllen. Den Deckel fest verschließen und im vorgewärmten Backofen drei bis vier Stunden bei mittlerer Hitze garen lassen.

KALBSBRIES

500 g Kalbsbries
1 Zwiebel

1 Lorbeerblatt
1 Nelke

(für 4 Personen)

Das Bries entweder unter fließendem Wasser, bis es weiß ist, wässern oder über Nacht in kaltes Wasser legen, dann herausnehmen und abtropfen lassen. Das Bries, Zwiebel und Gewürze in einem Topf mit kaltem Wasser gerade bedecken, aufkochen, salzen und bei 70 °C 15 Minuten ziehen lassen. Anschließend das Bries herausnehmen, unter kaltem Wasser abschrecken, säubern, das heißt, die Haut abziehen, von Blutgerinnseln und Knorpeln befreien und in Scheiben zerteilen. Diese werden in die Brühe zurückgelegt und warm gestellt. Gut schmeckt das Bries auf einem Gemüsebett. Dazu eignen sich Blattspinat oder auch Lauch. Vom Geschmack und von der Farbe paßt eine Tomatensuppe dazu.

FEDERVIEH

*A*ngesichts der geschmacklosen Eiskugeln, die als Tiefkühlhähnchen verkauft werden, kann einem der Appetit vergehen. Dennoch werden pro Kopf und Jahr in der Bundesrepublik rund 10 kg Geflügel verspeist, hauptsächlich Brathähnchen und Poularden.

DA KRÄHT KEIN HAHN DANACH

Geflügel enthält wertvolle Inhaltsstoffe: viel Eiweiß, B-Vitamine, Mineralstoffe (vor allem Eisen und Phosphor). Es hat relativ wenig Fett. 100 g Hähnchenfleisch enthält etwa 5 g Fett, 100 g mittelfettes Schweinefleisch etwa 35 g Fett. Gesünder und schmackhafter ist das frisch geschlachtete Geflügel. Hier haben es unsere ausländischen Nachbarn leichter, gute Ware einzukaufen, bei ihnen bekommt man noch eher Geflügel frisch zu kaufen und nicht aus der Massentierhaltung. Frischgeflügel sollte höchstens fünf Tage alt sein, sollte aber auch zwei bis drei Tage nach der Schlachtung reifen, bis die sogenannte Muskelstarre verschwunden ist.

In der Bundesrepublik werden täglich 700 000 Brathähnchen produziert. Das ÖKO-Test-Magazin konnte nachweisen, daß fast alle mit den gefährlichen Salmonellen infiziert sind. Der Grund: schon das Futter ist salomonellenhaltig, und die Schlachtereien arbeiten mit unhygienischen Methoden. Natürlich bekommt man nicht von jedem infizierten Huhn eine Vergiftung. Durch sachgemäße Verarbeitung kann man ihr entgehen. Dennoch – die zunehmenden Fälle von Salmonellose sind keineswegs auf dumme und unhygienisch kochende Verbraucher zurückzuführen, sondern auf die verbreiteten Produktions- und Schlachtmethoden der Geflügelindustrie (zum Beispiel Wasserbad statt Sprühluftkühlung, mechanische Entfederung statt kombinierter Sprühentfederung).

1984 wurden offiziell 32 000 Salmonellosefälle registriert, etwa 20mal soviel wie in den 50er Jahren. Wahrscheinlich ist es noch viel schlimmer, die Dunkelziffer ist hoch. Allein im vergangenen Jahr starben 54 Menschen an dieser Krankheit.

Was kann man dagegen tun? Das Bundesgesundheitsministerium hat die Trierer Wissenschaftler Professor Krug und Dr. Rehm nachrechnen lassen: in Geflügelmästereien und -schlachtereien würde wirksamer Salmonellenschutz rund 190 Millionen Mark kosten, und das ist zuviel. Denn die Salmonellose bei Menschen verursacht insgesamt «nur» 160 Millionen Mark an Kosten. (Soviel «kosten» die Kranken und Toten.)
Machen Sie diesen «Wissenschaftlern» einen Strich durch die Rechnung und kaufen Sie kein Massengeflügel.

FEDERVIEH

Geflügel-te
Reize

FEDERVIEH

Wer immer noch tiefgekühltes Geflügel kauft, sollte es ohne Folie in einer großen Schüssel auftauen, nach dem Auftauen sofort verwenden, die Auftauflüssigkeit gleich weggießen und die Schüssel bzw. Arbeitsflächen und Geräte gut heiß nachwaschen (wegen der Salmonellengefahr). Das Auftauwasser darf nicht an andere Lebensmittel kommen. Keine Holzbretter verwenden.
Gesund, köstlich, vielseitig und leicht verdaulich ist aber frisches Geflügel, sei es Huhn, Puter, Poularde, Wachtel oder Taube. Frische Tauben und Wachteln sind fast nur im Ausland zu haben. Leider gibt es bei uns fast keine schmackhaften Hühner und Hähnchen. Sie können bei uns auf dem Markt kaum noch lebendes Geflügel kaufen, das Sie selber schlachten können. Man muß schon wissen, woher Geflügel stammt, denn auch das frisch geschlachtete Hähnchen (das oft ein Hühnchen ist) kann aus der Massenzucht kommen.
Geflügel ist billig, die Qualität entsprechend. Den Unterschied können Sie studieren, wenn Sie beispielsweise nach Frankreich reisen. Dort gibt es nicht nur Hähnchen, sondern auch die jüngeren Mistkratzer oder einen ausgewachsenen Hahn, eine Poularde oder einen Kapaun und ein richtiges Suppenhuhn. Wenn Sie noch keine Erfahrung haben, wie ein Huhn schmeckt, sollten Sie sich von einem Bauern ein frei herumlaufendes Huhn besorgen. Das kann ruhig älter sein. Kochen Sie es und schmecken Sie. Die bei uns angebotenen Hähnchen haben fast keinen Eigengeschmack, das freut die Gewürz- und Fertigsoßen-Industrie.
Weil Sie als findige Ökogenießer sicher eine Quelle für gutes Geflügel auftun werden, hier ein paar Rezepte:

HÄHNCHEN IN WEIN

1 ausgewachsener Hahn
2 Möhren
2 Zwiebeln
Kräuterstrauß
Thymian
1 Lorbeerblatt
1 bis 2 Knoblauchzehen

Pfeffer, Salz
Speck zum Anbraten
Butter
250 g Champignons
Cognac
Wein

Als Wein können Sie einen frischen Riesling oder einen Rotwein, zum Beispiel einen Beaujolais wählen. Das Rezept schmeckt am besten mit einem ausgewachsenen Hahn, dessen Eigengeschmack erhalten bleibt. Der Hahn wird zerteilt: zunächst halbiert, die Flügel abgetrennt und Brust und Schenkel nochmals geteilt. Mit Salz und Pfeffer und Thymian einreiben und in eine Schüssel legen. Möhren und Zwiebeln hinzufügen, ebenso den Kräuterstrauß, Knoblauchzehen, Pfefferkörner und dann mit Wein aufgießen. Mindestens einen Tag in der Marinade ziehen lassen. Vor der Zubereitung die Fleischteile herausnehmen und abtropfen lassen. Sie müssen trocken sein, damit sie angebraten werden können.
In einer Kasserolle den Speck auslassen und das Fleisch rundum anbraten. Mit Cognac flambieren und mit der Marinade löschen. Alles auf kleiner Flamme garen. Die Champignons in Butter dünsten, hinzufügen und noch fünf Minuten mitziehen lassen. Das Fleisch dann herausnehmen und warm stellen. Die Soße einkochen. Die Soße kann mit der pürierten Leber des Hahns und gegebenenfalls einer pürierten Möhre angedickt werden.

BRATHÄHNCHEN

Das Hähnchen innen und außen salzen und pfeffern. Die Schenkel zusammenbinden und mit zerlassener Butter begießen. Das Hähnchen wird in den vorgeheizten Backofen bei mittlerer Hitze (ca. 200 °C) mit den Schenkeln auf den Rost gelegt. Darunter eine Bratpfanne setzen und mit dem darin angesammelten Fett immer fleißig nachgießen.
Da die Brathähnchen (außer den «Ökohähnchen») wenig Eigengeschmack haben, bieten sie sich zum Würzen geradezu an: beispielsweise gefüllt mit Rosmarin, Thymian und Lorbeerblatt und Knoblauch. Versuchen Sie auch einmal, das Hähnchen mit einer Gewürzmischung aus Estragon, Petersilie, pürierten Champignons, Zwiebeln, Knoblauch zu füllen. Den Bratensatz können Sie mit Geflügelbrühe oder Wein lösen und stark eingekocht als Soße reichen.
Geflügel paßt hervorragend zu Gemüse. Wählen Sie die Gemüse auch nach der Farbe aus. Zum weißen Geflügelfleisch bieten Blumenkohlröschen nicht gerade den besten Kontrast. Aber eine Hähnchenbrust macht sich gut auf Blattspinat, neben Broccoli, es müssen nicht immer

Erbsen sein. In der Regel bereiten Sie Gemüse und Fleisch getrennt zu. Die Geflügelteile lassen sich in der Pfanne braten. Zerkleinertes Huhn können Sie auch zum grünen Salat geben (kalt) oder gewürfelt mit Reis mischen. Huhn eignet sich auch hervorragend für Currygerichte.

HÜHNERCURRY

1 Poularde
2 Zwiebeln
1 Knoblauchzehe
3 Peperoni
1 Teelöffel gemahlener Gelbwurz (Kurkuma)

½ Teelöffel gemahlener Koriander
½ l Kokosmilch
Butter

In die schäumende Butter geben Sie gehackte Zwiebeln und gepreßte Knoblauchzehe, die zerteilten Peperoni, den Gelbwurz und Koriander. Nach einigen Minuten wird das zerteilte und gesalzene Huhn hineingelegt und kurz von allen Seiten angebraten. Die Kokosmilch darübergießen und auf kleiner Flamme im geschlossenen Topf schmoren. Mit Zitrone abschmecken. Kokosmilch stellen Sie her, indem Sie frisch geraspelte Kokosnuß mit etwas Wasser kochen und den Saft abgießen. Mit Reis servieren.

PUTER

Zu Weihnachten sollten Sie die Weihnachtsgans durch einen Puter ersetzen. Er ist weniger fett, geschmackvoller und saftiger. Er läßt sich im Ofen braten. Wenn Sie ihn gesalzen und gepfeffert haben, pinseln Sie ihn mit zerlassener Butter gut ein und schieben ihn in den vorgeheizten Backofen bei mittlerer Temperatur. Es empfiehlt sich, den Puter mit einer Alufolie (wir wissen: so wenig wie möglich. Eine Rolle reicht das ganze Jahr) abzudecken, damit er nicht austrocknet. Immer wieder mit dem Bratenfond übergießen. Nach zwei bis drei Stunden die Folie entfernen und anbräunen. Vor dem Servieren eine Viertelstunde im warmen, ausgeschalteten Ofen ruhen lassen.

Den Puter können Sie füllen. Fein ist eine Mischung aus 500 g Maronen, 250 g Boskop, 1 Zwiebel, gehackter Petersilie, 2 Eiern, Zitronensaft und Calvados. Die Maronen werden gebacken, geschält und in Salzwasser eine Viertelstunde gekocht. Die Äpfel grob hacken und mit Zitrone beträufeln. Die Zwiebel fein würfeln und glasig dünsten. Die Petersilie fein hacken. Die Eier schlagen und unter die Fülle ziehen und einen Schuß Calvados zufügen.

KALTBLÜTIG
DER FISCH

Wahrscheinlich glauben Sie, daß die Fische im Wasser schwimmen. Weit gefehlt – meist schwimmen sie im Abwasser, schmecken auch so und enthalten reichlich Schadstoffe, vor allem Quecksilber und schwer abbaubare organische Verbindungen wie zum Beispiel polychlorierte Biphenyle. Über die Nahrungskette Mikroorganismen → Plankton → kleine Fische → große Fische → Mensch können sich Gifte in Konzentrationen anreichern, die millionenfach höher sind als im Wasser. Durch artspezifische Unterschiede gibt es wesentliche Unterschiede bei der Schadstoffbelastung von Fischen.

Hinter diesen negativen Erkenntnissen vergißt man nur zu leicht, daß Fische ein gesundes Nahrungsmittel sind: sie enthalten essentielle Fettsäuren, Eiweiß bei geringem Fettgehalt, die Vitamine A und D und Jod.

Folgende Fische sollte man möglichst wenig verspeisen, da sie im Durchschnitt viel Quecksilber enthalten: Hai (Schillerlocken), Hecht, Heilbutt, Leng, Rochen, Schwertfisch, Seekatze, Thunfisch und deutsche Süßwasserfische, insbesondere sollten Sie solche aus den Mündungsgebieten der Flüsse meiden.

Ein gut zubereiteter Fisch ist jedem Fleisch vorzuziehen, das gilt nicht nur für den Lachs oder die Seezunge, sondern für Hering, Dorsch, Heilbutt, Forelle, Wels, Felchen usw. Das gilt natürlich nicht für die Fischkonserven oder die Tiefkühlprodukte, seien sie nun noch in der natürlichen Form – wie zum Beispiel tiefgekühlte Forelle – oder in der Industrienorm als Fischstäbchen. Für diesen Abfall sollte Ihnen Ihr Geld zu schade sein. Leider gibt es im Binnenland immer weniger Fischhändler, obwohl es heute dank moderner Technik möglich ist, überall frische Fische aus der See wie aus dem Süßwasser anzubieten. Fische werden bei uns leider nicht sonderlich geschätzt. Nur die Forelle hat es zu einer großen Beliebtheit gebracht. Die Bachforelle war einmal etwas ganz Besonderes, inzwischen sind die Bäche verschmutzt, die Bachforelle ausgestorben, und so wird nur ein Ersatz aus dem Fischteich angeboten. Eine frische Zuchtforelle ist zwar immer noch etwas Feines, die Bachforelle ist eine Köstlichkeit.
Jeder Fisch schmeckt anders. Die verbreiteten billigen Arten sind nicht weniger schmackhaft. Wenn Sie Fisch zubereiten, sollten Sie sich mit der Anatomie dieses Tieres vertraut machen, dann haben Sie auch keine Angst mehr vor den Gräten.
Frische Fische erkennen Sie an glatten anliegenden Schuppen, klaren glänzenden Augen, dunkelroten Kiemen und festem Fleisch. Kaufen Sie Fisch immer nur zur sofortigen Verarbeitung. Kaufen Sie nicht nur Fischfilet, sondern ganze Fische. Lassen Sie sich den Fisch beim Fischhändler schuppen. Ein Fisch ist leicht auszunehmen. Sie müssen nur die Bauchseite vom Kopf bis zum Schwanz mit einem scharfen Messer aufschneiden und können dann mit einem Griff die Innereien herausnehmen. Verletzen Sie die Galle nicht. Fisch wird kurz gewaschen und abgetrocknet, eine halbe Stunde vor der Zubereitung mit Zitronensaft beträufelt und erst unmittelbar vor dem Dünsten oder Braten gesalzen.

Das Fischeiweiß ist sehr empfindlich, Fisch braucht nicht soviel Hitze wie Fleisch. Meist wird der Fisch zu heiß gebraten oder gekocht und dadurch trocken. Fisch sollten Sie nicht kochen, sondern nur dämpfen. Praktisch ist ein Fischkochtopf, in dem der Fisch auf einem Einsatz ruht. Darunter befindet sich ein wenig Flüssigkeit, die Sie nur auf etwa 90 °C erhitzen sollten. Im geschlossenen Topf läßt sich Fisch im vorgeheizten Backofen zubereiten. Dort dringt die Hitze von allen Seiten ein, so daß der Fisch gleichmäßig gart. Wenn Sie keinen Fischkochtopf oder keinen Gänsebräter haben, um einen großen Fisch, wie zum Beispiel einen Hecht, unterzubringen, können Sie ihn auch auf den Rost setzen und in die Wanne darunter viel Flüssigkeit füllen. Der Fisch muß dann unbedingt mit einer Alufolie abgedeckt werden. Größere Fische werden noch mit dünnen Speckscheiben bardiert. Wenn sich die Rückenflosse gerade lösen läßt, ist der Fisch gar. Kaufen Sie einen großen Gänsebräter, dann können Sie auf Alufolie verzichten. Wenn Sie Fisch in der Pfanne braten, bitte nicht mit heißem Öl. Fisch braucht auch in der Pfanne nur wenig Hitze und gerät in Butter am besten.

KABELJAU IM GEMÜSE

Kabeljau	*Tomaten*
Zitrone	*Weißwein*
Zwiebel	*Butter*
Champignons	*Salz und Pfeffer*
Lauch	*Lorbeerblatt*
Möhren	*Sahne*

Statt Kabeljau können Sie auch Dorsch, Rot- oder Goldbarsch, Seelachs oder Schellfisch nehmen. Wechseln Sie die verschiedenen Fischsorten, damit Sie den unterschiedlichen Geschmack erleben. Die Fischfilets beträufeln Sie mit Sahne. Das Gemüse (außer dem Lauch) stifteln Sie und dünsten es kurz in Wein (Gutedel oder Silvaner).
Die Fischfilets salzen und pfeffern und in wenig Butter bei kleiner Hitze anbraten. Das Gemüse in eine Auflaufform, die Fischfilets dar-

auflegen, den Fond angießen und bei mittlerer Hitze im Backofen etwa zehn Minuten garen lassen. Den Fond abgießen, einkochen und mit etwas Crème fraîche binden. Dazu passen Pellkartoffeln.

KRÄUTERFISCH

Dorsch oder Kabeljau *Zitronenmelisse*
Zwiebel *Estragon*
glatte Petersilie *Salz und Pfeffer*
etwas Dill *trockener Wermut*

Im Topf ein Kräuterbett bereiten. Vorsicht mit dem Dill! Dill ist sehr durchschmeckend, deshalb nur sparsam verwenden. Die Zwiebel kleinhacken und in wenig Butter glasig dünsten. Die Fischfilets mit Zitrone beträufeln, salzen und pfeffern, auf das Gemüsebett legen und den Wermut darübergießen. Im vorgewärmten Backofen knapp 10 bis 20 Minuten bei mittlerer Hitze garen.

Wenn Sie Fisch im Gemüsebett bereiten, wählen Sie immer die Gemüsesorten der Saison. Es passen nahezu alle Gemüse. Es darf nur nicht ein Gemüse zu stark durchschmecken. Aber Fenchel, Sellerie, Kohlrabi, Paprika sind ebenso geeignet wie Karotten, Lauch oder Kopfsalat.

SCHOLLE

Der Plattfisch ist besonders fein. Das gilt für die Schollen wie für die Seezungen oder den Steinbutt. Der Heilbutt ist schon ziemlich fett, besonders an den Rändern. Der Butt gilt nicht erst seit Günter Grass als feiner Fisch. In der klassischen Küche sind besonders die Seezungen beliebt. Mit weniger Geld lassen sich aber auch Schollen zu einer fast ebenso köstlichen Mahlzeit zubereiten.
Wer sie kräftig mag, wird die Scholle in durchwachsenem Speck bra-

ten. Mit einer Küchenschere können Sie die äußeren Gräten an der Scholle abschneiden, ebenso Schwanz und Kopf. Mit Zitrone beträufeln, salzen und pfeffern. In der Pfanne in etwas Butter ganz fein gewiegten geräucherten Speck anbraten und ein wenig kleingehackte Schalotten. Die Scholle auf jeder Seite nur wenige Minuten braten. Bei jungen Tieren können Sie die Haut mitessen. Sie müssen die Scholle nicht in Mehl wenden. Für mehrere Personen sollten Sie mindestens zwei Pfannen gleichzeitig in Betrieb haben. Von der Scholle läßt sich die Haut – wie bei der Seezunge – gut abziehen. Sie können dann die Schollenfilets ablösen.

ZANDER

Zander
Zwiebel
Kräutersträußchen
Zitrone
Lorbeerblatt
Butter
Salz, Pfeffer

Riesling
glatte Petersilie
Estragon
Crème fraîche
Möhren
Lauch

Bereiten Sie dem Zander ein Gemüsebett, indem Sie die Möhren fein stifteln, vom Lauch nur den weißen Stengel in dünne Streifen schneiden, die Zwiebel kleinhacken und mit dem Kräutersträußchen, dem Lorbeerblatt und etwas Estragon in Butter andünsten, dann mit einem Riesling auffüllen und bei kleiner Hitze köcheln. Mit Salz, Pfeffer und einer Prise Zucker abschmecken. Dieses Gemüsebett kommt als Grundlage in den Fischkochtopf oder in die Bratpfanne des Backofens. Da hinein setzen Sie den zuvor mit Zitrone beträufelten und dann gesalzenen und gepfefferten Zander. Wenn er nicht richtig sitzen will, hilft eine angeschnittene große Kartoffel, die sie ihm in den Bauch stecken. Zudecken und bei mittlerer Hitze eine Viertelstunde garen. Den Fond mit Crème fraîche und der gehackten Petersilie, Salz und Pfeffer abschmecken.

Ebenso läßt sich der Hecht zubereiten. Da der Hecht meist größer ist, sollten Sie ihn mit ganz fein geschnittenem Speck belegen, damit der Rücken saftig bleibt. Auch ein Wels fühlt sich im Gemüsebett besonders wohl. Damit der Wels schön blau wird, übergießen Sie ihn mit der heißen Brühe aus Weißwein, etwas Essig und Wasser.

FORELLE

Die Forelle ist zum Hering des Festlands geworden. Früher war sie eine besondere Köstlichkeit, heute gibt es sie frisch in jedem großen Kaufhaus. Von den Köchen wird sie oft furchtbar behandelt. Als Forelle blau wird dann ein verkochter Fisch serviert, der ausgelaugt und trocken ist und fade schmeckt. Eine Forelle werden wir nicht vergessen: Nach fünf Tagen Wanderung durch die Alb kamen wir abends in Zwiefalten an. Dort genossen wir die «Bismarckforelle». Der Koch hatte diesen Fisch mit soviel heißem Essig übergossen, daß sie wie ein Bismarckhering schmeckte.
Bereiten Sie Forelle blau selbst zu, damit Sie in Zukunft wissen, was Sie vom Gastwirt verlangen können. Einen Sud aus Wasser, Riesling mit etwas Sellerie, Karotten, einer kleinen Zwiebel, einer Knoblauchzehe, einem Kräutersträußchen, ein paar Pfefferkörnern und etwas Salz herstellen. Lassen Sie den Sud eine halbe Stunde köcheln und geben Sie dann in den heißen, aber nicht kochenden Sud die Forelle hinein. Der Sud darf nicht kochen. Mit geschlossenem Deckel knapp 10 Minuten ziehen lassen. Wenn Sie die Rückengräte herausziehen, muß das Ende noch leicht rosig sein. Die Gemüse zur Forelle servieren.
Für die Forelle Müllerin brauchen wir Ihnen gar kein Rezept mehr zu geben, denn Sie wissen, wie Sie diesen Fisch braten. Jede Seite nur ein paar Minuten. Wenn Sie für mehrere Personen Forelle Müllerin zubereiten, halten Sie den Fisch im Backofen bei ausgeschaltetem Ofen von höchstens 60 °C warm. Dann müssen die ersten Fische noch kürzer braten, denn sie garen nach. Garnieren Sie die gebratene Forelle mit Mandelblättchen, die Sie in etwas Butter anbraten, leicht salzen.

EINGELEGTE HERINGE

Salzheringe
Zwiebeln
Lorbeerblätter
Pfefferkörner
Senfkörner

einige Wacholderbeeren
Weinessig
Boskop
Pfeffer, ein paar Nelken
saure Sahne

Die Salzheringe ausnehmen. Den Rogen können Sie zu Salat verwenden, die Milchner mit den Heringen mindestens 24 Stunden wässern. Es kommt darauf an, wie lange die Heringe bereits im Salz gelegen haben. Dann gründlich waschen, so daß keine Schuppen mehr an der Haut sind, den Kopf abschneiden und innen die dunkle Haut herauslösen.
Die Heringe schichtweise mit den geschnittenen Zwiebeln und Gewürzen und dem geschälten und in Stückchen geschnittenen Boskop in einen Steintopf legen. Auf zwei Heringe kommt ein mittelgroßer Apfel. Den Milchner durch ein Sieb passieren. Den Essig zu gleichen Teilen mit Wasser und einer Prise Zucker aufkochen, abkühlen lassen, mit dem Milchner verrühren und über die Heringe gießen. Den Topf gut zubinden.
Es empfiehlt sich, die Zwiebel im Essigsud kurz mitzukochen. In die Marinade die saure Sahne einrühren und alles über die Heringe gießen, die gut bedeckt sein müssen. Den Topf zubinden und kühl stellen. Mehrere Tage ziehen lassen und dann zu Pellkartoffeln reichen.

FISCHBRÜHE

Die Grundlage jeder Fischsuppe und auch jeder Sauce zum Fisch ist eine Fischbrühe. Fragen Sie den Fischhändler nach Abfällen für eine Fischbrühe. Sie können dazu Köpfe und Gräten von Fischen (nicht von Karpfen) verwenden und mit Petersilienwurzeln, Zwiebel, etwas Sellerie, Salz und Pfeffer in kaltem Wasser aufsetzen und langsam zum Kochen bringen, abschäumen und 30 Minuten köcheln lassen. Danach gießen Sie die Brühe durch ein feines Sieb. Diese klare Brühe ist die geschmackliche Grundlage für alle Fischsaucen und Fischsuppen. Verwenden Sie diese Brühe gleich für eine

KLARE FISCHSUPPE

Dazu nehmen Sie einen Süßwasserfisch wie Forelle, Felchen oder Kretzer. Vom Fisch ziehen Sie die Haut ab und filettieren ihn oder lassen sich das vom Händler machen. In etwas Butter dünsten Sie eine Schalotte, eine Karotte, Petersilienwurzel und die jeweiligen Fischreste und löschen mit der Fischbrühe. Mit Lorbeerblatt und Pfefferkörnern würzen, einen kräftigen, trockenen Weißwein hinzugeben und dann eine halbe Stunde köcheln lassen.
Die Fischfilets und eine Stange Lauch schneiden Sie in feine Streifen. Eine enthäutete und entkernte Tomate wird ebenfalls in Streifen geschnitten. In einem Topf lassen Sie die Lauchstreifen in etwas Butter anschwitzen, geben das Fischfilet und danach die Tomatenstreifen hinzu und gießen mit der heißen Fischbrühe – vorher durch ein Sieb geben – ab. Mit Salz und Pfeffer abschmecken.

SAMT & SCHÄRFE
SAUCEN

*S*aucen sind so gut wie ihre Zutaten, deshalb verzichten wir auf alle Tütensaucen. Die Grundlage vieler Saucen ist der Fond. Das ist eine stark eingekochte Brühe. Sie können einen Fond auf Vorrat kochen und einfrieren. Der Fond darf nicht zu stark gewürzt werden, denn er soll ja später eine Sauce auffüllen. Aber der Fond ist immer noch flüssig, nur mit Mehl wird daraus eine Sauce.

In vielen Fällen brauchen Sie aber für eine gute Sauce weder Fond noch Mehl. Gemüse braucht meist keine Mehl-Sauce, und ein Braten muß nicht durch eine Sauce ergänzt werden. Beim Schmorbraten dicken Sie die Sauce, indem Sie einen Teil der Gemüse pürieren. Wenn Sie auf Mehl verzichten, weil Mehl so dick macht, und statt dessen dann die Sauce mit Butter binden, werden Sie insgesamt wohl wesentlich mehr Kalorien löffeln. Gegen das Binden mit Mehl gibt es keine prinzipiellen Einwände, Sie sollten insgesamt damit nur sehr viel sparsamer umgehen als in Mutters Küche.

DIE EINFACHE MEHLSCHWITZE

Im Saucentopf 40 g Butter zerlassen und zwei EL feingemahlenes Vollkorn-Weizenmehl mit dem Schneebesen einrühren (reicht für einen halben Liter Sauce). Mehl und Fett müssen sich ganz vermischen, dürfen aber nicht braun werden. Sobald die Mischung schäumt, wird die gesamte Flüssigkeit (ein halber Liter) zugegossen. Alles gut durchschlagen, so daß keine Klumpen entstehen und sich am Topfboden nichts festsetzt. Einmal aufkochen lassen und dann herunterschalten und eine Viertelstunde ganz leicht simmern lassen. Erst jetzt wird die Sauce abgeschmeckt, beispielsweise mit Kräutern.

Als Flüssigkeit können Sie nun Fond (Brühe), Wein, Fleisch- oder Gemüsesaft nehmen, je nachdem, wozu Sie die Sauce reichen. Mit Salz und frischgemahlenem (weißem) Pfeffer abschmecken. Feingehackte Kräuter zum Schluß unterziehen, jedoch nicht mitkochen.

Diese Sauce wird zu einer Béchamel-Sauce, wenn Sie als Flüssigkeit zur Hälfte Milch und zur Hälfte Brühe nehmen und mit Muskat abschmecken. Eine Meerrettichsauce entsteht daraus, wenn Sie frisch geriebenen Meerrettich, gemischt mit Zitrone und etwas Zucker unterrühren und mit süßer Sahne abschmecken.

Dunkel wird die Mehlschwitze, wenn Sie am Anfang das Mehl so lange rösten, bis es hellbraun wird, es darf aber nicht zu dunkel werden, sonst schmeckt es bitter. Wenn Sie die Sauce noch mit Senf abschmecken wollen, kommt der Senf erst ganz zum Schluß dazu.

Die helle Mehlschwitze läßt sich mit Eigelb verfeinern: Bereiten Sie eine helle Mehlschwitze und schlagen Sie zwei Eigelb mit 4 EL süßer Sahne auf. Geben Sie nun nach und nach immer einen Löffel der heißen Sauce in diese Mischung und verrühren Sie dann die Eilegierung mit der Sauce, die aber nicht mehr aufkochen darf. Sie können geriebenen Käse darunterziehen (zum Beispiel Greyerzer).

MEHLBUTTER

Wenn Sie keine Sauce kochen wollen, können Sie Gemüsesaft oder Fleischsaft durch Mehlbutter andicken. Weiche Butter vermischen Sie mit den Fingern in feingemahlenem Vollkorn-Weizenmehl und kneten alles gut durch. Die Mehlbutter wird in Flöckchen auf das Gericht gegeben, dann rührt man um und läßt noch ein paar Minuten kochen.

HOLLANDAISE

2 Eigelb
1 EL Wasser
2 EL zerlassene Butter
1 TL Essig
weißer Pfeffer

Salz
8 EL heiße Brühe
Zitronensaft
1 Prise Zucker

Die Eigelb mit dem Eßlöffel Wasser in einer Schüssel im warmen Wasserbad (darf niemals kochen) mit dem Schneebesen so lange aufschlagen, bis die Eimasse schaumig wird. Der Eierschaum steht, die zerlassene Butter vorsichtig zugießen und dabei ständig weiterschlagen, so daß alles gleichmäßig verteilt wird. Wenn Ihnen die Sauce jetzt zu heiß wird, gerinnt alles. Notfalls den Topf sofort aus dem Wasserbad herausheben. Nun nach und nach vorsichtig die heiße Brühe unterschlagen, mit Salz und Pfeffer würzen und mit Zitronensaft und der Prise Zucker abschmecken. Sofort servieren. Diese Sauce wird zur Sauce mousseline, wenn Sie steifgeschlagene Sahne unterziehen.

SAUCE BÉARNAISE

1 Schalotte
2 cl Weißweinessig
4–5 cl Weißwein
3 Eier
2 EL Butter
⅛ l Rinderbrühe

Salz
weißer Pfeffer
Muskat
1 TL Zitronensaft
je 1 TL gehackter Kerbel
   und Estragon

Schalotte fein wiegen, mit Pfeffer und feingehacktem Estragon in einer Kasserolle mit Weißwein und Essig so lange einkochen, bis nur ein EL Flüssigkeit verbleibt. Durch ein Haarsieb streichen und in einer kleinen Tasse oder Glas bereithalten. Die Eier trennen. Das Eiweiß mit etwas Salz steifschlagen, die Eigelb im Wasserbad schaumig schlagen und auf die zerlassene Butter zugeben und mit Brühe und dem eingekochten Essig-Weinextrakt auffüllen. Die Hälfte des Eischnees unterrühren, mit Muskat, Pfeffer, Zitronensaft und feingehacktem Kerbel abschmecken und nun den restlichen Eischnee unterziehen, sofort servieren. Gegenüber der klassischen Béarnaise ist diese Sauce leichter.

Wenn Sie sich die Mühe machen, eine gute Sauce zu kochen, sollten Sie darauf achten, daß die Teller gut vorgewärmt sind.

GERÜCHEKÜCHE
VON GEWÜRZEN & KRÄUTERN

ewürze
und Kräuter
geben den Lebens-
mitteln Geschmack. Zu Recht warnt der bekannte
deutsche Feinstschmecker Siebeck davor, bei jedem Gericht
in der Küche eine Gewürzorgie zu veranstalten.
Beim heutigen Industriefleisch – so meint er – schmecke
das Fleisch ohne Gewürze nicht mehr. Recht hat er.
Das «Bio»-Schnitzel oder «Bio»-Steak
braucht nur Salz und Pfeffer.
Grundsätzlich soll der Eigengeschmack der einzelnen
Produkte zu schmecken sein. Deshalb sind
Gewürze und Kräuter sparsam zu
gebrauchen.

Ohne die Vorliebe zu den orientalischen Gewürzen wäre Amerika vielleicht nicht entdeckt worden. Was wäre uns da erspart geblieben: McDonald's, Coca-Cola, IBM und das SDI-Programm. Die Gewürze haben also schon immer eine große Bedeutung gehabt. Um gut zu kochen, müssen Sie Ihre Küche jedoch nicht in einen Gewürzladen verwandeln. Notwendigkeit sind nur wenige Gewürze und im Winter getrocknete Kräuter. Im Sommer sollten die Kräuter möglichst frisch verwendet werden. Wenn Sie Kräuter nicht im eigenen Garten anbauen, reicht oft der Blumentopf. Frische und getrocknete Kräuter haben unterschiedlich starke Wirkungen. Finden Sie es selbst heraus.

Kaufen Sie immer nur kleine Mengen Gewürze oder getrocknete Kräuter, am besten in der Dose, denn manche Kräuter sind lichtempfindlich. Kaufen Sie nach Möglichkeit keine gemahlenen Gewürze, denn die verlieren rasch an Aroma. Es macht kaum Arbeit, eine Muskatnuß mit einer kleinen Reibe frisch zu reiben. Kreuzkümmel wird im kleinen Mörser gestoßen, der Pfeffer immer frisch in der Pfeffermühle gemahlen oder – bei Braten – im Mörser zerstoßen. Die Nelkenstifte werden in eine Zwiebel gesteckt, Lorbeerblätter immer nur getrocknet verwendet. Die Vanille nicht als Vanillinzucker aus der Tüte, sondern ausgekratzt aus der Vanilleschote.

Die Kunst des Würzens liegt in der Sparsamkeit. Durch die Gewürze soll der Geschmack der einzelnen Lebensmittel nicht übertönt, sondern gefördert, in eine bestimmte Richtung gelenkt werden. Gewürze und Kräuter haben deshalb immer nur eine unterstützende Wirkung, sie sollen nicht dominieren. Das gilt nur dann nicht, wenn das einzelne Kraut für sich stehen soll, wie beispielsweise bei der Sauerampfer- oder Kerbelsuppe oder beim Pesto. Das Gebot der Sparsamkeit gilt nicht nur für die Menge, sondern erst recht für die Kombination. Es fördert nicht Ihren Genuß, wenn Sie jedesmal auf das Schnitzel ein Potpourri ihrer Gewürzdosen schütten. Würzen Sie es entweder mit Thymian oder mit Majoran oder mit frischem Basilikum oder mit Salbei, aber nicht mit allem zugleich. Frische Kräuter sollten in der Pfanne möglichst nicht mitgebraten werden. Wenn Sie die Pfanne vom Herd nehmen, können Sie die frischen Kräuterblätter kurz hineingeben und wenden. Das reicht.

Wir müssen schließlich noch von einem Gewürz sprechen, mit dem man schon manche Suppe versalzen hat, dem Salz. Es ist schon lange her, daß das Salz kostbar war, in den Städten Straßen nach dem Salzkontor genannt wurden und man mit Brot und Salz seine Gastfreundschaft ausdrücken konnte. Salz gibt es heute im Überfluß. In fast allen verarbeiteten Lebensmitteln finden Sie Salz – zuviel Salz. Es konserviert und überdeckt, daß das industriell verarbeitete Lebensmittel fad und leer schmeckt. Unsere Geschmacksnerven sind inzwischen so versalzen, daß eine nur mäßig gesalzene Speise langweilig erscheint. Erst wenn wir durchgängig in unserer Küche den Salzkonsum reduzieren, haben wir die Chance für neues Geschmacksempfinden. Das viele und meist übertriebene Salzen verdrängt den eigenen Geschmack der Speisen, mildes Salzen stützt ihn. Die einzelnen Gerichte sollten während des Kochens gesalzen werden. Beim Nachsalzen auf dem Teller wird meist zuviel Salz genommen. Stellen Sie einfach kein Salz mehr auf den Tisch.

Der Name Salz leitet sich aus dem lateinischen Salus (Gesundheit) ab. Davon kann heute keine Rede mehr sein: Im Durchschnitt essen wir viel zuviel Salz, was bei vielen Menschen den Blutdruck unnötig hochtreibt und unserer Gesundheit schadet.

Wenn Sie in Zukunft keine Fertigsuppen und Wurstkonserven essen, können Sie den Salzkonsum schon drastisch reduzieren. Auch in Wurst und Käse ist meist zuviel Salz. Wenn Sie heute in Ihrer Küche kein Salz mehr verwenden, würden Sie wahrscheinlich immer noch genug Salz – in den Lebensmitteln versteckt – essen. Zur Förderung Ihrer Gesundheit müssen Sie also nicht zum Salzstreuer greifen. Gewinnen Sie Ihren Geschmack zurück – legen
Sie jedes Salzkorn auf die Goldwaage.

Etwas Gewürz

Knoblauch
Verwendung: bei fetten Schweine- und Hammelfleischgerichten, bei Tomatengerichten, Gemüsesuppen und pikantem Quark. Man reibt auch gern die Salatschüsseln mit einer angeschnittenen Knoblauchzehe ein.
Formen: Knoblauchzehen, Knoblauchpulver, Knoblauchsalz, Knoblauchöl, Knoblauchsaft. Besonderheiten: Knoblauch hat neben seiner Würzkraft einen hohen Gesundheitswert. Er wirkt anregend auf Verdauung und Stoffwechsel. Knoblauch sollte nicht mitkochen.

Koriander
Geschmack: orangenschalig, würzig.
Verwendung: Spekulatius und Brot, aber auch für Wildbeizen, wo er mit Lorbeer, Nelken, Piment und Zwiebeln kombiniert wird. Hinweis: Nur sparsam verwenden, da sehr geschmacksintensiv!

Kümmel
Geschmack: leicht süßlich, an Anis erinnernd.
Verwendung: besonders zum Würzen schwerverdaulicher Speisen wie Schweinebraten oder Kohlgemüse, schmeckt auch bei Brot, Käse und Kartoffeln.
Hinweis: Kümmel ist besonders magenfreundlich und verdauungsfördernd.

Lorbeer
Geschmack: würzig, leicht bitter.
Verwendung: zu allen Schmorgerichten mit herzhaftem, kräftigem Geschmack. Außerdem für Wildbeizen, Fleischsud, Kohlgemüse, eingelegten Fisch und Essiggemüse.
Hinweis: Lorbeerblätter entfalten ihr Aroma sehr langsam – man läßt sie deshalb am besten in Beizen und Marinaden mitziehen bzw. mitkochen. Nach einer alten Küchenregel wird Lorbeer nur sparsam verwendet, d. h. ½ Lorbeerblatt für ½ Liter Brühe bzw. 1 kg Fleisch.

Muskat
Geschmack: angenehm würzig.
Verwendung: für Kartoffelgerichte und Suppen wird Muskat mit einer feinen Reibe direkt von der Nuß gerieben.
Hinweis: Muskat darf nicht «durchschmecken» – es genügen winzige Mengen.

Pfeffer
Schwarzer Pfeffer besteht aus unreifen Beeren der Pfefferpflanze. Die Beeren werden getrocknet und fermentiert, wodurch sie schwarz und runzelig werden. Schwarzer Pfeffer würzt feurig-scharf. Weißer Pfeffer ist milder. Bei ihm ist das Fruchtfleisch entfernt. Sein volles Aroma hat der Pfeffer dann, wenn er unmittelbar vor dem Verwenden gemahlen wird. Grüner Pfeffer heißen die unreifen, in Salzlösung konservierten Beeren.

Piment
Geschmack: fein, würzig – erinnert an Zimt, Nelken und Muskat. Verwendung: Piment ist vielen Würzmischungen beigemengt und wird vorwiegend als Back- und Wurstgewürz verwendet.

Senfkörner
Die Senfkörner selbst enthalten scharf würzende ätherische Öle und werden zum Einlegen von Fisch und Essiggemüse verwendet. Senf wird aus Senfmehl, Essig, Wein, Pfeffer, Nelken, Zimt, Zucker, Meerrettich und Salz hergestellt. Senf soll nicht mitkochen!

Vanille
Geschmack: mild, fein.
Verwendung: Vanille würzt süße Milch- und Sahnespeisen, Speiseeis, Früchte und Backwaren. In Flüssigkeit wird ein Stückchen der Schote im ganzen mitgekocht, für Kuchenteige oder Schlagsahne wird die Schote aufgeritzt, das Fruchtfleisch herausgeschabt und zum Würzen verwendet. Die leere Schote in Zucker gelegt ergibt Vanillezucker.

Zimt
Verwendung: Zimt wird mitgekocht in der Flüssigkeit von Obstsuppen, Kompotten, süßen Milchspeisen. Als Backzutat bei Gewürzkuchen, zusammen mit Nelken in Glühwein.

DIE WAHRHEIT
VON DEUTSCHEN WEINEN

Wein muß nicht zu jeder Mahlzeit serviert werden. Zu einem kräftigen Eintopf zum Beispiel paßt eher ein kühles Bier. Aber es muß nicht immer etwas Alkoholisches sein. Ein starker Durst nach einer langen Wanderung läßt sich besser durch ein Mineralwasser löschen. Wein ist nicht das einzige Getränk auf Erden. Allerdings paßt Wein zu den meisten Gerichten des Öko-Kochs und kann bei den meisten «gesellschaftlichen Ereignissen» ein geeigneter Begleiter sein. Allerdings nur, wenn Sie ihn in Maßen und nicht in Massen trinken.

Wir wollen nicht als Werber für den Wein auftreten, unser Anliegen ist vielmehr, ein wenig Verständnis für das Weintrinken zu wecken.

Dazu sollten Sie generell eine weitere Grundregel beachten: Zum Essen sollte man nicht unbedingt den schwersten und besten Wein trinken, in den meisten Fällen ist ein leichter, trockener, das heißt durchgegorener Wein der richtige. Ausnahmen bestätigen wie immer die Regel. Ein ausgewählter Wein darf es sein, wenn Sie mit guten Freunden in kleiner Runde zusammensitzen und über den Wein ins Philosophieren kommen.

MIT RUHIGEM GEWISSEN WEIN TRINKEN?

Seit in Winzerkreisen das Gerücht umgeht, daß Wein auch aus Trauben gemacht werden kann, sind wir ein wenig ins Zweifeln gekommen und fragen uns, ob wir das Weintrinken noch empfehlen können. Die Weinskandale der letzten Jahre – das «Frostschutzmittel» Diäthylenglykol im Wein, Reste von Blausäure in deutschen Weinflaschen oder der unmäßige, wenn auch erlaubte Zusatz von Schwefel zur Weinkonservierung u. a. lassen zumindest keine eindeutige Antwort auf die Frage zu, ob im Wein Wahrheit liegt. Die Definition des großen Duden, wonach Wein die gesetzlich gesicherte Bezeichnung für das durch alkoholische Gärung aus frischem Beerensaft der Weinrebe hergestellte Getränk ist, erklärt ziemlich präzise, was unter Wein zu verstehen ist. Jedoch berücksichtigt sie nicht den Einfallsreichtum von Chemikern, Winzern und Weinhändlern, die Wein auch künstlich herstellen oder so mit chemischen Zusatzstoffen versetzen können, daß der frische Beerensaft nahezu überflüssig wird.
Zugegeben, für die Weinskandale der letzten Jahre waren nur einige wenige Winzer, Weinhändler oder Weinimporteure verantwortlich, die ihre Gewinnsucht nicht zähmen konnten und auf die Schnelle das große Geld verdienen wollten. Die gesamte Winzerzunft wird durch solch kriminelle Pantscherei in Mißkredit gebracht, woran auch die Politiker und die für die Weinkontrolle verantwortlichen Beamten nicht unschuldig sind, am meisten aber die unsinnig hochgetriebene Massenproduktion.

Trotz aller möglichen Vorbehalte haben wir uns das Weintrinken nicht versagt, allerdings mit der Einschränkung, daß wir möglichst naturreinen Wein, das heißt ökologisch an- und ausgebauten Wein, trinken. Deshalb beachten Sie als eine Grundregel beim Weinkauf: fragen Sie nach möglichst naturreinem, ökologischem Wein, der gegenüber konventionellem Wein Vorteile aufweist, auf die wir noch etwas näher eingehen wollen.

Vom konventionellen Weinbau zum ökologischen Weinbau

Um ein wenig verständlich zu machen, warum wir mit ruhigem Gewissen Wein aus ökologischem An- und Ausbau empfehlen, wollen wir in aller Kürze die konventionelle Weinbauweise beschreiben.

In den vergangenen Jahren hat im Weinbau eine völlige Veränderung stattgefunden.

Die Betriebsstruktur wandelte sich vom landwirtschaftlichen Gemischtbetrieb zum reinen Weinbaubetrieb, verbunden mit Veränderungen in der Arbeitswirtschaft, der Mechanisierung und Motorisierung. Gleichzeitig wurden durch Flurbereinigung die Rebflächen maschinenfreundlich umgestaltet, um durch Betriebsvergrößerung und Maschineneinsatz die erhöhten Kosten aufzufangen.

In dieser Zeit hat auch der Einsatz von künstlichen Düngemitteln sowie von chemischen Pflanzenschutzmitteln stark zugenommen. Die Monokultur im Rebberg hat dort außer den Reben fast alle Pflanzen beseitigt und einen starken Rückgang des Artenreichtums von Vögeln, Insekten, Würmern, Pilzen und Bakterien bewirkt. Vermehrter Einsatz von Kunstdünger und das Spritzen von Herbiziden, Insektiziden und Fungiziden aber zerstört das Bodenleben im Rebgelände.

In der Bundesrepublik werden zur Zeit etwa 6000 Tonnen chemische Spritzmittel pro Jahr im Weinbau verspritzt, das macht etwa 65 kg pro Hektar Weinberg aus. Pro Jahr registriert die landwirtschaftliche Berufsgenossenschaft etwa 200 Vergiftungen bei Winzern durch Pestizide.

Untersuchungen des Bremer Umweltinstituts haben ergeben, daß in den analysierten Weinen zum Teil erhebliche Mengen an Pestizidrückständen vorhanden sind. Die Laborproben enthielten unter anderem das verbotene DDT, das im Pflanzenschutz verbotene Heptachlor, Parathion und sogar Paraquat, einen gefährlichen und hochgiftigen Stoff, der im Boden schlecht abgebaut wird. Eine Reihe von Winzern hat

Konsequenzen aus diesen Entwicklungen gezogen und den Weinbau auf eine ökologisch verträgliche Weise umgestellt. Die Berücksichtigung von natürlichen Kreisläufen spielt beim ökologischen Weinbau die Hauptrolle. Für die weinbauliche Praxis bedeutet dies, daß statt des leicht wasserlöslichen künstlichen Düngers organische Düngemittel wie Stallmist, Stroh, Kompost, Gründüngung u. a. m. eingesetzt werden. Durch Gesteinsmehle wird die Versorgung des Bodens mit Spurenelementen unterstützt. Im Pflanzenschutz werden vor allem indirekte Maßnahmen ergriffen, die die Widerstandskräfte der Reben erhöhen und die Entwicklung von Schaderregern hemmen. Dazu zählen: gezielte Düngung; entsprechende Standort- und Sortenwahl; vielfältige Begrünung, um Monokultureffekte zu vermindern; Spritzungen mit unterschiedlichen Kräutermischungen zur Kräftigung der Rebe und zur vorbeugenden Wirkung gegen Pilz- und Insektenbefall u. a. Um den Mehltau einzudämmen, gegen den die Reben schutzlos sind, werden die altbewährten Mittel Kupferkalk bzw. Schwefel, unter Umständen auch spezielle biologische Mischpräparate gespritzt. Entscheidend ist jedoch, daß im Weinberg ein ökologisches Gleichgewicht von Nützlingen und Schädlingen hergestellt wird (zum Beispiel Raubmilben zur Unterdrückung von Spinnmilben). Dabei wird durchaus ein gewisser Schaden in Kauf genommen. Der Star ist im Herbst ein «Schädling», weil er Trauben frißt, ansonsten ein Nützling, weil er «Schädlinge» frißt. Die Natur verlangt eben ihren Tribut. Den konventionellen Winzern nagt die Chemie am Konto.

Der Weinanbau ist jedoch nur die eine Seite der Medaille. Genauso wichtig ist der Weinausbau: der Weg, den die reife Traube nimmt, bis sie als Wein in die Flasche gefüllt wird. Auch hier gibt es Unterschiede zwischen konventionellem und ökologischem Weinbau. Ohne daß wir uns in viele kellertechnische Einzelheiten verlieren wollen, sollen einige wichtige Stationen des Weinausbaus, zum Beispiel des Weißweins, aufgezählt werden.

DIE WAHRHEIT

1. *Traubenannahme*
Abbeeren / Mahlen
Zugabe von SO₂

2. *Pressen der Trauben*
Vorklären / Separieren
Pasteurisieren
Entsäuern
Anreichern / Weinverbesserung

3. *Zugabe von Reinzuchthefe*
Gärung
Zugabe von SO₂

4. *Abstich*
Filtern
Schönung des Weines

5. *Abstich*
Filtern
Stabilisation / Konservierung
Zugabe von Süßreserve

6. *Filtern*
Abfüllen
Etikettierung
Weinprüfung

Zwischen konventionellem und ökologischem Weinausbau bestehen die Hauptunterschiede in der Menge des zugesetzten Schwefels, der Schönung, der Stabilisierung / Konservierungsmethode des Weins und in der Zugabe von Süßreserve.
Die alkoholische Potenz des Mostes wird über das *Mostgewicht* bestimmt. Gemessen wird der Naturzuckergehalt mit der sogenannten Mostwaage, die vor ca. 140 Jahren von F. Öchsle erfunden wurde – daher die Bezeichnung Öchsle-Grad. Faustregel: je mehr Öchsle, um so eher sehen Sie Sternle ...

Im konventionellen Weinausbau wird an unterschiedlichen Stellen der Weinzubereitung Schwefeldioxid (SO_2) zugesetzt, das sich im Zuge des Gärprozesses zur schwefligen Säure verwandelt. Diese schweflige Säure, die in geringen Mengen von Natur aus in jedem Wein, jedoch an andere Stoffe gebunden, enthalten ist, hat unterschiedliche Funktionen: Verbesserung des Geschmacks, Schutz vor Oxidation, Hemmen und Töten von Bakterien, Verhinderung fehlerhafter Gärung, Schutz des jungen Weins vor Braunwerden. Nach dem Gesetz sind bis zu 400 mg/l gesamtschweflige Säure erlaubt.
Der Wirkungsmechanismus von Schwefeldioxid («Schwefel») ist noch nicht völlig geklärt. Die Verträglichkeit von Schwefel unterscheidet sich von Mensch zu Mensch. Manche können bis zu 2000 mg ohne erkennbaren Schaden vertragen, andere wiederum klagen bereits bei 10 bis 20 mg über Kopfschmerzen, Übelkeit oder Durchfall. Problematisch kann es beim Asthmatiker werden, denn bei nahezu jedem zehnten asthmatisch Erkrankten wurde eine Verschlimmerung der Krank-

heit bei Weingenuß festgestellt. Weiterhin weiß man, daß durch Schwefeldioxid das Vitamin B_1 zerstört wird; darüber hinaus steht es im Verdacht, die Wirkung von krebserzeugenden Stoffen zu verstärken. Die schweflige Säure beeinträchtigt wichtige Körperfunktionen wie den Kohlenhydrat-Stoffwechsel, das zentrale periphere Nervensystem, Darm und Magen. Außerdem kann sie Allergien auslösen. Die Weltgesundheitsorganisation (WHO) hat aus diesem Grund empfohlen, die tägliche Aufnahmemenge schwefliger Säure pro Person auf 50 mg zu begrenzen. Völlig unverständlich ist daher, daß die Begrenzung im Wein auf 400 mg/l festgelegt wurde und daß auf den Weinetiketten nicht einmal der im Wein enthaltene Schwefel ausgewiesen werden muß. Hinzu kommt ja noch die Aufnahme von anderen geschwefelten Lebensmitteln.

Die meisten Winzer, die ökologischen Weinbau betreiben, verwenden zwar noch Schwefel, aber in erheblich geringeren Mengen. Sie benötigen ihn vor allem, um während des Gärprozesses u. a. unangenehme Weinfehler zu vermeiden. Zur weiteren Stabilisierung wird kaum oder kein Schwefel mehr benutzt. Und da der ökologische Wein grundsätzlich durchgegoren wird, das heißt, der im Most enthaltene natürliche Trauben- und Fruchtzucker in Alkohol umgewandelt wird, kann der Schwefelzusatz begrenzt werden.
Ökologische Weine sind prinzipiell «trockene», durchgegorene Weine mit nur sehr geringen Restzuckermengen. Allerdings scheint es möglich, bei der Weinherstellung völlig auf Schwefeldioxid zu verzichten. Seit einigen Jahren gibt es ein patentiertes Verfahren des Pfälzer Winzers W. Walter, das auf chemische Mittel verzichtet, indem der Ausbau unter Ausschluß von Luftsauerstoff durchgeführt wird. Dieses Verfahren, von der Weinwirtschaft heftigst bekämpft und von ökologisch an- und ausbauenden Winzern skeptisch beäugt, scheint ein Weg zu sein, der einen nahezu chemiefreien Weinausbau ermöglicht.

Konventioneller und ökologischer Weinausbau unterscheiden sich auch in der Schönung. Unter Schönung wird die Gärung des Weines durch Zusatz bestimmter Stoffe verstanden, die Trübungen beseitigen. Zur Schönung werden verschiedene Mittel eingesetzt: Speisegelatine – wiederum mit Schwefel versetzt – oder Kieselsol, aber auch Kaliumhexacyanoferrat, das sogenannte Blutlaugensalz, das bei nicht exakter Benutzung Reste von Blausäure (hochgiftig!) zurückläßt. Um die Trübung durch Eiweißstoffe zu verhindern, wird Bentonit, ein natürliches

DIE WAHRHEIT

Eiswein –
von der Sonne
verwöhnt, vom
Frost geprägt

Tonmineral, beigemischt. Auf die verbotenen, kriminellen Schönungen des Weins durch Frostschutzmittel und andere tödliche Scherze wollen wir an dieser Stelle nicht gesondert eingehen. Leider ist von den erlaubten Zusatzstoffen nichts auf den Weinetiketten zu lesen. Im ökologischen Weinbau wird weitgehend auf die erwähnten Schönungsmittel verzichtet, abgesehen von dem unschädlichen Bentonit. Auf jeden Fall wird auf die zwar gesetzlich erlaubte, aber mit Risiken verbundene «Blauschönung» durch Blutlaugensalz verzichtet.

Neben Schwefel wird zur Stabilisierung und Konservierung beim konventionellen Wein häufig der künstliche Konservierungsstoff Sorbinsäure zugesetzt, um den Wein steril zu halten und Nachgärungen zu verhindern, vor allem bei Weinen mit viel unvergorener Restsüße. Im ökologischen Weinbau wird grundsätzlich auf den Einsatz von Sorbinsäure verzichtet.

Ein weiterer Unterschied besteht beim Zusatz von «Süßreserve». Süßreserve ist Traubenmost, dem soviel Schwefel zugesetzt wird, daß er nicht mehr gärt. Dieser Saft wird häufig dem fertigen Wein beigemischt, um den Restzuckergehalt künstlich zu erhöhen. Im begrenzten Umfang ist das gesetzlich erlaubt. Die Weine werden süßer (lieblicher); allerdings haben sie auch einen erheblich höheren Anteil an schwefliger Säure als durchgegorene, trockene Weine. Da es im ökologischen Weinbau nur trocken ausgebaute Weine gibt, stellt sich das Problem der Süßreserve bei diesen Weinen nicht.

Ökologischer Wein aus deutschen Weinbaugebieten

Zu Recht werden Sie fragen, ob es denn bereits so viele ökologische Winzerbetriebe gibt, daß der Bezug von ökologischem Wein überall und jederzeit möglich ist. Es ist in der Tat nicht einfach, aber möglich. Bis heute gibt es in der Bundesrepublik 40 oder 50 Betriebe unterschiedlicher Größe. Sie haben eine Chance, ökologischen Wein im «Bio-Laden» oder in einem Weinladen zu finden. Allerdings wird der Wein beim Händler um einiges teurer sein als beim Direktbezug. Um Wein wirklich genießen zu können, sollte man die verschiedenen Sorten probieren und kennenlernen. Sie unterscheiden sich auch stark nach Regionen und Jahrgang.

Das deutsche Weingesetz unterteilt Deutschland in 11 Weinanbaugebiete, die in Europa zur Weinbauzone A gehören, außer Baden, das zur Weinbauzone B gehört. Für die Weinbauzonen gelten jeweils unterschiedliche Anforderungen an den Wein, sowie Möglichkeiten der Weinverbesserung (Zuckerung) oder Entsäuerung (bzw. Säuerung) des Weins, um ihn zum Beispiel milder zu machen. – In der Weinbauzone A darf beispielsweise der Alkohol des Weins durch Zusetzen von Zucker vor der Gärung um 3,5 Volumenprozent bzw. 4,5 Volumenprozent (in bestimmten Ausnahmefällen) erhöht werden, in der Weinbauzone B dagegen nur um 2,5 Volumenprozent. Dies gilt für Tafelwein und einfache Qualitätsweine.

In den jeweiligen Weinbaugebieten herrschen unterschiedliche Klima- und Bodenverhältnisse, auch die Rebsorten variieren. Ein Riesling aus dem Rheingau schmeckt anders als von der Mosel, der Rheinpfalz oder aus Baden. Jeder Jahrgang hat wiederum einen eigenen Geschmack.

In den deutschen Weinbaugebieten werden im langjährigen Durchschnitt etwa 8 bis 9 Mio. hl Wein pro Jahr produziert. Den Anteil an ökologischem Wein können wir nicht in Zahlen angeben, da hierüber bislang keine Statistik geführt wird.

Die Hauptrebsorten der deutschen Anbaugebiete sind Müller-Thurgau (25,9 Prozent), Riesling (19,7 Prozent) und Silvaner (9,6 Prozent). 88,5 Prozent aller Sorten sind Weißweine, 11,5 Prozent sind Rotweinsorten.

REBSORTEN

Die folgenden Rebsorten sehen wir unter den deutschen als die wichtigsten an, wohl wissend, daß es darüber hinaus viele weitere Rebsorten gibt, vor allem Neuzüchtungen. Die von uns vorgestellten Rebsorten geben überwiegend leichte Weine ab, die bekömmlich und angenehm zu trinken sind.

Riesling

Der Riesling gehört zu den edelsten Weinen, der vor allem in den nördlicheren Weinbaugebieten Deutschlands verbreitet ist. Er reift relativ spät, die Beeren sind klein, rund, grüngelb bis gelbbraun.
In guten Lagen erreicht der
Riesling im Durchschnitt

etwa 80° Öchsle, der Säuregehalt bei der Ernte beträgt etwa 10 bis 15 %. Der Riesling hat ein an Pfirsich erinnerndes Bukett. Ein trockener Riesling mit einer angenehmen Fruchtsäure ist ein Genuß. Riesling wird vor allem im Rheingau, an der Mosel, in der Rheinpfalz und zum Teil auch in Baden angebaut.

Silvaner

Der Silvaner gehörte zu den wichtigsten Rebsorten in Deutschland. Bei später Reife sind die Beeren relativ groß, grüngelb mit dicker Beerenhaut. In guten Jahren kann das Mostgewicht über 80° Öchsle betragen. Die Säure ist etwas geringer als beim Riesling. Der Silvaner ist relativ geschmacksneutral und besitzt kein hervorstechendes Bukett. Er eignet sich gut als Begleiter zum Essen. Silvaner gibt es vor allem in Rheinhessen, Rheinpfalz und Franken.

Müller-Thurgau

Der Müller-Thurgau ist von der Anbaufläche her gesehen der bedeutendste Wein. Bei relativ früher Reife sind die Beeren mittelgroß, gelblichgrün und weisen ein deutliches Muskatbukett auf. Der Müller-Thurgau ist ein typischer Qualitätswein, der im Schnitt 65 bis 75° Öchsle erreicht, die Säure bei der Ernte liegt häufig unter 10 Prozent. Der Müller-Thurgau gilt als leichter Schoppenwein mit einem Muskatton. Er sollte nicht sehr lange gelagert werden. Er wird vor allem in Rheinhessen, Baden und der Rheinpfalz angebaut.

Elbling

Der Elbling war bis zum 19. Jahrhundert in Deutschland weit verbreitet. Heute werden noch ca. 1100 ha mit Elbling an der Mosel angebaut. Die sehr ertragreiche Sorte, die spät reift und deren Traube groß und dichtbeerig ist, weist kein typisches Sortenbukett auf. Das Mostgewicht liegt im langjährigen Mittel zwischen 55 bis 70° Öchsle, die Säure bei 12 bis 15 Prozent. Der Elbling ist ein leichter, frischer und fruchtiger Tischwein, der häufig unterschätzt wird.

Gutedel

Der Gutedel ist eine beliebte Tafeltraube. Als Keltertraube liefert er einen sehr bekömmlichen Schoppenwein, der vor allem im Markgräflerland südlich von Freiburg getrunken wird. Seine großen grüngelben, runden Beeren reifen relativ spät. Der Ertrag ist ziemlich hoch, das Mostgewicht zwischen 65 und 75° Öchsle. Die Säure bewegt sich zwischen 5 und 6 Prozent. Der Gutedel ist ziemlich jung zu trinken, er ist leicht, mild und sehr bekömmlich, ein Geheimtip unter den weißen Weinen.

Ruländer

Der Ruländer gewinnt in Deutschland an Boden. Über die Hälfte der Rebfläche liegt in Baden. Die großen grauroten Beeren werden ziemlich spät reif. Das Mostgewicht liegt etwa um 10° Öchsle über dem des Riesling, der Säuregehalt zwischen 5 bis 6 Prozent. Der Ruländer hat ein volles Bukett, manchmal erinnert er an einen leichten Honigton. Der Ruländer ist ein schwerer Wein.

Traminer

Der Traminer gilt als Spitzenwein, vor allem in der Rheinpfalz und in Baden. Die kleinen rotgrauen Beeren reifen sehr spät. Das Mostgewicht liegt im Durchschnitt bei 80 bis 90° Öchsle, die Säure beträgt etwa 8 Prozent. Der Traminer zeichnet sich durch seine an Rosenduft erinnernde Würze aus, ein Spitzenwein, den man in einer ruhigen, besinnlichen Stunde genießen sollte, der aber auch seinen Preis hat.

Blauer Spätburgunder

Der Burgunder zählt zu den ältesten Reben überhaupt. Die dunkelblauen bis violetten mittelgroßen Beeren reifen relativ früh. Die Mostgewichte liegen im Schnitt etwa bei 90° Öchsle, die Säure zwischen 6 bis 8 Prozent. Der Burgunderwein ist vollmundig, samtig, mit einem an Bittermandeln erinnernden Aroma, außerdem sehr alkoholreich. Eine Variante ist der Weißherbst, der von der Burgundertraube durch eine andere Kelterung gewonnen wird. Der Burgunderwein ist etwas heikel beim Ausbau und kann daher manchmal «daneben liegen». Außerdem kennt er seinen Preis.

Blauer Portugieser

Der Blaue Portugieser ist unter den Rotweinen der Konsumwein in Deutschland, der größte Teil wird in der Rheinpfalz angebaut. Der Portugieser gehört zu den frühreifen Sorten, in der Regel hat er 60 bis 65° Öchsle, bei späterer Lese kann er Durchschnittswerte von 70 bis 80° Öchsle erreichen. Früh gelesene Portugiesertrauben können 12 Prozent Säure und mehr haben, in der Regel liegt sie bei 6 bis 8 Prozent. Die Farbe ist hellrot, bei später Lese farbstoffreicher, fast wie ein

DIE WAHRHEIT

Burgunder. Häufig wird aus dem Portugieser auch ein Weißherbst her gestellt. Er ist ein relativ preiswerter Tischwein von frischer Art mit milder Säure.

Trollinger

Der Trollinger ist sehr säurebetont. Der Anbau konzentriert sich fast ausschließlich auf Württemberg. Die großen rotblauen Trauben reifen sehr spät. Das Mostgewicht liegt im Mittel bei 70° Öchsle, die Säure zwischen 7 bis 10 Prozent. Als Konsumwein haben die Trollingerweine aufgrund ihrer betonten Säure eine kernige, herzhafte, lebhafte Art. In der Regel sind sie hellrot, in guten Jahren rubinrot. Der Trollinger ist ein leichter, bekömmlicher Trinkwein, der außerdem noch ziemlich preiswert ist.

Ökologisch anbauende Winzer

In der nachfolgenden Übersicht geben wir Ihnen Hinweise auf Weinbauern, die ganz oder teilweise ökologischen Weinbau betreiben.

ADRESSEN

Rheinpfalz:

Schloßgut Bossung
6371 Edesheim
Tel. 06323/631

Weingut F. Breiling
Bahnhofstr. 15
6735 Maikammer
Tel. 06321/5020

Weingut F. Croissant
Bahnhofstr. 56
6732 Edenkoben
Tel. 06323/1538

Churpfalzkeller
Obergasse 9
6719 Ottersheim
Tel. 06355/1285

Weingut Deutscher
Leininger Ring 43
6719 Bockenheim
Tel. 06359/4277

Weingut Hohlreiter
Hauptstr. 31
6741 Göcklingen
Tel. 06349/288

Weingut R. Kiefer
Jahnstr. 42
6731 St. Martin
Tel. 06323/4577

Weingut W. Marzolph
Schloßstr. 2b
6740 Landau
Tel. 06341/89461

Weingut F. Kiefer II
Weinstr. 52
6732 Birkweiler
Tel. 06345/2476

Weingut F. Meug
Siebenbauernhof
6705 Diedesheim/
Weinstraße

Weingut Walthari-Hof
Weinstr. 113
6732 Edenkoben
Tel. 06323/2305

Weingut M. Wöhrle
Leininger Ring 64
6719 Bockenheim
Tel. 06359/4215

Baden:

Helmut Braun
Hauptstr. 105
7582 Bühlertal/Baden

Adolf Höflin
Siedlerhof Schambach
7805 Bötzingen a. K.

Albert Schmidt
Hauptstr. 82
7831 Eichstetten

Wendelin Brugger
Wachtelgasse 8
7811 Laufen
Tel. 07634/8957

Weingut Köpfer
Dorfstr. 22
7813 Staufen-Grunern
Tel. 07633/5288

Reinhard Weber
Vogesenstr. 6
7590 Achern-Onsbach

Ewald Großklaus
Brunnenstr. 8
7817 Ihringen

Wilhelm Rinklin sen.
Hauptstr. 94
7831 Eichstetten

Werner Weis
Irrweierhof
7634 Kippenheim

Karl Hiss
Hauptstr. 138
7831 Eichstetten

Wilhelm Rinklin jun.
Marienstr. 13 b
7831 Eichstetten

Andere deutsche Weinanbaugebiete:

Frank Brohl
Bergstr. 7
5586 Reil/Mosel
Tel. 06542/2954

Ludwig Höffling
Oberstr. 64
5407 Boppard

Volker Müller
Obergasse 51
6509 Spiesheim
Tel. 06732/5981

Elisabeth Feilen-Bolling
Lausener Str. 22
5561 Minheim/Mosel
Tel. 06507/5120

Karl Ackermann
Sonnenhof
6521 Mettenheim

H. Pfeffer
Mainzer Str. 11
6501 Ludwigshöhe
Tel. 06249/8430

Johannes Schneider
Am Honigberg 16
5551 Manig-Noviant/Mosel
Tel. 06535/406

Hans W. Korn
An der Burgkirche
6507 Ingelheim
Tel. 06132/4741

Otto H. Sander
In den Weingärten 11
6521 Mettenheim
Tel. 06242/1583

Hugo Schorn
Schulstr. 18
5581 Burg/Mosel
Tel. 06541/4157

Gräflich von
Kanitz'sche Weingutsverwaltung
Rheinstr. 49
6223 Lorch

Burkart Schnell
Einsheimer Str. 26
6524 Guntersblum
Tel. 06249/4320

Karl H. Steffens
Hauptstr. 178
5581 Priedel/Mosel
Tel. 06542/41285

Karl Klein
Neu-Offsteinstraße
6521 Offstein

Heiner und K. Simon
Drollmühle
6501 Wörrstadt
Tel. 06732/2334

Rudolf Trossen
Bahnhofstr. 44
5561 Minheim/Mosel
Tel. 06532/2714

Karl Hirsch
Badstr. 47
6526 Alsheim

Weingut Walldorf-Pfaffenhof
Postfach 24
6501 Saulheim 1

von Weymarm
Mathildenhof
6505 Nierstein
Tel. 06131/5129

DIE WAHRHEIT

Dr. Werner Hofäcker
Domäne Niederhausen
6551 Oberhausen / Nahe

Karl F. Krämer
Bahnhofstr. 8
6909 Dielheim
Tel. 06222 / 5 05 35

Georg Pfisterer
Landstr. 78
6905 Schriesheim
Tel. 06203 / 6 12 88

Walter Seibold
Pfarrstr. 41
7012 Fellbach

Weingut E. Christ
Weinbergstr. 9
8711 Nordheim

Weingut Vogelsburg
8712 Volkach

VOM WEINPROBIEREN, WEINKAUFEN UND WEINTRINKEN

Was nützt die ganze Theorie, wenn die Praxis fehlt, werden Sie zu Recht sagen. Es stimmt: wie können Sie einen Riesling von einem Silvaner oder einen Müller-Thurgau von einem Gewürztraminer unterscheiden? Was nützt das theoretische Wissen, daß der Riesling ein Pfirsicharoma besitzt, der Silvaner geschmacksneutral sein soll? Beim Probieren werden Sie mit der Zeit eine Zunge bekommen, die Ihnen ziemlich genau sagt: dieser Wein ist ein Riesling und jener ein Silvaner. Aber werden Sie nicht ungeduldig, eine «Weinzunge» bekommt man nicht an einem Tag oder durch eine einzige Weinprobe. Bei manchem ist die Wein-Nase schneller da als die Weinzunge.

Wenn Sie Wein in größeren Mengen kaufen, sollten Sie unbedingt vorher beim Winzer oder Weinhändler eine Weinprobe machen. Essen Sie außer einem Stück Brot nichts zur Weinprobe. Trinken Sie zwischendurch einen Schluck Wasser, dadurch werden Ihre Geschmacksnerven wieder aufnahmebereiter. Achten Sie darauf, daß die zu probierenden Weine nicht zu kalt sind: Weißweine sollten mindestens 13° haben, damit sich das Bukett entfalten kann, Rotweine Zimmertemperatur. Probieren Sie die einzelnen Weine ruhig hin und her, Sie schmecken dann viel eher den Unterschied zwischen den Weinen.

Eine Weinprobe im Keller des Winzers kann zwar romantisch sein, läßt aber aufgrund der verschiedenen Kellergerüche oft kein objektives Probieren zu. Interessant ist natürlich eine Faßprobe, um zu schmecken, wie sich der junge Wein entwickelt. Diese sollten Sie sich für einen späteren Zeitpunkt vorbehalten.

WEINFEHLER

Geranienton
In der konventionellen Kellerwirtschaft wird neben Schwefel auch Sorbinsäure zur Konservierung eingesetzt. Zuviel Sorbinsäure im Wein verbreitet einen Geruch, der an Primeln oder Geranien erinnert.

Milchsäureton
Beim Wein kann durch Milchsäurebakterien ein zweiter Gärprozeß eingeleitet werden, bei dem Säure abgebaut wird (biologischer Säureabbau). Wirken diese später zu stark im Wein – vor allem Weißwein – nach, kann er nach Sauerkraut oder schlecht gewordener Milch riechen.

Oxidation
Wein ist gegen Einwirkung von Luft empfindlich und kann gelb oder braun werden. Dabei kann ein Aroma entstehen, das in Geschmack an Maggi oder bei geringerem Auftreten an Sherry erinnert. Ein leichter Oxidgeschmack (Alterston) kann durchaus angenehm sein.

Böckser
Dieser Fehlton von faulen Eiern kommt zustande, wenn der junge Wein nach der Gärung zu lange auf der Hefe liegengeblieben ist und sich dabei Schwefelwasserstoff gebildet hat. Der Kellermeister hat in den meisten Fällen geschlafen!

Bittermandelton
Ein Wein riecht nach billigem Bittermandelaroma, wenn mit Blutlaugensalz schlampig umgegangen wurde. Lassen Sie den Wein stehen und beschweren Sie sich beim Erzeuger!

Wenn Sie Wein kaufen, aber nach der Probe noch unsicher sind, nehmen Sie von den Weinen, die Sie am meisten interessieren, zunächst jeweils ein oder zwei Flaschen mit nach Hause und probieren Sie nochmals in aller Ruhe. Wenn Sie Wein nach Hause transportiert haben, sollte er noch einige Zeit lagern, bevor Sie ihn trinken. Nach Möglichkeit sollten Sie den Wein in einem dunklen Keller lagern, damit er weitgehend frei von Erschütterungen und kühl bleibt (12 bis 15°). Zuvor sollten Sie sich jedoch noch ein wenig mit dem Weinetikett beschäftigen, das einige Angaben über den Wein enthalt, wenngleich bei weitem nicht alle! Wenn wir bedenken, wie viele und vor allem welche Zusatzstoffe zur «ordnungsgemäßen Weinherstellung und/oder zur ordnungsgemäßen Haltbarmachung» im Wein enthalten sein dürfen (siehe Tabelle), müssen wir die Kennzeichnungspflicht als mangelhaft einstufen.

Inhaltsstoffe des Weines (durchschn. in g/l)

Inhaltsstoff	Menge in g/l	Bemerkungen
Wasser	800–880	
Äthylalkohol	50–120	Dessertweine bis 180
Methylalkohol	0,02–0,75	Rotweine mehr als Weißweine
Höhere Alkohole	0,06–0,15	
Glyzerin	4–15	
Zucker	2,5–150	bis 2,5 unvergärbar
Säuren:	4–10	Rotweine bis 6
davon		
Äpfelsäure	0–6	
Weinsäure	0,5–4	
Milchsäure	0,8–3	
Weinsaure Salze	0,1–2	
Schweflige Säure, frei	0,002–0,05	
Schweflige Säure, gebunden	0,08–0,25	
Ester und Acetate	0,075–0,15	
Gerbstoffe/Farbstoffe	0,05–2,5	In Rotweinen wesentlich höher als in Weißweinen
Stickstoffverbindungen	0,1–0,9	
Extraktstoffe	20–35	In Roten mehr als in Weißen als Salze und Oxide
Mineralstoffe:	1,5–3,5	
Kalium	0,5–2,5	
Kalzium	0,1–0,2	
Magnesium	0,1–0,25	
Vitamine	Spuren	B-Gruppe, C und P
Bukett- und Aromastoffe	1–2	

Quellen: «Reben, Wein, Gesundheit», Freiburg 1983, S. 18 und: Der Spiegel, 31 (1985), S. 74.

Nach europäischem Recht (Verordnung Nr. 337/79 des Rates vom 5. Februar 1979) dürfen folgende Stoffe «zur ordnungsgemäßen Weinherstellung und/oder zur ordnungsgemäßen Haltbarmachung» verwendet werden:

- Kohlendioxid oder Stickstoff
- Diammoniumphosphat oder Ammoniumsulfat
- Thiaminium-Dichlorhydrat
- Schwefeldioxid oder Kaliumbisulfit oder Kaliumetabisulfit

- Weinhefen
- Aktivkohle
- Speisegelatine
- Fischblasen von Wels, Stör oder Hausen
- Kasein oder Kaliumkaseinate
- tierisches Eiweiß (Ovalbumin und Blutmehl)
- Bentonit
- Siliziumdioxid
- Kaolinerde
- Tannin
- pektolytische Enzyme
- Sorbinsäure oder Kaliumsorbat
- Weinsäure
- Kaliumtartrat
- Kaliumbikarbonat
- Askorbinsäure
- Zitronensäure
- Kaliumhexacyanoferrat oder Calciumphytat
- Metaweinsäure
- Gummiarabikum
- DL-Weinsäure
- Natriumkationen-Austauschharze
- Allyl-Isothiocyanat
- Kupfersulfat
- Kaliumbitartrat

Vor allem wird verschwiegen, wieviel Schwefel oder andere Zusatzstoffe im Wein enthalten sind, ebenso fehlen Angaben über Säure und Alkoholgehalt.

Das Weingesetz unterscheidet zwischen Tafelwein und Qualitätswein. Die Tafelweine bilden die untere Qualitätsgruppe, wobei zwischen einfachem Tafelwein und Landweinen unterschieden wird. Tafelweine sind in der Regel Verschnittweine, d. h. der Wein stammt von verschiedenen Rebsorten (zum Beispiel Riesling und Silvaner). Die Angaben auf dem Etikett beschränken sich auf Hinweise zum gesetzlich vorgeschriebenen Tafelweinnamen, Jahrgang und Erzeuger / Abfüller.

DIE WAHRHEIT

Etwas komplizierter ist es mit den Qualitätsweinen. Folgende Angaben sind auf dem Etikett gesetzlich vorgeschrieben:

1. Herkunftsbezeichnung
Bezeichnung des Anbaugebietes, aus dem der Wein stammt, zum Beispiel Baden. Beim Prädikatswein gehört der Bereich, aus dem der Wein kommt, dazu, zum Beispiel Markgräflerland.

2. Jahrgang
Das Geburtsjahr des Weines, wobei er zu 85% aus der Ernte des angegebenen Jahres stammen muß.

3. Engere Herkunftsbezeichnung
Engere Lage des Rebgeländes, aus dem der Wein stammt, zum Beispiel «Laufener Altenberg»

4. Rebsorte
Die Rebsorte darf genannt werden, wenn über 85% des Weines aus dieser Sorte stammen, zum Beispiel Gutedel.

5. Qualitätsstufe
Entweder ist Qualitätswein b. A. oder Qualitätswein mit Prädikat (Kabinett, Spätlese, Auslese, Beerenauslese und Trockenbeerenauslese). Qualitätswein b. A. und Qualitätswein mit Prädikat unterscheiden sich im Mindestmostgewicht und im Säuregehalt.

6. Geschmacksangabe
Trocken, halbtrocken oder keine Angabe. Im letzten Fall ist der Wein mit Süßreserve versetzt oder hat einen Restzuckergehalt. Für die Angabe «trocken» gilt der gesetzlich vorgeschriebene Restzuckergehalt bis höchstens 4 g pro Liter bzw. bei einem höheren Säureanteil im Wein höchstens 9 g pro Liter.

7. Amtliche Prüfungsnummer
Zum Beispiel A. P. Nr. 226/14/84. Die Qualitätsweine sind der amtlichen Weinprüfung unterzogen, die zwar umstritten, aber gesetzlich vorgeschrieben ist.

8. Erzeuger oder Abfüller
Wein aus eigenen Weinbergen des Winzers werden als «Erzeugerabfül-

lung», Kellereien werden als «Abfüller» gekennzeichnet, zum Beispiel Erzeugerabfüllung Wendelin Brugger, Weingut, 7811 Laufen.

Baden — Bereich Markgräflerland ———— zu 1

1983 ———— zu 2

Laufener Altenberg ———— zu 3

Gutedel · Kabinett ———— zu 4, 5, 6

Qualitätswein mit Prädikat ———— zu 5

0,7 l   A. P. Nr. 226/02/85 ———— zu 7

Erzeugerabfüllung Wendelin Brugger · Weingut 7811 Laufen ———— zu 8

Um angeblich keine weitere Verwirrung zu schaffen, sind zusätzliche Angaben auf dem Etikett gesetzlich nicht zugelassen. Im Sinne der Reinheit, Klarheit und Ehrlichkeit wären aber dringend weitere Kennzeichnungen nötig, sie würden den Weinbau insgesamt glaubwürdiger und durchsichtiger machen. Im Wein liegt die Wahrheit, nur ist sie nicht auf dem Etikett angegeben.

Denken Sie bei alledem, was über Wein und Weintrinken geschrieben wurde, daran, daß Sie stets Ihrem eigenen Geschmack folgen und den Wein trinken, der *Ihnen* schmeckt.

EINGEBROCKT & AUSGELÖFFELT
DIE SUPPE

Während Eintöpfe für uns schon immer eine solide Existenzberechtigung hatten, galt dies nicht für Suppen. Über ihnen schwebte neben dem offensichtlich unvermeidbaren Packungsgeschmack (Maggi-Geschmack?) immer das Odium des Anhängsels und Füllsels. «Die Suppe auslöffeln» verhieß nicht nur dem Struwwelpeter nichts Gutes. Von Knorr, Maggi und Fünf-Minuten-Terrinen kann man auch nicht die reine Freude erwarten.

Mit der Schlankheitswelle trocknete die Suppe ganz aus. Nun war sie endgültig festgelegt als «Appetitzügler», als dünnliche Kalorienentzugsvorrichtung, die fatal an destilliertes Wasser erinnerte. Satt zu machen, ohne zu sättigen – damit war der Biß weg. Dies war nicht immer so: die «Blutsuppe im alten Sparta» brachte Kraft und Energie, tödliche für den Gegner. Friedlicheres und Verheißungsvolleres assoziieren wir mit der Ursuppe. Damit bezeichnen Wissenschaftler jene brodelnde Atmosphäre aus Wasserstoff, Stickstoff, Sauerstoff, Aminosäuren und anderen Verbindungen, aus denen zu Urzeiten durch glückliche (Zusammen-)Fügung das erste Leben, der erste Zellkern entstand. Die Wahrscheinlichkeit dafür war nicht groß, aber die Ursuppe hatte eben auch Zeit, und etwas mehr Zeit als für eine Fünf-Minuten-Terrine braucht man auch heute noch, um eine gute Suppe zu kochen. Von den 85 000 Tonnen jährlich industriell produzierter Suppen wollen wir abraten, erst recht von den Dosensuppen mit ihrem unvertretbaren Verpackungsaufwand. Auch im Ernährungsbericht 1984 werden die vorgefertigten Suppen wegen ihres hohen Kochsalzgehalts ungünstig beurteilt.

Selbstgemachte Suppen sind wie ein Chamäleon, sie passen sich nahtlos Ihren Bedürfnissen an. Drei Sterne haben die grünen Suppen, wie die Kerbelsuppe, Sauerampfer- und Spinatsuppe verdient (s. S. 191), sie schmecken leicht (und sind auch leicht zu kochen) und heben den einzigartigen Geschmack der grünen Kräuter hervor. Eine Köstlichkeit wider die deutsche Einheitssuppe.

Auf der Basis von Rinder- oder Geflügelbrühe werden die Suppen herzhafter und reichen mit einer Gemüseeinlage als ansonsten fleischloses Mittagessen. Gleiches gilt für die Kartoffelsuppe (zusammen mit Zwiebelkuchen oder Pflaumenkuchen) oder die Zwiebelsuppe mit einer Quiche Lorraine. Am nahrhaftesten und auch für eine größere Anzahl von Hungrigen geeignet sind zweifelsohne die Eintöpfe. Auch wenn hier die Assoziation zu riesigen verkochten Erbseneintöpfen und Gulaschkanonen naheliegt, empfehlen wir dennoch Gemüseeintöpfe.

EINGEBROCKT & AUSGELÖFFELT

An selbstgemachten Suppen könnte man sich dick essen! So geht es vielen: Essen hat eine wichtige Ausgleichsfunktion; wenn man gestreßt, frustriert und schlechter Laune ist, kann man sich mit Essen wieder aufpäppeln, allerdings mit dem unerwünschten Nebeneffekt, daß man schnell zunimmt. Die Ärzte erklären den Unterschied so: Jeder Mensch verwertet das Essen und die damit zugeführte Energie auf seine Weise. Generell lassen sich zwei Verwertungstypen unterscheiden: die «Energieverschwender», die viel Nahrungsenergie in Wärme verwandeln und leichtlebig und schlankbleibend an die Umgebung abgeben, ja geradezu verprassen. Die «Energiesparer» legen überschüssige Nahrungsenergie in Fett an, als Schwimmring um die Hüften oder in einem Kugelbauchansatz, der ständig den Gürtel zu überlappen sucht.

DIÄT: GESUND ESSEN ODER KRANK HUNGERN?

Der Traum von der guten Figur hat Weiblein und Männlein ergriffen, gefragt sind Schlankmacher, Diätkuren und Appetitzügler. Nach der TV-Werbung («Nimmt den Hunger und die Pfunde») die Abendschau: Hungerkatastrophe in Afrika.
Die Gegenüberstellung ist nicht nur moralisch berechtigt, es existieren reale Beziehungen zwischen Überkonsum (Fleischkonsum) hier und Hungersnot (Export von Futter- und Nahrungsmitteln) dort, zwischen falscher Ernährung und Dicksein hier und mangelnder Ernährung und Hungern dort. Die 2,6 Milliarden DM, die in der Bundesrepublik jährlich fürs Schlankwerden ausgegeben werden (!), ließen sich sicher besser verwenden.
So bekommt «Gesund essen oder krank hungern» einen doppelten Sinn: Massentierhaltung hier, ökologischer Raubbau dort, und chemische Schlankmacher. Die Alternative: die Öko-Küche.

Mehr als 10 Millionen Packungen Schlankheitsmittel werden jährlich in der Bundesrepublik verkauft. Für das meistverkaufte Schlankheitsmittel *Recatol* wird mit der Behauptung geworben, eine Pille am Morgen, und schon sei der Hunger weg. Dafür können die Nebenwirkungen kommen: Herzklopfen, Herzrhythmusstörungen, psychomotorische Erregungszustände, Zittern, Abhängigkeit, Entzugserscheinungen u. a. mehr. Andere Appetitzügler haben vergleichbare Nebenwirkungen, in Schweden sind die meisten Präparate verboten. In dem Medikamentenreport «Bittere Pillen» heißt es für die Schlankheitspillen Recatol, Schlank – Schlank EB 2000, Boxogetten, Tenuate, Mirapront N und Antiadipositum X-112 jedesmal: «Abzuraten. Zweifelhafte therapeutische Wirksamkeit. Hohes Risiko an Nebenwirkungen.»

Allzu gesund hört sich das nun wirklich nicht an, aber «Dick sein» soll ja auch ungesund sein. Was kann man denn da noch machen? Dick sein ist verpönt: es entspricht nicht dem schlanken Idealbild, der guten Figur unserer Gesellschaft, und zudem kann Übergewicht nachgewiesenermaßen eine Reihe Krankheiten verursachen oder begünstigen: Herz- und Kreislaufkrankheiten, Bluthochdruck, Arteriosklerose, Fettleber, Diabetes, Gicht, Gelenkerkrankungen. So weit, so schlecht. Bleibt nur die Frage: *Was ist Übergewicht? Und was Normal- bzw. Idealgewicht?*

Als Normalgewicht gilt das Maß: Körperlänge (in Zentimetern) minus Hundert (zum Beispiel dürfte ein 180 cm großer Mensch danach 80 kg wiegen). Für das Idealgewicht müssen bei den Männern noch 10 Prozent abgezogen werden (im Beispiel 8 kg, Idealgewicht somit 72 kg), bei Frauen gar 15 Prozent. Nun muß es immer mißtrauisch machen, wenn 60 Millionen verschiedene Menschen in ein statistisches Einheitsmaß gezwängt werden sollen. Und tatsächlich ist an diesen Berechnungen einiges faul: Das *Normalgewicht* hat im 19. Jahrhundert Paul Broca, ein französischer Rassist, aufgestellt. Mit seinen Berechnungen wollte er nachweisen, daß es in Frankreich zwei Rassen gäbe: die hochwertigen Kelten (groß) und die minderwertigen Kymrier (klein). Ums Gewicht ging es ihm gar nicht, und ob die Erhebungen aus dem 19. Jahrhundert aus Frankreich auf die heutige Zeit und alle Mitteleuropäer übertragen werden können, darf mit Fug und Recht bezweifelt werden. Während das Normalgewicht also auf einer rassistischen Studie fußt, entspringt das *Idealgewicht* einer kapitalistischen Studie, genauer der «wissenschaftlichen» Arbeit eines amerikanischen Lebensversicherungskonzerns, den vor allem eines interessierte: wer kostet die Versicherung am wenigsten Geld, sprich: wer lebt am längsten? Abgesehen von dem Dollar-Motiv wäre die Fragestellung ganz interessant, aber leider strotzt die Studie von schweren logischen und statistischen Fehlern, so daß sie in der Form nicht haltbar ist.

EINGEBROCKT & AUSGELÖFFELT

Aktuellere medizinische Untersuchungen über den Zusammenhang zwischen Gesundheit und Gewicht zeigen, daß die Lebenserwartung am größten ist, wenn das Körpergewicht 20 bis 30 Prozent (je nach Geschlecht) über (!) dem Idealgewicht liegt. Bei Überschreitung des Idealgewichts um mehr als 30 Prozent erhöht sich das Risiko für die umseitig beschriebenen Krankheiten.

So bleibt Ihnen nur eines: am besten unterbrechen Sie kurz das gleichmäßig knaffelnde Kauen von Salzstangen und Erdnüssen und «horchen» in Ihren Körper hinein. Wenn Sie sich gesund fühlen, kann Ihr Gewicht nicht allzusehr daneben liegen! Aber wenn Sie nach der Sportschau oder der Kaffeerunde Mühe haben, sich aus dem Sessel zu heben, ist das vielleicht «normal», aber keineswegs ideal! Wenn Sie der Wunsch nach «Schlankwerden» packt, sollten Sie ihm nachgeben. Schauen Sie sich noch die Werbesendung im Fernsehen über Appetithemmer und Schlankheitskuren an und vergessen Sie alles möglichst schnell.

Die Zeitschrift *natur* hat eine Untersuchung über 30 Schlankheitskuren durchgeführt. Wichtigstes Ergebnis aus unserer Sicht:

- viele Diät-Kuren schaden der Gesundheit
- fast alle bringen nur vorübergehenden Erfolg, entscheidend wäre aber der Langzeiterfolg («in 20 Tagen 15 Pfund abgenommen», aber dann in 200 Tagen wieder 30 Pfund draufgelegt...)
- am meisten speckt die Brieftasche ab
- entscheidend ist eine Verhaltensänderung: nur wenn man es schafft, falsche Ernährungsweise und Ernährungsverhalten auf Dauer zu ändern, wird das jeweils guttuende Gewicht erreicht.

Genau das aber fordert die ökologische Ernährung: wer bewußt lebt, Lebensmittel bewußt auswählt, kocht und ißt, wird kaum Probleme mit Überernährung haben. Nicht von ungefähr heißt Diät (das sich von dem griechischen «diata» herleitet) eigentlich: *«Lebensweise»*. So muß es statt «FdH» («Friß die Hälfte») eigentlich «Lö» heißen: Lebe ökologisch! Wenn Sie sich so ernähren, wie wir es in unserem Buch vorschlagen, werden Sie kaum Probleme mit Übergewicht bekommen.

Sicher denken Sie bei Diät und Abnehmen auch an Fasten, aber eigentlich dient Fasten weniger der Gewichtsabnahme als der Entschlackung und dem Wieder-Erleben des eigenen Körpers.

FASTEN

Der Ökokoch fastet – gerade weil er so gerne ißt und trinkt. Wer ein guter Futterverwerter ist, setzt bei normaler Kost immer wieder zu. Wochen nur mit *Brigitte*-Diät zu leben, ist auch nicht jedermanns Sache. So liegt es nahe, durch Fasten abzuspecken. Nach einer Woche Fasten verliert man schon einige Kilo, doch es ist wie bei allen diesen Abmagerungspraktiken: nach mehreren Wochen hat man die Pfunde wieder drauf. Warum also fasten? Fasten ist für den menschlichen Körper eine gute Methode zur Entschlackung und Entgiftung. Der Organismus kann sich erholen und kräftigen. Fasten ist vor allem auch ein ganz besonderes Erlebnis, denn man lebt tatsächlich aus sich selbst heraus. Nach zwei Tagen Fasten entwickeln sich die Geruchs- und Geschmackssinne viel stärker. Man riecht viel intensiver.
Wer fastet, hungert nicht. Fasten heißt nicht, am Tag weniger zu essen, sondern gar nichts zu essen. Sie können sich vielleicht gar nicht vorstellen, daß Sie das durchhalten: eine Woche lang gar nichts essen. Es geht, sie verspüren nicht einmal mehr Appetit auf Essen. Sie haben auch kein Hungergefühl mehr.
Wer es nicht selbst erlebt hat, mag es am Anfang gar nicht glauben. Der Versuch lohnt. Fasten schaltet unseren Körper auf Brennstoffzufuhr von innen. Er holt sich die Brennstoffe aus unseren Depots. Beim Fasten sollten Sie sehr viel trinken, Mineralwasser zum Beispiel. Bevor Sie allerdings fasten, lassen Sie sich bitte ärztlich untersuchen, denn möglicherweise dürfen Sie nur unter ärztlicher Überwachung fasten. Wenn Sie eine Woche fasten, sollten Sie sich Urlaub nehmen. In den ersten zwei Tagen ist die Umstellung schon etwas anstrengend, und in den folgenden Tagen sind Sie zwar hellwach – Sie brauchen viel weniger Schlaf –, doch in allem sind Sie etwas langsamer. Es ist ratsam, am Tage mehrere Ruhepausen einzulegen. Sie frieren auch leicht und sollten sich deshalb immer warm anziehen. Fasten und arbeiten läßt sich zwar vereinbaren, doch ist eine Fastenwoche im Urlaub viel besser geeignet, auch Zeit zu haben, um über sich selbst nachzudenken.
Nach ein paar Tagen stellt sich ein ganz neues Hochgefühl ein. Das ist die Zeit der guten Vorsätze.

Wenn Sie gesund sind, müssen Sie zum Fasten nicht in eine Klinik oder ein anderes teueres Fasten-Unternehmen. Fasten ist billig: viel Sprudel, Saft, Glaubersalz, und schon können Sie mit dem Fasten beginnen.

Es ist gut, in Gemeinschaft zu fasten. Gerade am Anfang ist es leichter: Sie können Ihre Träume, Ihre neuen Geruchserlebnisse austauschen und finden Verständnis und Halt. Wenn einer schwankend wird, kann der andere ihn stützen. Sie werden sich vor dem ersten Fasten fragen, ob das Fasten Sie nicht überfordert, besonders dann, wenn Sie gerne essen. So ging es uns auch. Man glaubt es erst, wenn man es gemacht hat. Nach dem ersten Tag können Sie ohne große Anstrengung fasten, weil Sie nicht mehr hungrig sind, Sie haben einfach kein Hungergefühl, und deshalb können Sie an Tischen mit herrlichen Braten, Salaten, Kuchen vorbeigehen, Sie riechen alles intensiv, doch Sie wollen gar nichts essen. Probieren Sie es doch einmal.

Bereiten Sie die Fastenwoche vor und denken Sie in dieser Zeit darüber nach, wie Sie Ihren Speiseplan in Zukunft umstellen. Wenn Sie etwas mehr Vollkorn, Rohkost und weniger Fleisch essen wollen, ist eine Fastenwoche eine ideale Zäsur. Es wird Ihnen gut schmecken, und Sie brauchen dann erst einmal nur kleine Portionen – und bei Vollwertkost wird es dann bei kleinen Portionen bleiben. Nach dem Fasten wachsen die Pfunde also nicht wieder zu, jedenfalls nicht so sehr wie zuvor. Nach dem Fasten sollten Sie mit dem Essen vorsichtig und in kleinen Portionen beginnen: zum Beispiel Suppen!

SUPPEN

Wenn Sie es sich angewöhnt haben, Suppe aus der Tüte zu rühren oder, teurer, aber nicht viel besser, aus einer Dose (sehr verpackungsaufwendig!) aufzuwärmen, haben Sie auf ein schönes Erlebnis bislang verzichtet: den Geschmack einer echten Suppe. Lassen Sie die Tüten im Regal und probieren Sie, wie herrlich eine grüne Suppe schmeckt. Grundlage ist eine Brühe, selbstgekocht natürlich. Wie das geht, lesen Sie im Kapitel über Brühen.

KERBELSUPPE

1 Bund Kerbel *1 Eigelb* (pro Person)
1 Schalotte *weißer Pfeffer*
1 TL Butter *Muskatblüte oder Muskatnuß*
etwas Sahne *Salz*

Während die sehr fein gehackte Schalotte mit einer Muskatblüte oder etwas geriebenem Muskat in der Butter im Topf glasig wird, waschen Sie den Kerbel, trocknen ihn und wiegen ihn sehr fein. Nehmen Sie nicht die Stengel. Der feingewiegte Kerbel kommt in den Topf und wird einmal gut umgerührt und dann mit siedender Brühe, am besten Geflügelbrühe, aufgegossen. Er muß dann noch etwa 10 Minuten leicht köcheln. Verquirlen Sie das Eigelb mit etwas Sahne und rühren Sie beides in die Suppe, sobald sie vom Herd genommen ist.
Mit denselben Zutaten wie bei der Kerbelsuppe wird die

SAUERAMPFERSUPPE

bereitet: Hier nehmen Sie anstelle des Kerbels *Sauerampfer*. In Restaurants wird einem oft eine Rahmsuppe mit ein paar Sauerampferblättchen serviert, die meist nur den Geschmack einer Sahnesuppe hat. Unsere Sauerampfersuppe wird schön grün und schmeckt leicht säuerlich.
Solange es frischen Spinat gibt, können Sie die

SPINATSUPPE

kochen. Rechnen Sie etwa 100 g Spinat pro Person. Entfernen Sie die Stiele und waschen Sie den Spinat gründlich. Währenddessen haben Sie einen Topf mit leicht gesalzenem Wasser zum Sieden gebracht. Blanchieren Sie jetzt den Spinat. Nehmen Sie immer nur soviel, wie Sie

je nach Größe des Topfes bearbeiten können. Der Spinat darf praktisch nur ein paar Sekunden im Wasser bleiben. Mit dem Schaumlöffel herausheben und in einem Sieb abtropfen lassen.
Während in einem Teelöffel Butter eine Schalotte und eine zerdrückte Knoblauchzehe dünsten, hacken Sie den Spinat mit einem großen Messer oder einem Beil auf einem großen Holzbrett. Wenn die Schalotte glasig ist, gießen Sie mit siedender Brühe auf und fügen den Spinat hinzu. Mit Muskatnuß würzen. Ein Eigelb mit etwas Sahne verquirlt unterziehen, sobald die Suppe vom Herd genommen ist.
Haben wir den vorher beschriebenen Rezepten die Gemüse der Suppe beigegeben, können Sie auch Karotten, Sellerie, Blumenkohl usw. erst mit Schalotten und etwas Butter vorsichtig anbraten und mit der heißen Brühe übergießen. Merken Sie den Geschmacksunterschied? Damit sich die Suppen auch optisch immer wieder anders darbieten, können Sie die Gemüse auch einmal in ganz feine Streifchen oder dünne Scheiben schneiden.

SUPPEN MIT GEMÜSE

sind ein gutes Abendessen, wenn Sie im Suppentopf geröstetes Brot (kein Toastbrot), etwas gebuttert, anrichten und die fertige Suppe darübergießen und mit geschlossenem Deckel ein paar Minuten ziehen lassen. Diese Suppen können Sie noch variieren, indem Sie die Gemüse nicht in Butter, sondern in kleinen Speckwürfeln andünsten.
Das Brot können Sie auch mit geriebenem Käse (selbstgeriebenem Gruyère oder Parmesan) gratinieren. Dazu werden die dünngeschnittenen Brotscheiben auf ein Backblech gelegt, mit dem geriebenen Käse bestreut und im heißen Backofen gratiniert. Diese Art der Zubereitung ist bei uns bekannt für die

ZWIEBELSUPPE

Ein Pfund Zwiebeln werden geschält und in dünne Scheiben geschnitten. In einem Topf mit einem Eßlöffel Butter und einem Eßlöffel Olivenöl anbraten, bis sie goldgelb werden.
Statt nun die Zwiebeln mit Mehl zu bestäuben und mit Wasser aufzugießen, sollten Sie lieber vorher eine Gemüsebrühe (siehe S. 199) zubereiten und damit aufgießen. Etwa eine Viertelstunde köcheln lassen und dann ein Gläschen trockenen Gutedel oder Riesling zugießen, mit frisch gemahlenem weißen Pfeffer und Salz abschmecken.
Wenn Sie die Zwiebelsuppe nicht mit einer Gemüsebrühe aufgießen, so sollten Sie dennoch auf das Mehl verzichten. Die glasigen Zwiebeln gießen Sie mit Wasser auf, geben ein Kräutersträußchen hinzu und bringen alles über mittlerer Hitze zum Sieden. Sie sollten 30 Minuten köcheln lassen, den Kräuterstrauß herausnehmen und die Hälfte der Zwiebeln durch ein feines Sieb passieren. Damit können Sie die Suppe ohne Mehl andicken. Eine ofenfeste Form legen Sie mit Brot aus, streuen darüber etwas geriebenen Gruyère, füllen die Suppe auf und streuen geriebenen Gruyère auch noch auf die Suppe. Im vorgewärmten heißen Ofen alles überbacken, bis der Käse goldgelb geschmolzen ist. Nach Geschmack mit einem Gläschen Madeira abschmecken.
Eine Mehlschwitze bildet meist die Grundlage für gebundene Suppen.

Auf das Mehl läßt sich jedoch gut verzichten, wenn Sie das Gemüse pürieren. Der Geschmack ist auch viel besser und nicht vom Mehl verdeckt. Sie müssen dann jedoch etwas mehr Gemüse nehmen als in den Rezepten angegeben. Wenn Sie festkochendes Gemüse wie Möhren oder Rübchen pürieren, sollten Sie noch ein paar mehlig kochende Kartoffeln hinzufügen. Die Suppen werden mit einem mit etwas Sahne verquirlten Eigelb zum Schluß legiert. Probieren Sie auch selbst, zu welcher Suppe ein kleiner Schuß trockener Riesling paßt, beispielsweise bei der Champignoncreme. Seien Sie mit Sahne und Butter sparsam. Wenn Ihnen die Suppe nicht samtig genug ist, können Sie immer noch mit einem Teelöffel Speisestärke binden. Dazu ein Beispiel:

KARTOFFELSUPPE

500 g mehligkochende Kartoffeln
2 Lauchstangen
1 Zwiebel
1 Schalotte
100 g durchwachsener,
   geräucherter Speck

Salz, Pfeffer
Muskat
süße Sahne
Petersilie
zur Würze entweder Majoran
   oder Kerbel

Den feingewürfelten Speck im Topf auslassen, die gehackte Zwiebel und Schalotte hinzu und mit dem streifig geschnittenen Lauch anbraten. Die in Würfel geschnittenen Kartoffeln zugeben und mit der Wasser-, besser Rinderbrühe aufgießen. Alles etwa 20 Minuten kochen lassen. Die Hälfte der Suppe pürieren und zurückgießen und mit Majoran oder Kerbel würzen. In die vom Feuer genommene Suppe zwei Eßlöffel dicke Sahne (Crème fraîche) rühren und mit Petersilie bestreuen.
Die Suppe können Sie mit feinen Karottenstreifchen, mit gebratenen Pilzen oder mit Brotwürfeln garnieren.

BOHNENSUPPE

Kleine weiße Bohnen (oder auch rote Bohnen) über Nacht einweichen. Mit Schweinsfüßchen und einem Stück Geräuchertem, gehackter Zwiebel, Sellerie, Möhren, Lorbeerblättern aufsetzen und ein bis zwei Stunden köcheln lassen. Nach zwei Stunden gewürfelte Kartoffeln zugeben und mit schwarzem Pfeffer abschmecken.
Diese Bohnensuppe können Sie variieren: Sie können die Zwiebeln anbraten und zum Schluß zugeben, Tomaten (enthäutet und entkernt) statt der Kartoffeln zufügen, mit Petersilie garnieren, mit Knoblauch würzen usw.
In gleicher Weise können Sie getrocknete gelbe oder grüne Erbsen verarbeiten. Nehmen Sie dazu die ungeschälten Erbsen. Erbsensuppe können Sie mit Estragon würzen oder mit etwas Liebstöckel. Sie können die Erbsensuppe auch mit gerösteten Brotwürfeln garnieren und vielfältig abwandeln, beispielsweise mit Essig abschmecken.

PÜRIERTE GEMÜSESUPPE

Dünsten Sie einige gebürstete Kartoffeln (mehligkochend) in der Schale, Karotten, Zwiebeln, Knoblauch und andere Gemüse nach Jahreszeit in etwas Wasser. Der Topf soll allenfalls drei Fingerbreit Wasser enthalten. Wenn das Gemüse gar ist, Kartoffeln pellen und alles pürieren. Lauch in feine Streifen schneiden. Mit der Gemüsebrühe aufgießen, salzen, pfeffern und mit Muskat abschmecken. Reichlich süße Sahne einrühren und kurz aufkochen lassen. Mit gehackter Petersilie garnieren.
Wandeln Sie diese Suppe ab, indem immer ein anderes Gemüse den Ton angibt. Bitte nicht mit Liebstöckel würzen – oder Hefe-Extrakt. Die Maggiflasche haben Sie ja schon in den Müll gegeben.

TOMATENSUPPE

500 g vollreife Tomaten
1 Schalotte
1 Knoblauchzehe
1 TL Butter
Wasser oder Rinderbrühe
etwas saure Sahne
Pfeffer
1 Prise Zucker
Salz

Die Tomaten kreuzweise einschneiden, mit kochendem Wasser überbrühen, häuten. Entfernen Sie Stielansatz und Kerne und pürieren Sie das Fleisch. Die feingehackte Schalotte und den gepreßten Knoblauch mit der Butter glasig braten und mit etwas heißer Rinderbrühe ablöschen. Geben Sie die Tomaten hinzu und lassen Sie die Suppe etwa 15 Minuten leicht köcheln. Den Topf vom Feuer nehmen, etwas Sahne unterziehen und mit schwarzem Pfeffer, einer Prise Zucker, Salz abschmecken. Wenn die Suppe in die Teller gefüllt ist, garnieren Sie die Teller noch mit einem Kerbel- oder Basilikumblatt.

DAS GRUNDGESETZ
DIE BRÜHE

Was kann man mit Brühen nicht alles anfangen? Sie sind die Grundlage für eine Vielzahl feiner Suppen, die meist mit nur geringem Aufwand hergestellt werden können, denn die Basis ist bereits vorhanden: eine kräftige Brühe.

Viele dieser leichten Suppen eignen sich besonders gut zum Abendessen. Das bringt Abwechslung in die kalte Küche. Die deftigeren Suppen sind eine volle Mittagsmahlzeit. Wir haben nur einige Rezepte aufgeschrieben, die Ihnen das Prinzip des neuen Suppenkochens zeigen. Vergessen Sie die 5-Minuten-Terrine, brocken Sie sich die Suppe wieder selbst ein.

RINDERBRÜHE

500 g Rindfleisch (Bug, hohe Rippe)
500 g Rinderknochen
Markknochen
2 große Zwiebeln
1 Stange Lauch

2 Mohrrüben
2 Petersilienwurzeln
1 frischer Thymianzweig
1 Knoblauchzehe
2 Lorbeerblätter
schwarzer Pfeffer, Salz

Fleisch und Knochen (zur Abwechslung mit einem Kalbsfuß) in einen großen Suppentopf geben und gut auffüllen. Langsam erhitzen bis zum Sieden, dann herunterschalten und zwei bis drei Stunden leicht köcheln lassen. Den aufgestiegenen Schaum immer wieder abschöpfen. Die Brühe salzen, das gewaschene und geputzte Gemüse grob schneiden und mit den Gewürzen hinzugeben; noch 30 bis 40 Minuten leicht köcheln lassen. Dann wird die Brühe durch ein Sieb abgegossen. In der «feinen» Küche werden Fleisch und Gemüse weggeworfen. Uns ist das zu schade und zu unfein: wir verwenden beides als Einlage. Zur Variation einen Schuß Portwein, Madeira oder Sherry zugeben.
Zur geschmacklichen Veränderung dieser Brühe können Sie 500 g Hühnerklein oder Lamm und Schwein mitkochen. Wenn Ihnen die Brühe nicht klar genug ist, können Sie in einem Topf zwei Eiweiß aufschlagen, die kalte Brühe hinzugießen und dann aufkochen lassen. Diese Brühe gießen Sie durch ein in warmes Wasser angefeuchtetes und gut ausgewrungenes Tuch.

An dieser Brühe werden Sie den feinen Fleischgeschmack entdecken, wie ihn keine gekörnte Brühe, kein Fleischwürfel, selbst nicht ein guter Fleischextrakt erzielen kann. Die Fleischbrühe bildet nicht nur die

DAS GRUNDGESETZ

Grundlage vieler Suppen, sie ist zugleich die Basis der meisten feinen Soßen und praktisch immer zu gebrauchen. Nehmen Sie beim Dünsten von Gemüse statt Wasser ein wenig Fleischbrühe. Es ist gar nicht schwer, die nötige Fleischbrühe zur Hand zu haben: kochen Sie einmal in der Woche einen großen Topf Brühe. Er hält sich – kühl gestellt – ein paar Tage.

Die Brühe können Sie beliebig variieren: mit anderen Gemüsen (Tomaten schälen), Kräuter (Liebstöckel erinnert Sie an die Vergangenheit der Maggisuppen), mit verschiedenen Fleischsorten, doch nie die Knochen vergessen. Wenn sie zu fett sind, können Sie von der kalten Suppe Fett abschöpfen, aber etwas für den Geschmack übriglassen. Es ist selbstverständlich, daß diese Brühe nicht mehr mit Maggi abgeschmeckt wird.

Eine solche Brühe wird zur Hauptmahlzeit, wenn Sie die Brühe mit ein paar festkochenden Kartoffeln und Gemüsen anreichern, die gerade frisch auf dem Markt sind. Oder mit Markklößchen:

MARKKLÖSSCHEN

50 g Rindermark waschen, trocknen und hacken.
Mit einem Eigelb, einem Eßlöffel Quark, feingewiegter Petersilie, geriebener Muskatnuß und einer Prise Salz gut durcharbeiten. Ein Eiweiß fest schlagen und unterheben. Den Teig eine halbe Stunde kühl ruhen lassen und dann mit zwei Teelöffeln Klößchen abstechen und in die siedende Brühe geben. Dann nur noch sieben Minuten leicht köcheln lassen. Markklößchen können Sie mit anderen Gewürzen variieren.

FLÄDLESUPPE

Die Flädlesuppe ist schon eine volle Mahlzeit, wenn Sie die Brühe mit etwas Fleisch anreichern. Nehmen Sie pro Person 100 g mageres Rindfleisch (hohe Rippe), schneiden Sie es in kleine Würfel und geben Sie die Würfel in die siedende Brühe. Je nachdem, wie groß Sie die Würfel schneiden, ist das Fleisch in 15 bis 30 Minuten gar. In der Zwischenzeit schneiden Sie die dünnen Pfannkuchen in feine Streifen, die der Suppe beigegeben werden, wenn sie vom Feuer genommen wird. Die Pfannkuchen können Sie auch mit frischen Kräutern zubereiten und in eine Geflügelbrühe geben. So lassen sich Pfannkuchenreste verwerten.

Die *Geflügelbrühe* stellen Sie nach demselben Rezept her. Sie brauchen nur ein richtiges Suppenhuhn (vorher das Fett aus dem Bauch nehmen). Die Hühnerhaut ist nicht genießbar, aber das Fleisch gibt eine gute Einlage oder dient – durch den Fleischwolf gedreht – zum Eindicken einer Cremesuppe (mit süßer Sahne und Eigelb abschmecken).

GEMÜSEBRÜHE

1 kleine Sellerie
4 Karotten
2 Tomaten
1 Zwiebel
1 Schalotte
2 Lorbeerblätter

2 Nelken
schwarze Pfefferkörner
1 Knoblauchzehe
Salz
Petersilienwurzeln oder -stengel
Thymianzweig und Basilikum

Die Gemüse werden geputzt und in Stücke geschnitten. Die Tomaten häuten Sie und entfernen Stielansatz und Kerne. Kochen Sie alles mit einem Liter Wasser auf und lassen Sie es eine Stunde köcheln. Die Brühe wird durch ein Haarsieb passiert und hat eine leicht sämige Konsistenz.

SCHWABENGLÜCK & HIRSEBREI

NUDELN & GETREIDEGERICHTE

Während konventionelle Esser an ihrer Vorliebe für Fleisch zu erkennen sind, hängen die «Müsli- und Körnerfresser» ihrem merkwürdigen Getreidekonsum an (ein Hinweis: Vollkornbrot macht Wangen rot). Normalsterbliche kennen Getreide vielleicht noch als wogende Weizen-, Roggen- oder Gerstenfelder, ansonsten nur als weißes Mehl, Brot und Nudeln.

GETREIDE

Ganz Kluge können noch die Haferflocken als arg geplättete Haferkörner identifizieren. Die latzhosigen Müsli aber kaufen nicht nur in altertümlich aussehenden Läden mit merkwürdigen Namen wie «Kornhaus» oder «Kornblume», sondern essen auch noch (Getreide-) Körner. Das haut dem Korn die Schale ab. Und sie mahlen die Körner auch noch selber. Zurück in die Steinzeit!?
Tatsächlich ist der Getreideanbau sehr alt, Getreide wurde wohl schon mit Beginn des Ackerbaus aus Wildformen von Gräsern kultiviert. Ursprünglich wurde es erst unmittelbar vor der Weiterverwendung zerstoßen, gemahlen und zu Fladen gebacken oder zu Brei oder zu Suppe gekocht. Aber schon bei den Römern und Griechen fing die Unsitte an, Getreide auszusieben, um helleres und feineres Mehl zu gewinnen. Im 16. Jahrhundert trieb es dann der französische Adel auf die Spitze und ließ aus feinstausgemahlenem Weizenmehl «Herrenbrot» backen. Da war man im Mittelalter vernünftiger und aß Vollkornroggenbrot. Im Gefolge der Französischen Revolution wollte jedoch auch das Volk «Herrenbrot» essen, der Weizen verdrängte den Roggen.
Mit der Industrialisierung wurden die Mühlen verbessert, Mehl konnte immer feiner ausgemahlen werden. Es wurde nahezu unbegrenzt lagerfähig und gleichzeitig unglaublich wertlos. Und so ist es bis heute geblieben.
Zurückgeblieben ist hauptsächlich Stärke aus dem Korninneren.

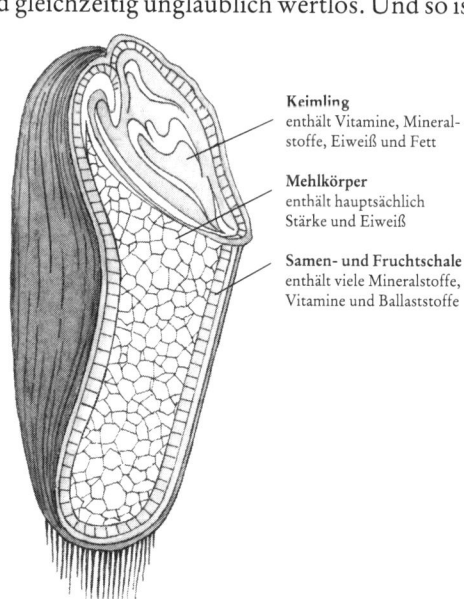

Keimling
enthält Vitamine, Mineralstoffe, Eiweiß und Fett

Mehlkörper
enthält hauptsächlich Stärke und Eiweiß

Samen- und Fruchtschale
enthält viele Mineralstoffe, Vitamine und Ballaststoffe

SCHWABENGLÜCK & HIRSEBREI

Auch die Ballaststoffe (vgl. S. 37) wurden weitgehend entfernt. Die folgende Tabelle zeigt den Unterschied in den Inhaltsstoffen zwischen feingemahlenem Mehl, das wesentlich geringere Mineralstoff- und Vitamingehalte aufweist, und Vollkornmehl.

Vitamin- und Mineralstoffgehalt von Weizen und Weizenmehlen
in Abhängigkeit vom Ausmahlungsgrad (in mg pro 100 g) – (Souci u. a. 1962 – 1979)

	ganzes Korn	Type 405	Verlust in Prozent
Carotin	0,23	0,06	74
Thiamin (Vit. B_1)	0,48	0,06	88
Riboflavin (Vit. B_2)	0,14	0,03	79
Nicotinamid	5,1	0,7	86
Pantothensäure	1,18	0,21	82
Pyridoxin (Vit. B_6)	0,44	0,18	59
Biotin	0,006	0,0015	75
Tocopherol (Vit. E)	3,2	2,3	28
Natrium	7,8	2	74
Kalium	502	108	78
Kalzium	43,7	15	66
Eisen	3,3	1,95	41

Nach: von Koerber, Männle, Leitzmann: «Vollwerternährung», Heidelberg 1981.

Die Inlandsverwertung von Getreide wurde von 1960 bis 1980 von 18 auf 25,5 Millionen Tonnen gesteigert, allerdings bedingt durch die Steigerung von Weizen als Futtermittel für Tiere (Anteil 79 Prozent), die für die Lebensmittel verwendete Menge blieb praktisch konstant bei 5,4 Millionen Tonnen (Anteil nur 21 Prozent).

Alte Getreidesorten wie Dinkel und Hirse oder Buchweizen sind heute bedeutungslos. Viele Ortsnamen wie Hirsau, Hirsingen, Dinkelacker u. a. weisen noch auf ihren Anbau hin. Die Verdrängung von Buchweizen und Dinkel ist weniger eine Geschmacksfrage gewesen als vielmehr konsequentes Ergebnis der Ausrichtung unserer Lebensmittelproduktion auf Intensivlandwirtschaft und Lebensmittelindustrie: Buchweizen und Dinkel sind zwar ernährungsphysiologisch wertvoll, bringen aber auch bei erhöhten (Kunst-)Düngergaben keine höheren Hektarerträge. Im Gegenteil: Überdüngung treibt bei Buchweizen das Blattwerk hoch und läßt die Körner verkümmern. Weizen ist ertragsfreundlicher, wenngleich wieder empfindlicher gegenüber Krankheiten (im Gegensatz zu Dinkel und Buchweizen). Aber hierfür gibt's ja Pestizide ...

Rund 80 Prozent des Getreides werden verfüttert, und nur 20 Prozent werden direkt für Lebensmittel verwertet. Keine Frage, daß für die Lebensmittelindustrie das Auszugsmehl von Vorteil ist: es läßt sich bequem und lange lagern – im Unterschied zum Vollkornmehl. Das «normale» Mehl, das wir im Supermarkt kaufen, ist weitgehend «unnormal», nämlich völlig denaturiert. Wesentliche Inhaltsstoffe wie Vitamine und Mineralstoffe sind beim Mahlen entfernt worden. Den Ausmahlungsgrad und damit die Qualität des Mehls erkennen Sie an der Typenbezeichnung. Sie gibt an, wieviel mg Mineralstoffe in 100 g Mehl enthalten sind (genau: wieviel mg unverbrennbare Mineralstoffe bei einer Verbrennungsanalyse von 100 g Mehl als «Asche» zurückbleiben). Je höher die Typenzahl, um so höher Mineralstoff- und Vitamingehalt, je niedriger die Typenzahl, um so wertloser ist das Mehl aus ernährungsphysiologischer Sicht. Der Ausdruck «ausgemahlenes Mehl» sagt eigentlich gar nichts aus, interessant ist, ob das Mehl niedrig ausgemahlen (also schlecht) ist oder ob es hoch ausgemahlen oder

GETREIDE SELBER MAHLEN

Vollkornmehl verliert, wenn es einmal gemahlen ist, an Qualität. Das betrifft vor allem Vitamine, ungesättigte Fettsäuren und Aromastoffe. Nach etwa 14 Tagen kann es ranzig werden. Am besten ist also frisch gemahlenes oder geschrotetes Getreide. Die beste «Lagerform» für Getreide ist das ganze Getreidekorn, das bei richtiger Lagerung gut ein Jahr ohne Qualitätsverluste bleibt.

Um die Wahl der «richtigen» Getreidemühle toben ideologische Grabenkämpfe. Die einen schwören auf ein Mahlwerk aus Naturstein, die anderen auf Stahl, die einen auf Handbetrieb, die anderen preisen die bequemen elektrischen Mühlen. Wir halten dies alles für weniger wichtig. Wichtig ist, daß überhaupt frisch geschrotet und gemahlen wird. Dafür müssen Ihre individuellen Bedürfnisse und Preisvorstellungen erfüllt werden. Die Verbraucherzentrale Hamburg hat eine ausgezeichnete Zusammenstellung über Getreidemühlen herausgebracht:

Verbraucherzentrale Hamburg
Große Bleichen 23
2000 Hamburg 36
«Getreidemühlen», Preis 3 DM.

Sie müssen entscheiden, ob Sie viel oder wenig mahlen, eher schroten (fürs Müsli) oder eher fein mahlen (häufiges Backen), bereits eine Küchenmaschine haben, an die sich ein Mahlvorsatz anschließen läßt usw.

Daneben sollten Sie folgendes beherzigen:
• das Getreide muß *trocken* und *luftig* (Jute- oder Leinensäcke) gelagert werden
• die Lagertemperatur sollte nicht über 20 °C liegen, Gemahlenes sollte möglichst bald aufgebraucht werden
• achten Sie darauf, daß kein «Mutterkorn» (giftiger, kornähnlicher Pilz von schwarzblauer Farbe) im Getreide enthalten ist. Er kommt vereinzelt vor. Wie Untersuchungen belegen, gibt es insoweit aber *keine* Unterschiede zwischen biologischem und konventionellem Getreide. Im Gegenteil, durch das Mahlen zu Hause haben Sie die Möglichkeit einer zusätzlichen Kontrolle – mit eigenen Augen!

voll ausgemahlen (Vollkornmehl) ist. 90 Prozent Ausmahlungsgrad bedeuten, daß 90 Prozent des Korns letztlich vermahlen wurden, 100 Prozent bedeuten, daß das ganze Korn vermahlen wurde. Das ist gesundes Mehl.
Das Weißmehl mit der Typennummer 405 hat nur noch einen Ausmahlungsgrad von 40 Prozent und enthält hauptsächlich Stärke, Weizenmehl 550 hat einen Ausmahlungsgrad von 69 Prozent. Das in der Bundesrepublik angebotene Weizenmehl besteht fast nur aus dem minderwertigen Mehl der Typen 405 und 550.

Vom *Ausmahlungsgrad* zu unterscheiden ist der *Feinheitsgrad*, der nur besagt, wie fein das Korn zermahlen wurde:
- Schrot (sehr grob gemahlen)
- Grieß
- Dunst (Feingrieß)
- Mehl (sehr fein gemahlen).

Vollkornmehl kann man kaufen oder selber mahlen. Am Anfang ist es sicherlich einfacher und bequemer, Vollkornmehl zu kaufen, mit der Zeit und vor allem, wenn Sie das Getreide nicht nur zum Backen nutzen, wollen Sie es vielleicht auch selber mahlen.

SCHADSTOFFBELASTUNG VON GETREIDE

Schadstoffe wie zum Beispiel Schwermetalle reichern sich in den Randschichten von Getreidekörnern an. Dabei kann die Belastung je nach Art, Standort und Anbau des Getreides unterschiedlich hoch sein. Weizen enthält beispielsweise mehr Cadmium als Roggen. Roggen wiederum mehr Blei als Weizen. In der Nähe von Hauptverkehrsstraßen angebautes Getreide kann sehr viel Blei aufweisen. Dazu kommen Rückstände von Pflanzenbehandlungsmitteln, deren Konzentration vor allem von der Anbaumethode (konventionell oder ökologisch) abhängt.
Leider haben die Saatgutzüchter in der Vergangenheit mehr Wert auf Ertrag als auf Widerstandsfähigkeit des Getreides gelegt, so daß die Bauern heute zwar sogenannte Hochleistungssorten anbauen können, diese aber sehr krankheitsanfällig sind und dementsprechend häufig gespritzt werden müssen. Die Rückbesinnung auf «kräftigere» Sorten oder Getreidearten wie Dinkel ist daher aus ökologischer Sicht notwendig, aber das ist so schnell nicht zu erwarten: Die Chemie-Multis besitzen auch die wichtigen Saatgutfirmen!!

Aus der höheren Schadstoffbelastung der Randschichten sollte man aber nicht den Schluß ziehen, in Zukunft nur noch Weißbrot zu essen. Das ungeschälte Getreidekorn enthält viele wertvolle Stoffe und trägt wesentlich zur Nährstoffversorgung bei! Wie immer – es gibt keine eindeutige Lösung. Sie müssen sich entscheiden – der Widerspruch bleibt. Uns sind die Vitamine, Mineralien, Nähr- und Ballaststoffe so wichtig, daß wir das Mehr an Schadstoffen in Kauf nehmen.

· DER ÖKO-PASS

Getreide

Kurzbeschreibung	Wertvolle Inhaltsstoffe	Verwendung
Weizenkörner sind eiförmig, länglich. Von den vielen verschiedenen Weizenarten sind vor allem zwei Sorten von Bedeutung: Saatweizen und Hartweizen. Aus Hartweizen-Grieß werden vor allem die italienischen Teigwaren hergestellt (ohne Eier).	Das Weizenkorn enthält reichlich quellfähige Ballaststoffe, die die Darmfunktion günstig beeinflussen. Der hohe Gehalt an bestimmten Eiweißstoffen (Kleber) verleiht dem Weizen ideale Backeigenschaften. Weizenkörner sind reich an Vitamin A, B_1, K. Die Mineralstoffe und Vitamine sowie das Eiweiß sitzen vor allem in den Randschichten, die beim Raffinieren weggemahlen werden.	Weizen ist das für den Frischkornbrei am häufigsten verwendete und geeignete Getreide. Zerkleinerte Weizenkörner finden Verwendung als Graupen, Grieß oder Grütze. Das Mehl dient zur Herstellung von Teigwaren. Weizen wird ferner zur Herstellung von reiner Stärke, Weizenbier und Kornbranntwein verwendet.
Roggen Die Körner sind spelzenfrei und von bläulicher Farbe.	Vitamin A und K, Kalzium und Eisen.	Roggen dient hauptsächlich als Brotgetreide. Beim Gären bildet der Roggenteig Gärblasen und lockert den Teig auf. Wegen des

205

SCHWABENGLÜCK & HIRSEBREI

Kurzbeschreibung	Wertvolle Inhaltsstoffe	Verwendung
		sauren Geschmacks wird Roggen nicht für feine Backwaren verwendet, er wird deswegen auch dunkler ausgemahlen. Roggenbrot bleibt länger frisch als Weizenbrot.
Gerste Das Korn ist mit den Spelzen fest verwachsen. Nach dem maschinellen Entfernen der Spelzen, Schleifen und Polieren erhält man runde Körner, die als Graupen bezeichnet werden. Zerkleinerte Graupen heißen Grütze. Graupen und Grütze sind im Vergleich zum Korn nicht mehr vollwertig. Eine besondere Züchtung ist die Nackt- oder Sprießkorngerste, die keine Spelzen besitzt. Wenn das Gerstenkorn zu keimen beginnt, werden Stärke und Eiweiß zu zuckerhaltigem Malz abgebaut.	Gerste ist reich an schleimenden Quellstoffen, die sich besonders bei infektiösen Darmerkrankungen bewährt haben, und an B-Vitaminen. Durch den Schälprozeß ist bei entspelzter Gerste der Eiweiß-, Fett- und Mineralstoffgehalt im Vergleich zum ganzen Korn erheblich reduziert.	Graupen und Grütze wurden früher häufig für Suppen und Breie verwendet. Als Brotgetreide eignet sich Gerste weniger gut, da es wenig Klebereiweiß enthält, es muß ein spezielles Backferment zugesetzt werden. Frisch geschrotete Sprießkorngerste eignet sich gut fürs Müsli, süße Malzextrakte und Malzkaffee. Gewerblich wird Gerste für die Bierbrauerei genutzt (Brauereigerste), zudem für die Herstellung von Kornbranntwein. Über die Hälfte der Welternte dient als Viehfutter. Gut geeignet für Fladenbrot, Suppen und Brei.
Dinkel ist eine spezielle Weizenart mit ausgeprägt nussigem Geschmack, die heute kaum noch angeboten wird, da sich die Hektarerträge durch Intensivlandwirtschaft nicht wesentlich steigern ließen.	Mineralstoffreich, vor allem Kalium und Magnesium.	Dinkel ist wenig krankheitsanfällig und auch in konventionellem Anbau wenig behandelt, ebenso lassen sich die Erträge durch Kunstdünger nicht wesentlich steigern. Verwendung als ganzes Korn, Schrot, Grieß, Flocken und Mehl, als Graupen oder Grieß, als Suppeneinlage.
Grünkern ist unreif geernteter Dinkel (eine bespelzte Weizenart). Die unreifen Körner werden gedarrt, das getrocknete Korn soll grün mit vollem Glanz sein.		Grünkern ist auch in manchen Fertigsuppen enthalten. Grünkern ist vielseitig verwendbar: Süßspeisen, Salate, als Bratling, Grünkerngemüse, Eintopf.

Kurzbeschreibung	Wertvolle Inhaltsstoffe	Verwendung
Buchweizen gehört botanisch nicht wie die anderen Getreidearten zu den Gräsern, sondern ist ein Knöterichgewächs. Die Früchte sind rotbraun und dreikantig, sie erinnern an Bucheckern. Buchweizen kommt aus Ostasien, wächst auch in Hochlagen, ist widerstandsfähig (wird auch im konventionellen Anbau kaum gespritzt). Überdüngung treibt das Blattwerk hoch und läßt die Körner verkümmern.	Reich an Mineralstoffen und B-Vitaminen. Biologischer Wert höher als bei allen anderen Getreidearten.	Buchweizen wird als ganzes Korn, Grütze und Mehl angeboten, er ist gut geeignet für Klöße aus Buchweizengrütze, Pfannkuchen aus Buchweizenmehl sowie zu Buchweizennudeln (Soba aus Japan).
Hafer ist ein Rispengras, die Körner bilden nicht – wie dies bei anderen Getreidearten der Fall ist, eine Ähre. Er wächst gut im Seeklima Nordeuropas.	Im Vergleich zu anderen Getreidearten enthält Hafer am meisten Fett, Eiweiß, Mineralstoffe (Kalzium, Eisen) und Vitamin B_1, Fluor. Hafer enthält ferner anregende Stoffe und ist reich an Quell- und Schleimstoffen, die sich u. a. bei der Heilung von Darminfektionen bewährt haben.	Nach Entspelzen, Schälen, Dämpfen, Dörren und Walzen erhält man Haferflocken. Infolge der Hitzebehandlung sind Haferflocken keine Rohkost mehr. Für das Müsli eignet sich spelzfreier, aber unerhitzter Hafer (Spießkornhafer). Infolge Klebermangels ist Hafer wenig geeignet zur Brotherstellung. Gut geeignet für: Müsli, Haferschleim, Hafergrütze (England: Porridge).
Als **Hirse** kennt man mehrere Getreidearten der Tropen und Subtropen mit relativ kleinen, meist rundlichen Körnern. Hirse ist ein Hauptnahrungsmittel in den tropischen Gebieten Asiens und Afrikas, wächst auf trockenen Böden.	Reich an Eisen, Magnesium, Fluor und Kieselsäure, Eiweiß von guter biologischer Wertigkeit. Die Hirse wird nach der Ernte geschält, im Gegensatz zum Weizen sind aber in den verdaulichen Randschichten der Hirse kaum Mineralstoffe oder Vitamine. Im Handel erhält man Hirse geschält, als Flocken und als Mehl.	Hirse ist zum Brotbacken wenig geeignet. Verzehr als ganzes Korn oder gemahlen als Brei. Gequollene Hirsekörner mit Quark, Auflauf, Süßspeisen, «Hirsotto», das Korn wird wie Reis gekocht (10–15 Min.). Flocken für Müsli und Suppen, Mehl für Pfannkuchen und Backwaren.

SCHWABENGLÜCK & HIRSEBREI

Kurzbeschreibung

Reis (das «Brot Asiens») wird schon seit Jahrhunderten kultiviert, er gehört zu den Spelzgetreidearten und muß geschält werden. Beim **braunen Reis**

(Naturreis) ist das unter der Spitze liegende Silberhäutchen und die darunter befindliche eiweiß- und vitaminhaltige Aleuronschicht sowie der ölhaltige Keimling noch erhalten. Nur diesen Reis sollte man kaufen. Naturreis hält nicht so lange, weil der ölhaltige Kern ranzig wird.

Der **weiße Reis** ist nicht nur geschält, sondern auch geschliffen und poliert, ohne Silberhäutchen und Keim und deren wertvollen Inhaltsstoffen.
Vorsicht: *Vollreis* ist *kein* vollwertiger Reis, sondern Weißreis, bei dem Bruchkörner abgesiebt werden. Diese werden als *Bruchreis* angeboten.
Beim Reis gibt es die Sorten:

● Langkornreis (Patnareis): harter Reis, kocht trocken, locker und körnig.

● Rundkornreis (Milchreis): er kocht weich und gibt beim Kochen einen Teil der Stärke an die Kochflüssigkeit ab (ca. 15 Prozent). Er ist billiger und eignet sich für Reisbrei und zu Aufläufen.

Wertvolle Inhaltsstoffe

Kohlenhydrate, Mineralsalze, Vitamine, Eiweiß; Kohlenhydrate sind gleichmäßig verteilt, dadurch leichter verdaulich. Ist natriumarm (entwässert).

Verwendung

Neben dem Naturreis, den Sie zum Kochen nehmen sollten, gibt es noch:

● Parboiled Reis (fälschlicherweise auch Vollwertreis genannt). Der Reis wurde industriell mit Wasser, Wärme und Druck vorbehandelt, so daß wasserlösliche Vitamine und Mineralstoffe des Silberhäutchens zum Teil ins Korninnere übergehen. Dann wird er geschält und geschliffen. Der Parboiled Reis ist vitamin- und mineralstoffhaltiger als Weißer Reis, aber weniger als Naturreis. Hohe Lagerfähigkeit.

● Schnellkochreis: industriell vorgegart, braucht nur 5–10 Minuten.

● Fertigreis: noch mehr vorgegart, braucht nur eine Minute.

● Kochbeutelreis: im Kunststoffbeutel, wird schnell gar.

● Puffreis: Reiskörner, die durch eine spezielle Dampfbehandlung um ein Mehrfaches ihrer Größe aufgeblasen wurden. Die Körner werden dann noch leicht geröstet und können ungekocht gegessen werden.

NUDELN

Der jährliche Pro-Kopf-Verbrauch an Teigwaren beträgt durchschnittlich 4 kg, wobei es hier ein deutliches Süd-Nord-Gefälle gibt. Sicherlich gelten die Italiener als unübertroffen in der Herstellung aller Arten von Teigwaren, aber auch im deutschen Südwesten hat sich eine beachtenswerte Tradition auf diesem Gebiet entwickelt. Schwäbische Spätzle, Maultaschen, Flädlesuppe oder badische Bandnudeln lassen uns das Wasser im Mund zusammenlaufen. Natürlich schmecken die selbstgemachten Vollkornspätzle und -nudeln gegenüber der industriellen Konkurrenz viel besser. Anfangs schien es uns zu aufwendig, Teigwaren selbst zu machen, bis wir merkten, daß es eine reine Routinesache ist.

Der Flüssigeiskandal gab uns den letzten Anstoß. Als in Baden-Württemberg «1,5 Tonnen Spätzle beschlagnahmt» wurden (so eine Schlagzeile), wußten wir, was die Glocken geschlagen hatten. So renommierte Firmen wie Birkel oder 3-Glocken waren in den Skandal verwickelt und vollführten gemeinsam mit anderen *betroffenen* Herstellern (sprachlich irreführend: *betroffen* waren natürlich die Verbraucher) einen Eiertanz. Kleckerlesweis – wie man im Schwäbischen so treffend sagt – kam heraus, daß industrielle Teigwaren nicht gerade

NICHT DAS GELBE VOM EI

Teigwaren sind kochfertige Lebensmittel, die überwiegend aus Weizengrieß oder Weizenmehl mit einem Ausmahlungsgrad bis 70 % – mit oder ohne Eier – durch Einteigen, Ausformen und Trocknen hergestellt werden.

Nach den Zutaten unterscheidet man (Angaben pro kg Mehl/Grieß):
- *Frischei-Teigwaren* enthalten je nach Bezeichnung 2¼, 3, 4 oder mehr frische Eier. Zur Zeit wird gerichtlich geprüft, ob nicht sogar für mit Benzoesäure behandeltes Flüssigkeit die Bezeichnung «mit Frischei» zulässig ist!
- *Teigwaren «mit hohem Eigehalt»* müssen mindestens 4 Eier *oder* Eidotter *oder* die entsprechende Menge Eidauerware enthalten.
- *Eierteigwaren* müssen mindestens 2¼ Eier oder Eidotter enthalten.
Die Eier müssen jeweils mindestens 45 g wiegen, die Eidotter mindestens 16 g, die Eidauerware kann gefroren oder getrocknet sein.
- *Eifreie Teigwaren* enthalten keine oder weniger als 2¼ Eier bzw. Eidotter. Auf das Fehlen von Eiern muß *nicht* hingewiesen werden. Im Gegensatz zu den anderen Teigwaren dürfen sie mit Lecithin gefärbt werden.
- *Teigwaren besonderer Art* sind Vollkornteigwaren, Gemüseteigwaren sowie Spinatnudeln usw.
Je nach äußerer Form unterscheidet man Spätzle, Bandnudeln, Makkaroni, Spaghetti, Zopfnudeln, Hörnchen, Fadennudeln usw.

SCHWABENGLÜCK & HIRSEBREI

das Gelbe vom Ei sind. So erfuhren wir erstmals, daß bei der Teigwarenherstellung Flüssigeier und angebrütete Eier verwendet werden dürfen. Als sich die Spätzle langsam lichteten, blieb uns die Erfahrung auf dem Magen liegen, daß es gleich drei Skandale waren:

- *mikrobielle Verschmutzung*: schon 1984 wurden in 67 von 560 Teigwarenprodukten Eitererreger und Salmonellen in zum Teil gesundheitsschädlichem Ausmaß gefunden. Das baden-württembergische Spätzleministerium – pardon – Sozialministerium reagierte wie immer prompt. Im Sommer 1985 (!) warnte es davor, Kindern rohe Nudeln zum Knabbern zu geben (Badische Zeitung vom 17./18.8.85)
- *Bruteier*: nach einer EG-Verordnung dürfen bis zu 6 Tage lang bebrütete Eier verwendet werden.
Selbst diese Frist war in einigen Fällen überschritten.
- *Pharmarückstände*: in einer Großlieferung wurden Rückstände des Antibiotikums Chloramphenicol nachgewiesen. Das ist besonders bedenklich, da diese Rückstände das blutbildende System des Menschen schädigen können.

FLÜSSIGEI

Bei der Herstellung von Flüssigei werden die Eier per Hand oder maschinell aufgeschlagen. Die Eiermasse wird vier Minuten lang bei 65 °C «keimfrei» gemacht, knapp unterhalb der Gerinnungstemperatur von Eiern (66 °C).

Das so behandelte Flüssigei darf dann in Tanklastern herumkutschiert werden. Da keineswegs alle Keime abgetötet werden, kann das Flüssigei bei schlechter Kühlung oder zu langem Stehen verderben.

Der Skandal schlug uns auf den Magen. Wir stürmten in den Naturkostladen und kauften Dinkel und «Bio»-Eier. Mehr braucht man nicht für selbstgemachte Spätzle und Nudeln.

NUDELGERICHTE

Welches Gerät benötigen Sie? Ein Backbrett, ein Nudelholz, ein feines Sieb, ein Messer. Für Spätzle benutzen Anfänger und ganz Eilige eine Spätzlepresse, die es in verschiedenen Ausführungen selbst in kleinen Haushaltswarengeschäften Norddeutschlands gibt. Fortgeschrittene versuchen es mit dem Spätzlebrett und einem breiten Messer.

Doch davon später. Die Anschaffung einer Nudelmaschine lohnt sich vielleicht für größere Wohngemeinschaften und gastronomische Betriebe, die «hausgemachte Nudeln» anbieten wollen. Für den Normalhaushalt sind sie schlicht zu teuer, die Zeitersparnis fällt nicht so ins Gewicht, und mit der Maschine hergestellte Teigwaren haben außerdem den geschmacklichen Nachteil, daß mehr Mehl gebraucht wird, da der Teig fester sein muß.

NUDELTEIG

für vier Personen

2 Eier   *2 EL kaltes Wasser*
ca. 400 g gesiebtes Vollkornmehl   *Salz*

Das Mehl sieben, die restlichen Schalen fürs Backen aufheben. Eier, Wasser und Salz in einer Schüssel schaumig schlagen, Mehl nach und nach hinzufügen und den Teig auf dem bemehlten Nudelbrett gut durchkneten. Sollte er noch kleben, etwas Mehl einarbeiten. Dann dicke Scheiben abschneiden, diese nochmals kurz durchkneten und mit dem Nudelholz dünn auswellen. Die «Nudelflecken» trocknen lassen. Im allgemeinen genügt 1 bis 1½ Stunden Trockenzeit. Zu trockene Teigflecken brechen beim Schneiden, zu feuchte kleben zusammen. Die Flecken in der Mitte durchschneiden, übereinanderlegen, eventuell rollen und – je nach Bedarf – feine, mittlere oder breite Nudeln schneiden. Die Nudeln auf leicht bemehltem Brett ausbreiten und nochmals trocknen lassen. Gut ausgetrocknete Nudeln in einer zugedeckten Schüssel trocken, luftig und kühl aufbewahren oder gleich ca. 6 bis 10 Minuten in Salzwasser sachte garen, abgießen, mit klarem Wasser abspülen, auf vorgewärmter Platte servieren, Fadennudeln in die Brühe geben. Sie können die Nudeln auch in Butter schwenken oder «abschmälzen», wofür Sie Semmelbrösel in etwas Butter hellbraun rösten und über die Nudeln geben.
Mit diesem Nudelgrundteig, der je nach Verwendung weicher oder fester sein muß, können Sie zahlreiche Nudelgerichte herstellen.
Dazu (oder zu gekauften Vollkorn-Spaghetti) ein Pesto: 2 Tassen frische Basilikumblätter, 1 TL Salz, 2 bis 3 Knoblauchzehen, Pfeffer,

reichlich Olivenöl mit dem Pürierstab fein pürieren. Zuletzt ½ Tasse heißes Wasser zugeben, dann brauchen Sie weniger Öl. An Festtagen 2 EL Pinienkerne (gehackt) oder Walnüsse zugeben. Das schmeckt mit und ohne Parmesan. Wir essen davon, bis wir platzen.

SPÄTZLE

Sie sind eine vielseitige Beilage und eignen sich auch als Hauptgericht. Echte schwäbische Spätzle wurden früher aus Dinkelmehl hergestellt. Es ist heute freilich kaum noch zu bekommen, hier und da noch in Bioläden und von den Bundschuhbauern aus Boxberg. Spätzle aus Dinkelmehl haben einen unvergleichlichen, kräftigen Geschmack. Eine Ahnung davon bekommen Sie, wenn Sie Weizenvollkornmehl mit etwas Grünkernmehl mischen und daraus Spätzleteig machen.

SPÄTZLETEIG

Salz	*1 Ei*	(pro Person)
ca. 125 g Vollkornmehl (gesiebt)	*1 EL Wasser*	

Wie beim Nudelteig erst Ei, Wasser und Salz gut schlagen, Mehl hinzufügen, bis der Teig zäh vom hochgehobenen Löffel reißt. Für handgeschabte Spätzle sollte er etwas weicher, für die Spätzlepresse fester sein. Den Teig in die Spätzlepresse füllen (halbvoll, sonst werden die Spätzle zu lang), in siedendes Salzwasser drücken und einmal aufkochen lassen. Mit dem Schaumlöffel in klares Wasser schöpfen, abgießen, abtropfen lassen und auf einer Platte im Ofen warm halten.

Versuchen Sie auch einmal handgeschabte Spätzle: Ein Spätzlebrett hat einen Griff und eine abgeflachte Vorderkante und sollte nicht zu schmal sein. Zum Schaben brauchen Sie ein breites Messer. Einen guten Löffel voll Teig auf das angefeuchtete Spätzlebrett geben, die Kante kurz in siedendes Salzwasser tauchen und möglichst dünne Spätzle ins Wasser schaben. Für ansehnliche Spätzle brauchen Sie allerdings etwas Übung. Spätzle werden als Suppeneinlage gegessen, als Beilage zu

Fleischgerichten oder als Hauptgericht mit Salat. Übriggebliebene Spätzle kann man in einer Pfanne mit Ei überbacken. Dazu gibt es Salat.

KÄSESPÄTZLE

Spätzle wie oben beschrieben zubereiten. Eine feuerfeste Form ausfetten, die Spätzle lagenweise mit geriebenem Emmentaler und gerösteten Zwiebeln einschichten, kurz den Käse im Ofen schmelzen lassen, dazu Salat servieren.

KARTOFFELNUDELN (SCHUPFNUDELN)

Diese «Nudeln» sind aus Kartoffeln. Bei dieser schwäbischen Variante der «Kroketten» werden die am Tag zuvor gekochten Kartoffeln gerieben und 1 Ei, Salz, Muskat und soviel Mehl hinzugefügt, daß die Masse zusammenhält. Daraus werden fingerlange und fingerdicke Nudeln geformt, die in Butter ringsum gebraten werden.

MAULTASCHEN

Als Nationalgericht der Schwaben gelten Maultaschen als ein vielseitiges Gericht, bei dem Sie auch experimentieren können. Nach dem gleichen Prinzip werden auch Ravioli hergestellt. Selbstverständlich gibt es nicht nur ein Maultaschenrezept, es gibt viele regionale und sogar konfessionelle Varianten.
Bereiten Sie zunächst eine kräftige Rinderbrühe aus nicht zu fettem Siedfleisch, Knochen und vor allem ca. 250 g durchwachsenem, geräuchertem Speck. Der leichte Räuchergeschmack an der Brühe ist wich-

tig. Fleisch und Speck werden aus der fertigen Brühe genommen, die Brühe abgeseiht und beiseite gestellt.

Fülle: Das Siedfleisch und der Speck werden zusammen mit feingehackter Zwiebel und Petersilie, die zuvor in Butter gedämpft wurden, durch den Fleischwolf getrieben, ebenso ca. 300 g gedämpfter Blattspinat. Die Masse wird mit Salz, Pfeffer, Muskat, Majoran und einer zerdrückten Knoblauchzehe gewürzt, mit einem Ei und einem Eßlöffel Semmelbrösel vermengt und zu einem glatten, streichfähigen Teig verarbeitet.

Aus vier Eiern bereiten Sie einen festen Nudelteig (s. o.) und wellen ihn auf dem leicht bemehlten Backbrett dünn aus. Auf die Hälfte der Teigfläche streichen Sie nicht zu dick die Fülle, klappen die andere Hälfte darüber, drücken die Kanten fest und rollen mit einem möglichst dikken Teller (1 cm) ein Gitter aus 4 × 4 cm großen Quadraten aus. Mit einem scharfen Messer trennen Sie entlang der ausgerollten Linien die kleinen Kissen voneinander und garen sie – nicht zu viele auf einmal – ca. 5 Minuten in siedendem Salzwasser. Mit dem Schaumlöffel herausnehmen, einen Teil in die heiße Brühe legen, der andere Teil wird auf einer Platte abgeschmälzt und mit Salat gegessen.

Sie können natürlich auch andere Füllungen ausprobieren, zum Beispiel eine Kräuterfüllung aus gedämpfter Zwiebel, Schnittlauch, Petersilie, Kerbel und anderen Gartenkräutern, die Sie mit einem Ei und Semmelbröseln binden und in der oben beschriebenen Weise auf den Teig streichen. Diese Maultaschen können Sie mit Ei überbacken zu Salat servieren.

RAVIOLI

Einen Nudelteig wie für Maultaschen zubereiten. Für die Füllung eine gehackte Zwiebel und eine gepreßte Knoblauchzehe in etwas Olivenöl andünsten, Hackfleisch (ca. 200 g Rind und 200 g Schweinefleisch) hinzufügen, mit Würfelbrühe bzw. Salz, Pfeffer, gehackter Petersilie und Basilikum würzen und mit 3 bis 4 El Tomatenmark schmoren lassen. Sollte die Füllung zu saftig sein, mit etwas Semmelbröseln binden. Wie bei den Maultaschen wird die Füllung auf den Teig gestrichen, die

4 × 4 cm großen Ravioli werden vorsichtig in siedendem Salzwasser 5 Minuten gegart und in einer Tomatensauce serviert.

GETREIDEGERICHTE

Körner – eine Selbstverständlichkeit für den Ökokoch!? Um ehrlich zu bleiben: wir waren lange skeptisch und standen der Körnerkultur eher ablehnend gegenüber. Die Verwendung von Getreide beim Vollkornbrot, bei Müsli und bei Teigwaren schien uns ausreichend, gegen gekochtes Getreide votierten wir aus kulinarischen Gründen, da wir schon bei Freunden damit konfrontiert worden waren (Getreide mit Käse überbacken) und es uns schwer auf dem Magen gelegen hatte. Mehr aus Neugier probierten wir noch einmal selbst, Körnergerichte und Getreidebreie zu kochen, und – probieren Sie es selbst – plötzlich wurden wir zu engagierten Körneressern. (Der Appetit auf Fleisch ist uns nicht vergangen.)

Bevor Sie abwinken, müssen wir Ihnen leider sagen, daß Sie auch ein «Körneresser» sind: Sie essen doch auch gekochte Getreidekörner: Reis! Warum also nicht die Rezepte für Grünkernklößchen oder -küchlein (S. 217) oder Hirsebrei (S. 219) probieren!

Das Getreide sollte am besten über Nacht eingeweicht werden (10 bis 12 Stunden). Rechnen Sie mit 50 bis 75 g Getreide (Trockengewicht) pro Person. Getreide sollte immer im Sieb gewaschen werden. Bis auf Hirse und Buchweizen reduziert sich die Kochzeit, wenn Sie Getreide einweichen und dann im Einweichwasser kochen. Sie brauchen regelmäßig die doppelte Menge Flüssigkeit. Hirse und Buchweizen werden mit dem heißen Wasser übergossen und darin gekocht. Bei allen Getreidearten kann nach fünf Minuten leicht sprudelndem Kochen die Hitze reduziert werden, das Getreide quillt bei kleiner Flamme.
Dabei wird vorausgesetzt, daß die Getreidesorten (bis auf Hirse, Buchweizen und Mais) eingeweicht werden. Sonst verlängern sich die Kochzeiten auf zwei bis drei Stunden!

Kochzeiten von Getreide (ganzes Korn)

Weizen	50 bis 60 Minuten
Dinkel	50 bis 60 Minuten
Grünkern	50 Minuten
Roggen	50 Minuten
Hafer	30 Minuten
Gerste	40 Minuten
Reis	40 Minuten
Hirse	10 Minuten
Buchweizen	20 Minuten
Mais	30 Minuten

Um den Geschmack zu ändern, können Sie Getreide auch zunächst in Butter oder Olivenöl rösten und danach kochen. Die Kochzeiten ändern sich dadurch nicht. Ein Teil der Stärke verwandelt sich dadurch in Dextrin, es bilden sich Aromastoffe.

Wer Energie sparen will, kann sich eine Kochkiste bauen. Dazu wird eine Holzkiste rundum gut isoliert. Der heiße Topf wird hineingestellt und behält ausreichend Wärme, so daß das Getreide quellen kann. Zu Großmutters Zeiten, als Geld und Energie knapp waren, war die Kochkiste eine selbstverständliche Kücheneinrichtung.

Wenn Sie Getreide einweichen, können Sie statt Wasser auch gleich eine Gemüse- oder Fleischbrühe nehmen, um dem Korn einen kräftigeren Geschmack zu geben. Beim Aufkochen können Sie das Getreide mit Pfeffer, Lorbeerblatt, gerösteten Zwiebeln oder Kräutern würzen, je nachdem, wozu Sie es reichen. Allerdings ist ein Gewürzallerlei zu vermeiden. Das Kochen mit dem vollen Getreide müssen wir erst wieder lernen. Beginnen Sie damit, Reis durch anderes Getreide zu ersetzen. Zu einem Curry-Gericht paßt kein Roggen, weil Roggen zu ausgeprägt ist. Wenn Sie zum erstenmal Getreide kochen, servieren Sie es mit Gemüse, Fleisch und viel Soße. Die oft empfohlenen einfachen Getreidegerichte, bei denen über den Getreidebrei Käse geraspelt wird, sollten Sie gleich wieder vergessen, denn nach einem solchen Gericht sind Sie zwar satt, doch werden Sie und Ihre Familie so schnell ncht wieder Getreide kochen.

Das volle Getreide können Sie erstmalig auch bei einem Gemüseauflauf vorsichtig untermischen. Vergessen Sie nie, daß wir gern an unseren Gewohnheiten festhalten und Neuerungen skeptisch gegenüberstehen. Wenn Sie das gekochte Korn vielleicht zu lange kochen und als klebrigen grauen Brei servieren, werden Sie damit keine Begeisterung hervorrufen. Auch in der Vollwertküche gilt das oberste Gebot: Essen muß gut schmecken.

Versuchen Sie es auch mit einem Hirsebrei, den Sie mit gerösteten Zwiebeln, Knoblauch, gehackter glatter Petersilie, etwas Muskat und Pfeffer würzen. Die Hirse wird in Hühner- oder Fleischbrühe gekocht.

Wenn Sie sich auf eines der folgenden Grünkern-Gerichte einlassen, werden Sie schließlich Ihren letzten Zweifel aufgeben, ob diese gesunde Kost auch schmeckt.

GRÜNKERNKÜCHLEIN (KLÖSSE)

250 g Grünkerngrieß
Fleischbrühe
1 Lorbeerblatt
2 Eier
Salz
Pfeffer

Majoran
Knoblauch
Zwiebel
Petersilie
Olivenöl
Muskat

In wenig Fleischbrühe Grünkernschrot mit dem Lorbeerblatt aufkochen und dann bei leichter Wärme 20 Minuten quellen lassen, so daß sich der Brei vom Topfboden löst. Die kleingehackte Zwiebel in Öl dünsten, mit den übrigen Gewürzen unterarbeiten. Daraus Knödel formen, die in leicht siedendem Salzwasser 10 Minuten ziehen. Mit nassen Händen können Sie die Knödel leichter formen. Sie können statt dessen auch flache Küchlein in Butter braten oder die Zwiebel in ausgelassenem Speck anbraten und Speckwürfel und Zwiebel untermischen.

Noch einige Anmerkungen zum Reis: Bevor Sie Reis kochen, sollten Sie ihn immer in kaltem Wasser waschen, sonst wird er durch das anhaftende Stärkemehl leicht klebrig.

Es gibt zwei Methoden, Reis zu kochen:

- Sie gießen auf den Reis die doppelte Menge heißes Wasser und lassen den Reis aufkochen und dann bei kleiner Hitze mit geschlossenem

Deckel quellen. Vollreis hat eine längere Kochzeit als der polierte Industriereis.
- Sie können aber auch Reis in einen Topf mit siedendem Salzwasser gießen und bei offenem Topf kochen. Das kostet aber zuviel Energie. Wie bei anderen Getreidearten können Sie Reis mit Brühe aufsetzen, mit Kräutern und Gewürzen mischen oder vorher in Olivenöl anbraten und dann erst das heiße Wasser aufgießen.

GRÜNKERNKLÖSSCHEN

50 g Grünkern
 (grob geschrotet oder Grieß)
⅛ l Milch
Butter

Salz
Muskat
1 Ei
Fleischbrühe

In einem Topf Milch, Butter, Salz aufkochen, Grünkern hineinrühren, bis sich die Masse vom Topfboden löst, abkühlen lassen, dann das Ei unter die Masse rühren. Mit zwei Teelöffeln Klößchen abstechen und in die kochende Fleischbrühe geben und etwa 10 Minuten auf kleiner Flamme garen lassen.

GRÜNKERNSÜPPCHEN

Grünkerngrieß (100 g auf 1 l)
Butter
Fleischbrühe
1 Eigelb

süße Sahne
frische Kräuter (Schnittlauch, Petersilie, Kerbel, Sauerampfer)
Brotwürfel

In die kochende Fleischbrühe wird der Grünkerngrieß, mit etwas Wasser angerührt, eingerührt (100 g auf 1 l). Auf kleiner Hitze 20 Minuten quellen lassen. Dann die gehackten Kräuter dazugeben, das mit Sahne verquirlte Eigelb unterziehen, jetzt nicht mehr aufkochen lassen! Brotwürfel schneiden, in Butter leicht anrösten und im Teller servieren!

HIRSEBREI

Die frisch gemahlene Hirse in kochende Milch einrühren und auf kleiner Flamme quellen lassen, bis sich ein fester, jedoch nicht trockener Brei ergibt. Es kommt ein Stich Butter hinzu, und ganz nach Geschmack kann man mit Vanille, Zimt, Sesam, gemahlenen Nüssen würzen (250 g Hirse auf ½ l).

Dazu ein Obstkompott:
Obst je nach Jahreszeit schnitzeln und den Saft etwas ziehen lassen, jedoch nicht aufkochen. Im Winter schnitzeln Sie Äpfel, gießen Zitronensaft mit etwas lauwarmem Wasser zu, streuen ein paar Rosinen ein, die Sie gerade etwas aufquellen lassen, oder fügen Apfelsaft, Orangen, Birnen oder Walnüsse usw. zu den Apfelschnitzeln hinzu.

WEIZENKEIMSALAT

Nehmen Sie pro Person eine halbe Tasse gekeimten Weizen und mischen Sie mit Joghurt, Sesam, geraspeltem Apfel, ein paar Rosinen und nach Geschmack Sonnenblumenkernen oder Orangen und bereiten daraus einen Salat.
Weizenkörner lassen Sie im Suppenteller keimen: 2 bis 4 EL mit Wasser bedecken, 3 × täglich erneuern. Nach zwei Tagen zeigt sich der Keim als weißer Punkt. Nicht in die Sonne stellen. Frisch gekeimten Weizen gleich verwenden.

EIN MASS
VOM DEUTSCHEN BIER

Das gemeinsame Trinken ist ein ganz eigener Kult, fast ein Ritual. Aus grauer Vorzeit ist es bis auf den heutigen Tag mit festen Normen besetzt, deren Verletzung heute noch eine Schlägerei provozieren kann. So ist es ein ungeschriebenes Gesetz, eine Runde anzunehmen, wenn sie spendiert wird. Noch mehr: man muß auch selbst eine Runde ausgeben, bis jeder am Tisch am Schluß eine Runde spendiert hat.

Wenn man das Beispiel auf das Essen überträgt, wird einem klar, wie anachronistisch dieses Ritual ist. Wenn Sie zwei Freunde zu einem Schweinebraten in der Wirtschaft einladen, wären Sie doch ziemlich entgeistert, wenn nacheinander die zwei Freunde je eine Runde weiteren Schweinebraten «spendieren» würden.
Alkohol trinken macht nicht nur feucht-fröhlich, sondern auch betrunken. Alkohol ist eine Droge, mit der man Konflikte runterspülen kann. Aber nicht lange, dann kommt die Abhängigkeit.

In der Bundesrepublik werden gewaltige Mengen Alkohol getrunken, durchschnittlich pro Kopf 148,3 l Bier im Jahr, 22,4 l Wein sowie zusätzlich andere Alkoholika. Wenn man bedenkt, daß bei diesen Durchschnittsbürgern Kinder, Frauen und ältere Leute, die nichts oder wenig trinken, mitgezählt werden, kann man sich leicht ausmalen, daß einige «überdurchschnittlich» viel trinken. Es wird geschätzt, daß in der Bundesrepublik eine Million Alkoholiker leben. Bier ist nahezu ein «Volksnahrungsmittel»: 26,7 % der Nahrungsmenge eines männlichen Deutschen besteht aus Bier.

Trotz allem: Wein und Bier in Maßen genossen sind ein Genuß – unmäßig eine Droge. «Maßen» ist übrigens nicht ein Plural vom bayrischen Maß.

Bier brauen ist ein uraltes Gewerbe, das vor über 1000 Jahren fast genauso ablief wie heute. Im Mittelalter wußte schon der Pfälzer Arzt Tabernaemontanns, daß Zusatzstoffe nicht unbedingt gesund sind: «Es werde das Bier bereitet wie es wolle, so seye doch keines nützlicher und besser denn das, so allein aus Malz und gesunder Frucht gemacht und mit Hopfen bereitet wird.» Und so wird es noch heute produziert: Gerste bzw. Braugerste, die reich an Stärke und arm an Eiweiß ist, wird zum Keimen gebracht. Natürliche Enzyme bauen hierbei die Stärke teilweise zu Malzzucker ab. Die gekeimte Gerste wird getrocknet (gedarrt), und fertig ist das Malz. Erst jetzt setzt der eigentliche Brauvorgang ein: das geschrotete Malz wird im Maischprozeß mit Wasser angesetzt, wobei restliche Stärke in Zucker oder Dextrine übergeführt wird. Trübstoffe und nichtlösliche Stoffe werden abgefiltert, die Lösung durch Kochen konzentriert, durch Zugabe von Hopfen aromatisiert und konserviert. Die abgekühlte Lösung (Würze genannt) kommt nun in kühlen Gärkellern in Gärbottiche, wird dort mit einer speziellen Hefe versetzt und weitgehend vergoren (beim Gärprozeß wird der Zucker in Alkohol umgewandelt).

Man unterscheidet untergärige Biere, bei denen das Bier unter Abscheidung der Hefe am Boden langsam bei niedrigen Temperaturen entsteht, und obergärige Biere, bei denen die Gärung unter Aufsteigen der Hefe etwa bei Zimmertemperatur schnell entsteht. Solche obergärigen Biere wie Kölsch und Alt sind leichter, aber auch weniger haltbar. Am Schluß wird noch einmal filtriert, das Bier sterilisiert und abgefüllt.

In Deutschland gilt im Prinzip noch das alte Reinheitsgebot aus dem Jahre 1516 (heute Paragraph 9 und 10 des Biersteuergesetzes), nach dem Bier nur aus Malz, Wasser und Hopfen hergestellt werden darf, hinzugekommen ist nur die Hefe. Bier darf also keine Zusatzstoffe, wie etwa Konservierungsmittel, Farbstoffe usw., enthalten. Das heißt aber nicht, daß Bier völlig unbelastet ist, Bierskandale der Vergangenheit beweisen das. Die Pestizide aus dem Gerstenanbau und vor allem dem Hopfenanbau, bei dem sehr häufig gespritzt wird, werden bei der Biergewinnung weitgehend zerstört oder mit Trübstoffen und unlöslichen Bestandteilen abfiltriert.

Das Bier kann natürlich nur so gut sein wie das Wasser: das behauptet auch die Bierindustrie, wenn sie den «Felsenquell» lobt. Ist also das Wasser mit Nitrat oder chlorierten Kohlenwasserstoffen belastet, kann das auch ins Bier gehen. Weitere Belastungen sind möglich durch Chemikalien, die beim Reinigen der Anlagen unbeabsichtigt in das Bier geraten.
Nitrosamine im Bier: 1980 zuckte das deutsche Volk zusammen: die krebserzeugenden Nitrosamine wurden in verschiedenen Biersorten gefunden. Sie entstanden bei der Herstellung von Braumalz durch die Einwirkung von Stickoxiden in der Trocknungsluft auf bestimmte natürliche Inhaltsstoffe des Malzes. Durch Umstellung des Prozesses wurden sie inzwischen stark reduziert. Bier scheint somit erfreulich wenig Chemikalien zu enthalten. Dafür allerdings Alkohol, dessen Gefährlichkeit, vor allem Lebergiftigkeit, weit unterschätzt wird. Rein, aber gefährlich. Aber auch hier gilt: die Dosis macht das Gift.

Das Reinheitsgebot für das deutsche Bier wird erbittert gegen die europäische und amerikanische Konkurrenz verteidigt. Bier ist das Paradebeispiel dafür, wie bei guten Rohstoffen und einer sauberen Behandlung auf Konservierungsmittel verzichtet werden kann. In Amerika und auch in Europa wird Bier oft aus Mais und Reis gebraut. Die Biere werden schnell alt und sehen etwas bläßlich aus: also hilft man mit Konservierungsstoffen und Farbstoffen (zum Beispiel Tartrazin) nach. Die Enzyme für den Keimvorgang, bei dem Stärke in Zucker umgewandelt wird, reichen nicht aus: also werden künstliche Enzyme zugesetzt. Der Stickstoffgehalt reicht nicht aus, also werden Ammoniumsalze zugesetzt. Außerdem fehlt Bier aus Mais und Reis der richtige Schaum, also wird mit sogenannten Alignaten künstlich Schaum erzeugt, auch Antitrübstoffe fehlen nicht. Ein richtiges Chemie-Bier droht, als ob wir nicht schon genug und unfreiwillig «Chemie in Lebensmitteln» hätten. Grotesk, Bier mit Zusatzstoffen zu produzieren, wenn es doch auch so einfach ohne Chemie geht.

Klar, hier sind wir uns mit der Regierung einig, daß wir «unser Bier» erbittert gegen diese Zusatzstoffe verteidigen. Darauf trinken wir einen. Merkwürdig nur, daß die Regierung zwar beim Bier darauf besteht, daß nur gute Rohstoffe verwendet und keine Zusatzstoffe zugegeben werden, aber uns diese bei vielen anderen Lebensmitteln ohne weiteres schlucken läßt.

Die «Reinheit» des Bieres gilt zuerst einmal nur für künstliche und bewußt zugegebene Zusatzstoffe, nicht für Pestizide in Gerste und Hopfen. Aber auch hier kommt frohe Kunde aus Bayern: dort gibt es schon «Bio»bier, Bier, das aus Gerste und Hopfen aus biologischem Anbau hergestellt wird. Da kriegt man natürlich einen Biorausch...

BROTZEIT
BROT, WURST & KÄSE

*U*nser täglich Brot gib uns heute, heißt es im Gebet, und tatsächlich ist das Brot eines der ältesten und wichtigsten Grundnahrungsmittel – auch heute noch. Wohl essen wir mit rund 75 kg pro Kopf und Jahr weit weniger Brot als Mitte des letzten Jahrhunderts (160 kg), aber dennoch ist Brot aus unserer Ernährung nicht wegzudenken.

Beim Frühstück, bei der Brotzeit (!), als Beilage zum Mittagessen, als Mitnahmevesper (Stulle), zum Abendessen, Brot ist immer dabei. Auch wenn durch Backen Vitamine teilweise zerstört werden, bleibt gutes Brot gesund: neben den Grundnährstoffen Kohlenhydrate, Eiweiß und Fett enthält es wichtige Mineralstoffe und immer noch relativ viele Vitamine, zudem einen hohen Anteil an Ballaststoffen.

Dies gilt freilich nur für *gutes* Brot, also nur für Vollkornbrot und nicht für Brot aus denaturiertem Weizenmehl. Dieses hat nur noch wenig Vitamine, kaum Ballaststoffe, dafür aber unter Umständen Schnittbrot-Konservierungsmittel und andere Zusatzstoffe. Die über 200 verschiedenen Brotsorten, dessen sich Deutschlands Bäcker rühmen, sagen wenig aus.
Sie sollten nur Vollkornbrot essen, gekauftes oder selbstgebackenes. Vollkornbrot heißt nicht, daß ganze Getreidekörner, sondern, daß alle Bestandteile des Korns darin enthalten sind. Vollkornbrot kann also ein Schrotbrot wie ein feines Brot sein.
Umgekehrt ist ein Schrotbrot zwar grob, aber nicht unbedingt ein Vollkornbrot.
«Biobrot» muß also aus Vollkornmehl oder Vollkornschrot (beides mit 100prozentigem Ausmahlungsgrad) gebacken werden. Das Getreide soll frisch gemahlen sein und aus biologischem Anbau stammen.

Um ein lockeres, fülliges Brot zu backen, müssen Treibmittel zugegeben werden, zum Beispiel:
- Hefe, vor allem bei Weizenbrot
- Sauerteig, vor allem bei Roggenbrot (Milchsäurebakterien)
- Honig/Salz (Spezialferment von Hugo Erbe: Honig, Leguminosenmehl, Getreide) für Roggen- und Weizenbrot.

Gerade bei Sauerteig ist die Herstellung mehrstufig und zeitaufwendig (14 bis 24 Stunden), kein Wunder, daß die Industrie vorgefertigte Backhilfen und künstliche Teigsäuerungsmittel (wie zum Beispiel Zitronensäure) anbietet. Da geht der Teig in einer Stunde hoch – und das Aroma verloren ...

Oft sind Backmischungen, gerade bei industriell produzierten Broten, Konservierungsstoffe zugesetzt, um Schimmelbildung zu verhindern. Bei den bekannten viereckigen Toastbroten sind viele Zusatzstoffe erlaubt, da kann man nur hoffen, daß noch Getreide drin ist ... Zur

Vortäuschung von dunklem Mehl kann helles Mehl mit «Zuckerkulör» gefärbt werden: damit's gesund aussieht.

Am sichersten ist es natürlich, wenn man selbst backt. Um ehrlich zu sein: wir haben uns bisher dazu nicht entschließen können, eine gewisse Faulheit mag da mitspielen, aber auch die Gewißheit, im Naturkostladen und beim Bäcker wirklich gutes Brot zu bekommen, und das Wissen, daß eigenes Brotbacken vergleichsweise energieaufwendig ist.

Wenn man selbst backen will, sollte man daher
- vor allem Roggenbrot backen (das hält länger frisch)
- mehrere Brote gleichzeitig backen und sich mit Nachbarn/Freunden abwechseln.

Für den Broteinkauf oder das Selberbacken gilt also: am besten ist *Vollkornbrot* aus 100prozentig ausgemahlenem Mehl oder Schrot aus biologisch angebautem Getreide, ohne künstliche Zusatzstoffe. Und selbst wenn Sie «normales» Brot kaufen, besorgen Sie Vollkornbrot und meiden Sie in jedem Fall verpacktes Brot aus dem Supermarkt.

Da der Name «Biobrot» nicht geschützt ist, sollte man beim Einkauf fragen und prüfen:
- ist das Getreide biologisch angebaut?
- ist es richtiges Vollkornmehl oder -schrot mit 100prozentigem Ausmahlungsgrad? Wann wurde es gemahlen? Welche Getreidesorte?
- welche Backhilfsmittel/Konservierungsstoffe wurden verwendet?
- von wann ist das Brot? Wer hat es gebacken?

Ein letztes zur Lagerung: Brot sollte im gut belüfteten Brotkasten oder Brotfach gelagert werden (Geheimtip: im Römertopf). Gegen das Austrocknen kann es zusätzlich in dünnes, luftdurchlässiges Papier eingehüllt werden. Regelmäßig sollte der Aufbewahrungsort «entkrümelt» und mit Essigwasser gereinigt werden. Sollte trotz allem das Brot einmal schimmeln, werfen Sie es in den Kompost: das kann ja nur noch einmal im Jahr sein!

BROTSORTEN

Die Bundesrepublik weist weltweit das umfangreichste Brotsortiment auf. Es gibt ca. 200 Brotsorten, die sich nach Mehlart, Mehlmischung, Rezeptur, Verarbeitung und Beschaffenheit, Krumeneigenschaften und Haltbarkeit unterscheiden.

- *Brot mit Weizenanteil von mindestens 90 Prozent*
Weizenbrot (Weißbrot)
Weizenbrot (Weißbrot) mit Fett, Zucker
Weizentoastbrot
Weizenbrot mit Schrotanteilen
Weizenbrot mit Schrotanteil, Fett, Zucker
Weizentoastbrot mit Schrotanteil
Weizenschrotbrot (auch Grahambrot)
Weizenschrottoastbrot
Weizenvollkornbrot

- *Brot mit Weizenanteil von 50–89 Prozent*
Weizenmischbrot
Weizenmischtoastbrot
Weizenmischbrot mit Schrotanteil
Weizenmischtoastbrot mit Schrotanteil
Weizenschrotmischbrot
Weizenschrotmischtoastbrot
Weizen-Roggen-Vollkornbrot

- *Brot mit Roggenanteil 50–89 Prozent*
Roggenmischbrot
Roggenmischtoastbrot
Roggenmischbrot mit Schrotanteil
Roggenmischtoastbrot mit Schrotanteil
Roggenschrotmischbrot
Roggen-Weizen-Vollkornbrot

- *Brot mit Roggenanteil von mindestens 90 Prozent*
Roggenbrot
Roggentoastbrot
Roggenbrot mit Schrotanteil
Roggentoastbrot mit Schrotanteil
Roggenschrotbrot
Roggenvollkornbrot

Darüber hinaus gibt es zahlreiche *Spezialbrote*.
Zu ihnen zählen z. B.:

Dreikornbrot	Rosinenbrot
Steinmetzbrot	Knäckebrot
Holzofenbrot	Zwiebelbrot

Pumpernickel Sojabrot
Buttermilchbrot Diätische Brote

Obwohl wir – wie oben gesagt – in der Regel nicht selbst backen, finden Sie hier ein Rezept zum Ausprobieren. Wir müssen ja nicht immer gleicher Meinung sein!

SAUERTEIGBROT

600 g Weizenschrot
300 g Roggenschrot
½ Würfel Hefe
1 TL Backferment

1 TL Salz
150–200 g Sauerteig
warmes Wasser (35°)

Vorteig abends ansetzen: 300 g Weizenschrot, Sauerteig, Wasser und Backferment gut vermischen und an einem Platz über Nacht stehen lassen.
Morgens Roggenschrot, Rest Weizenschrot, Hefe und Salz mit dem Vorteig und etwas warmem Wasser gut durchkneten (in der Küchenmaschine 10–15 Min.). Teig eine Stunde ruhen lassen (er sollte etwas aufgegangen sein). Nun eine gute Handvoll Teig für den nächsten Sauerteig abnehmen, in ein Schraubglas geben, 2–3 EL Salz und soviel Wasser hinzufügen, daß der Teig bedeckt ist.
Den übrigen Teig nochmals gut durchkneten und eine Stunde ruhen lassen. Ein Brot formen und mit einem Messer zwei- bis dreimal leicht einschneiden, nochmals ruhen lassen.
Bei 300° eine Stunde backen, Ofen auf 180° zurückschalten und eine weitere Stunde backen.

BROTAUFSTRICHE

Es gehört nun mal zu den uns liebgewordenen Gewohnheiten, Brot mit Käse oder Wurst oder einem anderen Aufstrich zu essen. Es gibt natürlich auch alternative Brotaufstriche im Bioladen oder Reformhaus zu kaufen, meist auf einer Tofu-Basis, was sicherlich gesünder als eine billige Wurst mit viel Fett und Chemie ist, aber leider nicht gerade das, was man einen kulinarischen Genuß nennen würde. Prinzipiell ist gegen solche Brotaufstriche nichts einzuwenden, aber es gibt auch andere Möglichkeiten.

Mischen Sie sich doch selbst Quark oder Hüttenkäse zu einem Brotaufstrich. Quark ist dafür eine ideale Grundlage. Sie können ihn mit Milch, Sahne oder auch Crème fraîche mit einem Schneebesen glatt rühren, die besonders Kalorienbewußten nehmen nur Sprudelwasser. Aus Salz, frisch gemahlenem Pfeffer und frischen Kräutern je nach Jahreszeit oder mit getrockneten Gewürzen, wie Paprika, Kümmel oder ganz feingehackten Schalotten, ein wenig frisch gepreßtem Knoblauch entsteht ein Brotaufstrich, der jedes Tofu-Fertigprodukt übertrifft und viel würziger ist als die noch so teure Frischkäsezubereitung.

Quark verträgt sich nicht nur mit Kräutern, auch mit Gurkenstückchen – frischen Salatgurken oder auch Essiggürkchen –, mit Radieschenscheiben, feingeschnittenen Frühlingszwiebeln. Oder wer's gern hat: mit Früchten.

Probieren Sie es doch einmal, unter eine solche Quarkmischung ein paar Löffel über Nacht eingeweichtes Weizenschrot oder Weizensprossen zu rühren. Statt also ein Brot zum Quark zu essen, rühren Sie das Brot in den Quark. Allerdings müssen wir warnen: lassen Sie sich diese Mischung nicht zu sehr schmecken, sonst werden Sie gar noch zum Rohköstler...

Es gibt aber auch noch andere Aufstriche aus dem Bioladen, die Sie sonst kaum kaufen können. Zum Beispiel *Nußmus*. Damit können Sie Ihre Kinder (und sich selbst) von der klebrigen und viel zu süßen Nußcreme abbringen. Bei den «süßen» Brotaufstrichen empfehlen wir vorzugsweise selbstgemachte *Marmelade* (es darf auch die von Freunden sein und umgekehrt: gibt es ein schöneres Geschenk als selbstgemachte Marmelade?).

Honig wird oft zu hoch gelobt (s. auch S. 284 f.). Man darf nicht übersehen, daß auch er zu 80 Prozent aus Trauben- und Frucht*zucker* besteht, zu 20 Prozent aus Wasser und nur winzige Mengen an Vitaminen, Mineralstoffen und anderen Naturstoffen enthält. Jeder Honig klebt wie Zucker an den Zähnen, und «Öko»karies schmerzt auch nicht weniger als der konventionelle. Von besonderem Wert sind beim Honig neben seinem Geschmack die Fermente und – vor allem bei Waldhonig – bakterientötende Stoffe, sogenannte Inhibine. Der wahre Wert dieser Inhaltsstoffe ist noch wenig erforscht. Wenn man Honig kauft, sollte man nur «nicht-erhitzten» Honig kaufen, weil die wertvollen Stoffe beim Erhitzen über 37° zerstört werden. Eine Garantie für solchen Honig gibt das Zeichen des Deutschen Imkerbundes (grünes Kreuz mit Überwachungsnummer). Zum Backen freilich können Sie ohne weiteres billigeren und erhitzten Honig nehmen.
Auch wenn bei uns Milch und Honig fließen: nehmen Sie lieber wenig Honig und mehr Milch.

ALLES KÄSE

Niemand wird die mehreren hundert Käsesorten kennen, doch sollten Sie einmal quer durch das Angebot eines Käsegeschäfts probieren. Nur den Schmelzkäse dürfen Sie auslassen (Schmelzsalze, Phosphate, eine sterile Masse). Abgepackten Schnittkäse kaufen Sie ohnehin nicht.
Käse kann fett sein. Käse besteht aus Trockenmasse und Wasser. Fett i. Tr. heißt: Fett in der Trockenmasse.
Den Unterschied sehen Sie in der folgenden Tabelle. Der «fette» Quark ist insgesamt (pro 100 g) nicht fett, weil er soviel Wasser enthält. Leider finden sich im Käse auch Schadstoffe, meist in angereicherter Form (verglichen mit der Milch), zum Beispiel Schwermetalle. Wer mit dem Käse so wenig wie möglich essen will, muß den teuren «Biokäse» kaufen, aus Milch aus biologischer Tierhaltung. Käse ist ein abwechslungsreicher Brotaufstrich. Kaufen Sie im guten Fachgeschäft und keine «parfümierten» oder mit Kräutern, Nüssen usw. veredelten Schmelzkäse. Die klassischen Sorten sind auch hier das Beste.

Das Käseangebot nach den wichtigsten Käsesorten und Fettgehaltsstufen

Käsesorten	Möglicher (Mindest-) Fettgehalt % Fett i. Tr. nach der Käseverordnung	Handelsübliche Fettgehaltsstufen % Fett i. Tr.	ca. g Fett in 100 g Käse	Ähnliche ausländische Käsesorten
Hartkäse				
Emmentaler, Bergkäse, Chester (Cheddar)	45	45	28	Appenzeller, Greyerzer, Gruyère, Parmesan
Schnittkäse				
Gouda	30–50	30, 45	15, 25	Maribo, Danbo, Samsoe, Fynbo, Elbo, Dän.
Edamer, Geheimratskäse	30–50	30, 40, 45	15, 21, 25	Steppenkäse,
Tilsiter	30–60	30, 40, 45, 50	15, 21, 25, 29	Havarti,
Wilstermarschkäse	45–50	45, 50	24, 28	Stangenkäse
Halbfeste Schnittkäse				
Edelpilzkäse	45–60	50	25	Roquefort, Bleu de Bresse, Gorgonzala, Danablu, Italico, Blue Stilton
Butterkäse	45–60	45, 50	22, 25	Esrom,
Steinbuscher	30–50	45, 50	23, 27	Bel Paese
Weißlacker	40–50	40, 45, 50	18, 23, 25	
Weichkäse				
Camembert	30–60	30, 45, 50	11, 20, 23	
Brie	45–60	45, 50	20, 23	
Romadur	20–60	40, 45, 50	17, 20, 23	
Weinkäse	20–60	20, 30	7, 11	
Limburger	20–50	20, 40	7, 17	Herve
Münsterkäse	45–50	45, 50	20, 23	Pont l'Evêque, Mondseer

Käsesorten	Möglicher (Mindest-) Fettgehalt % Fett i. Tr. nach der Käseverordnung	Handelsübliche Fettgehaltsstufen & Fett i. Tr.	ca. g Fett in 100 g Käse	Ähnliche ausländische Käsesorten
Frischkäse				
Speisequark	weniger als 10	weniger als 10	1	
	10–60	10, 20, 40	1–12	
Schichtkäse	10–60	10, 20, 40	5–12	
Rahmfrischkäse	50	50	20	
Doppelrahmfrischkäse	60	60	26	
Sauermilchkäse				
Harzer, Mainzer	weniger als 10	weniger als 10	2	
Hand-, Bauernhand-, Korb-, Spitz-, Kräuterkäse, Olmützer Quargel u. ä.	weniger als 10	weniger als 10	2	
Schmelzkäse und zubereitungen	weniger als 10	weniger als 10	2	
	10–60	20, 45	9, 24	
Kochkäse	weniger als 10	weniger als 10	2	
	10–60	20	5	

Quelle: AID-Verbraucherdienst «Lebensmittel», Bonn 1983

Käseherstellung

Grundlage der Käseherstellung ist die Gerinnung des Milcheiweißes. Die Säuerung wird mit Hilfe von Milchsäurebakterien oder durch Zusatz von Labfermenten erreicht. Dann muß der Käse reifen (Wärmebehandlung).

Nach der Gerinnung wird durch Schneiden und Zerkleinern die flüssige Molke abgeschieden. Je stärker die Masse bearbeitet wird, desto fester wird der Käse.

Der «junge» Käse wird gesalzen. Anschließend folgt die Reifung (mit Ausnahme der Frischkäsesorten), die je nach Sorte Tage bis Monate dauert. Währenddessen bewirken Bakterien, Hefen und Schimmelpilze die erwünschten Veränderungen, die Sie schmecken.

Frischkäse (Speisequark, Schichtkäse, Rahm- und Doppelrahmfrischkäse) fehlt der Reifungsprozeß. Bei der Frischkäseherstellung wird entrahmte, pasteurisierte Milch durch Milchsäurebakterien und etwas Lab zum Gerinnen gebracht. Dann wird im Quarkseperator die flüssige Molke vom Quark getrennt, der je nach gewünschtem Fettgehalt mit Rahm angereichert wird und schließlich eine Passieranlage durchläuft, damit er «geschmeidig» wird.

«WURST MUSS SEIN. BEISS REIN»

«Deutsche Wurst aus gutem Fleisch», so heißt es in der Wurstwerbung. Wenn Sie nun glauben, Wurst bestehe in erster Linie aus Fleischeiweiß, haben Sie sich in den Finger geschnitten.

Wurst besteht vor allem aus Fett (35–65 Prozent) und Wasser, der vorgeschriebene Mindestgehalt an Eiweiß (dem «bindegewebseiweißfreien Fleischeiweiß», wie es so schön juristisch heißt), beträgt 6,5 bis 14 Prozent (!). Hinzu kommen je nach Wurst Bindegewebe, (Pökel-) Salz, Schwarten, Stärke, Zucker, Kutterhilfsmittel (zum Beispiel Phosphat) und Umrötehilfsmittel. Durch Pökeln und Salzen verliert das wenige Fleisch noch an Nährstoffen.

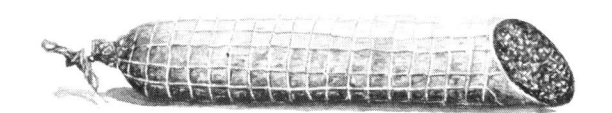

BROTZEIT

Als appetitanregendes Beispiel die gesetzlich vorgeschriebenen bzw. zulässigen Inhaltsstoffe von Fleischkäse (Stadtwurst, Fleischwurst einfach):

- Fettgewebe
- sehnenreiches Rindfleisch
- fettgewebereiches Schweinefleisch
- evtl. bis 10 Prozent Bindegewebe
- bindegewebseiweißfreies Fleischeiweiß, nicht unter 6,5 Prozent
- und vieles mehr.

Oft werden (bei Brühwürsten) die Würste mit Pökelsalz umgerötet, also gefärbt.

Das Pökeln und Räuchern von Speck und Schinken (vgl. Tabelle «Speck und Schinken») ist schon seit langer Zeit bekannt. Fleischstücke (in der Regel vom Schwein) werden gepökelt (mit Pökelsalz) und in Salz oder einer Salzlösung (Lake) gelagert, wodurch es zur typischen Rotfärbung kommt. Die Haltbarkeit wird durch Räuchern erhöht, wodurch sich der Geschmack verändert. Um die Zeit des Räucherns zu verkürzen, werden Schinken auch mit schwarzer Lake angestrichen. Sie sehen dann so aus, als wären sie lange geräuchert, innen sind sie noch frisch.

Wurst wird auf vielfältige Weise haltbar gemacht, es gibt regionale Unterschiede. Man unterscheidet Dauerwürste bzw. Rohwürste (zum Beispiel Mettwurst, Salami), Kochwürste (zum Beispiel Blutwurst, Leberwurst) und Brühwürste (zum Beispiel Lyoner, Bierschinken, Bockwurst) (vgl. Tabelle «Würste»). Das Fleisch stammt vom Schwein, Rind, Kalb oder aus Mischungen, oder – wie gekennzeichnet – von anderen Tieren, zum Beispiel Geflügelwurst.
Rund 95 Prozent aller Fleischerzeugnisse sind gepökelt, und auch an anderen Zusatz- oder Konservierungsstoffen fehlt es nicht.
In Deutschland wird vergleichsweise viel gepökelt, aus drei Gründen: das Pökelsalz gibt Aroma, färbt rot (täuscht kräftige und frische, natürliche Fleisch-Farbe vor) und wirkt antibakteriell.

· DER ÖKO-PASS

Würste

Name	Herstellung	Fett-anteil	Bindegewebs-eiweißfreies Fleischeiweiß, Gehalt nicht unter:	Haltbar-keit
Rohwürste (Dauerwürste)	aus rohem Fleisch und Speck, grob- oder fein-gekuttert, das gepökelt und gezuckert wird, z. T. auch luftgetrocknet	35–65 %	6,5–14,5 %	Rauch-geschmack, verhältnis-mäßig gute Haltbar-keit
schnittfeste Rohwürste (z. B. Salami, Cervelat-wurst, Plockwurst, Schlackwurst, Schinken-mettwurst)		35–55 %	11,5–14,5 %	
streichfähige Rohwürste				
z. B. Teewurst, Mettwurst 1 a Braunschweiger Mett-wurst, Streichmettwurst Mettwurst einfach, Schmierwurst fett, Streichmettwurst fett		35–50 % 45–55 % 55–65 %	6,5–12 %	
Kochwürste	aus gebrühtem und vor-gekochtem, mehr oder weniger zerkleinertem Fleisch und/oder Inne-reien, nach Einfüllung in die Wursthülle nochmals gekocht, z. T. auch geräuchert	5–50 %		nur wenige Tage haltbar
z. B. Leberwurst, Blutwurst, Zungenrotwurst Sülzen/Aspikwaren (z. B. Preßsack, Corned Beef, Schinkensülze)	(hier noch Zugabe von zerkleinerten, gekochten Schwarten oder Aspik)	40–50 % 15–30 % 5–15 %		

BROTZEIT

Name	Herstellung	Fett-anteil	Bindegewebs-eiweißfreies Frischeiweiß, Gehalt nicht unter:	Haltbar-keit
Brühwürste	das Fleisch wird mit Wasser (oder Eis) und Salz zerkleinert und dann gebrüht, es entsteht ein schnittfestes Erzeugnis. Meistens werden die Würste mit Pökelsalz noch um-gerötet (des optischen Effekts wegen), bei einigen Sorten wird dies nicht gemacht (z. B. Gelbwurst)	15−35 %	8−12 %	nur wenige Tage haltbar
z. B. Bierschinken, Schinkenpastete, Zungenpastete		15−25 %	8−12 %	
grob zerkleinert: Jagd-wurst, Bierwurst		20−35 %	8−12 %	
fein zerkleinert: Gelb-wurst, Fleischwurst, Mortadella, Lyoner, Wiener, Knackwurst, Bockwurst, Frankfurter		20−35 %	6−9 %	

Nitritpökelsalz bzw. in geringerem Umfang Kaliumnitrat bieten Schutz vor den Bakterien Clostridium botulinum, die ein für den Menschen schon in kleinsten Mengen tödliches Gift bilden. Ferner sind sie verantwortlich für das charakteristische Pökelaroma und die rötliche Färbung von Schinken, Kassler, Speck und Wurst, die sonst bräunlich-grau wären. Hier wird deutlich, welche große Rolle die Gewohnheit beim Einkauf spielt: ohne diese Kenntnis würde man unbehandelte Ware als alt oder unappetitlich zurückweisen.

Auf der anderen Seite können aus Nitrat über die Zwischenstufe Nitrit und auch direkt aus Nitrit die stark krebserzeugenden Nitrosamine gebildet werden. Nitrit ist für den Menschen giftig (etwas über 2 g sind tödlich). Obwohl in anderen Ländern die Pökelung zum Teil wesentlich restriktiver gehandhabt wird, ohne daß dadurch die Zahl der Vergiftungsfälle durch den «Wurstvergifter» Clostridium botulinum gestiegen ist, hält man bei uns am Pökeln fest.

Wer gerne Fleisch auf dem Brot ißt, kann es sich einfach machen: einen großen Braten kalt aufschneiden: kein Pökelsalz, keine Zusatzstoffe, alles Fleischeiweiß (und Fett).

· DER ÖKO-PASS

Speck und Schinken

Name	Fleischstück	Konservierung	Geschmack
Fetter Speck	Rückenspeck	trocken gepökelt und geräuchert	
Durchwachsener Speck	Bauchspeck durchwachsen		
Frühstücksspeck (Bacon)	mager	gepökelt, z. T. geräuchert	
Paprikaspeck	Rückenspeck, entschwartet	getrocknet, mit Salz und Rosenpaprika gewürzt	
Schwarzwälder Speck	Flachschinken	trocken gepökelt, kalt geräuchert, oft mit Knoblauch und Wacholder gewürzt	dunkle Farbe, kräftiger Rauchgeschmack
Kasseler Rippenspeer	Kotelettstränge	mild gepökelt und geräuchert	rosarot, wird oft gegart angeboten, zarter Geschmack
Schinkenspeck	magere Hüftstücke mit Schwarten		kräftiger Geschmack
(Hinter-)Schinken	Keule	mild gepökelt, kurz geräuchert und gekocht	
Vorderschinken	Schulter	mild gepökelt, kurz geräuchert und gekocht	mager und mild
Nußschinken	Nuß		
Knochenschinken		sorgfältiges Pökeln des Schinkens, ohne Bein, jedoch mit Speck und Schwarte und dem eingewachsenen Röhrenknochen, Lagern, Räuchern	kräftiger Geschmack
Rollschinken		wie Knochenschinken, jedoch ohne Schwarte und Röhrenknochen, Zusammenhalt mit Wurstgarn oder Folie	
Lachsschinken	beste Stücke aus den Kotelettsträngen junger Schweine	das sehnen- und hautfreie Fleisch wird mit einer dünnen Scheibe Speck umwickelt und in Naturdarm oder Folie eingeschlagen. Wird mild gepökelt und geräuchert	

MILCH & EIER

Viele Kinder haben noch nie gesehen, wie eine Kuh gemolken wird. Früher waren wir oft auf Bauernhöfen, bei Verwandten oder in Ferien, durften (mußten) im Stall mithelfen und konnten Milch frisch und noch warm trinken. Das war sahnige, würzige Milch.

Die Tütenmilch heute, wie zum Beispiel die H-Milch, schmeckt doch merkwürdig viereckig und homogen: sie hat etwas Lebloses, um nicht zu sagen Totes an sich. Bei naturbelassener Milch (Rohmilch) riechen Sie noch den Stall, die kann noch sauer werden (Sauermilch), während H-Milch nur noch fault.

FLÜSSIGE GESUNDHEIT: MILCH

Milch ist nicht nur Getränk, sondern vollwertiges Lebens- und Grundnahrungsmittel. Schon mit einem halben Liter Vollmilch täglich nimmt man fast 70 Prozent der benötigten Eiweißmenge und fast 80 Prozent des benötigten Kalziums auf. Eine Reihe von Vergiftungsskandalen in den 70er Jahren zeigte, daß Milch nur so gut oder schlecht sein kann wie die Kuh, die sie gibt. Gefunden wurden Pestizide, industrielle Gifte wie Schwermetalle oder die berüchtigten PCB's, unter anderem auch aus Futtermitteln.
Milch stammt also nicht unbedingt von glücklichen Kühen. Wer hier ganz sichergehen will, muß Milch von Kühen aus der biologischen Tierhaltung kaufen. Wenigstens ein Trost bleibt dem Verbraucher: Chemikalienzusätze sind bei der Milch verboten (zum Teil aber bei Milchprodukten erlaubt).
Da Milch (neben Hackfleisch) zu den sehr leicht verderblichen Lebensmitteln gehört (wie das wohl jeder schon erlebt hat), sollte Milch möglichst frisch sein. Mit einer Reihe von physikalischen Behandlungsmethoden kann die Haltbarkeit verlängert werden. Denaturierungen und Veränderungen bei den Nährstoffen sind die Folge. Man unterscheidet Handelsformen nach Fettgehalt (Vollmilch, teilentrahmt, entrahmt) und nach Hitzebehandlung (pasteurisiert, H-Milch, sterilisierte Milch) sowie homogenisierte Milch.

- *Rohmilch* gibt es nur noch direkt beim Milchbauern zu kaufen (der für den Verkauf eine Erlaubnis benötigt). Für die Städter gibt es *Vorzugsmilch*, das heißt keimfrei verpackte und streng überwachte naturbelassene (teure) Milch, die man zum Beispiel im Reformhaus kaufen kann.

- *Vollmilch* hat einen Fettgehalt von mindestens 3,5 Prozent. Sie kann pasteurisiert, ultrahocherhitzt oder sterilisiert sein.

Die Pasteurisierung ist im Gegensatz zur Ultrahocherhitzung (siehe unten) ein guter Kompromiß zwischen längerer Haltbarkeit und dem Erhalt von Nährstoffen, die nur unwesentlich verändert werden, mit Ausnahme von Vitamin C. Durch die Erhitzung werden Milchkeime und ein Teil der Milchsäurebakterien abgetötet, die Milch bleibt länger haltbar (5 bis 6 Tage). Allerdings kann die Milch schon mehrere Tage alt sein, wenn wir sie kaufen.

- *H-Milch* ist ultrahocherhitzt und praktisch völlig keimfrei. Sie kann deshalb sehr lange (mindestens 6 Wochen) gelagert werden. Durch die Erhitzung wird das Milcheiweiß weitgehend denaturiert (50 bis 90 Prozent). Auf H-Milch sollte man verzichten.

- *Homogenisierte Milch*: Bei der Homogenisierung wird die Milch mit Hochdruck durch eine Stahlplatte mit winzigen Düsen gespritzt, so daß die Fettröpfchen feinst verteilt werden. Die Milch ist dann stabilisiert, und dem Verbraucher fällt nicht so sehr auf, wieviel Rahm die Milchzentrale abgeschöpft hat. Kommentar: überflüssig.

- *Fettarme / teilentrahmte Milch / Magermilch:* Hier wird bei der Verarbeitung der Fettgehalt verringert. Der Verbraucher soll dünn bleiben, die Milchzentrale verdient sich dick und dämlich. Da der Fettgehalt von normal etwa 3,5 Prozent nur auf 1,5 Prozent bis 1,8 Prozent (fettarme Milch) bzw. 0,3 Prozent (Magermilch) verringert wird, macht der Verzicht auf Vollmilch nicht schlank. Da ist es schon sinnvoller, weniger Wurst zu essen.

MILCHPRODUKTE

Milchprodukte wie Sauermilch, Quark, Joghurt und Käse sind ähnlich gesund wie die Milch und gleichermaßen gefährdet. Sie können nicht besser sein als die Milch, aus der sie hergestellt wurden, wohl aber schlechter: oft sind Zusatzstoffe erlaubt.

- *Sauermilcherzeugnisse* entstehen bei Rohmilch spontan (über Milchsäurebakterien) oder werden gezielt aus pasteurisierter Milch mit Milchsäurebakterien hergestellt. Sauermilch oder Dickmilch sind lange haltbar und gut bekömmlich, sie enthalten weitgehend L(+)-Milchsäure (= rechtsdrehend). Sicher haben Sie schon einmal selbst

Milchsäure erzeugt – beim Muskelkater stammen die Schmerzen aus Milchsäure in den Muskeln. Unser Körper hat rechtsdrehende Milchsäure und kann sie deshalb gut abbauen. Kaufen Sie möglichst wenig Milchprodukte mit linksdrehenden Milchsäuren, sie sind schwer zu verdauen.

• *Joghurt und Kefir* enthalten stets ein Gemisch aus D(−)- und L(+)-Milch. Es gibt aber auch Joghurts, die nur die verträgliche L(+)-Milchsäure enthalten – vor allem bei Kindern sollte man darauf achten. Da der reine Joghurt auf die Dauer langweilig schmeckt, haben wir uns inzwischen angewöhnt, Joghurt mit frischen Früchten zu mischen (unser Werbespruch: «Fischers Fritze frißt frischen fruchtigen Joghurt»). Jahrelang haben wir «Joghurt mit Fruchtzubereitungen» oder «Joghurt mit Fruchtgeschmack» aus dem Supermarkt heimgebracht. Der war immer so billig. Aber (guter Geschmack ist teuer) mittlerweile wissen wir: es gibt wichtige Unterschiede:

• *Fruchtjoghurt* enthält Früchte zu mindestens 6 Prozent. Kaufen Sie ihn nur mit dem Qualitätssiegel: «Garantiert ohne Bindemittel und ohne Konservierungsstoffe».

• *Joghurt mit Fruchtzubereitung* enthält nur mindestens 3,5 Prozent Früchte und kann Zucker und Bindemittel enthalten.

• *Joghurt mit Fruchtgeschmack* enthält weniger als 3,5 Prozent Früchte – nichts, was uns heute noch reizt.

Bei allen gekauften Joghurts kauft man das Verpackungsproblem mit: recycelbare Joghurtgläser sind zwar besser als die aus Plastik, noch besser wären aber Joghurts in (großen) Pfandflaschen – wie in den Niederlanden, zur Zeit laufen auch Versuche mit Joghurt-Bechern aus Pappe. Ansonsten bleibt der Weg der eigenen Joghurt- oder Kefirherstellung – es ist gar nicht schwer:
In einem Topf wenig Wasser einige Minuten aufkochen, ausgießen.

MILCH & EIER

Der Topf ist jetzt steril. Einen Liter Roh- oder Vorzugsmilch auf 80 bis 90 °C erhitzen und abkühlen auf 40 °C (handwarm). Pasteurisierte Milch muß nur handwarm werden. Einen Deziliter frischen Bioghurt darunterrühren und mit geschlossenem Deckel an einem warmen Ort 6 bis 8 Stunden ruhen lassen.

DAS GELBE VOM EI

In der Bundesrepublik werden jährlich pro Kopf rund 275 Eier verbraucht, insgesamt also über 16 Milliarden Eier jährlich. Rund ein Viertel davon werden importiert. Sicherlich ist Ihnen schon aufgefallen, daß kaum noch Hühner frei herumlaufen. Wo kommen also die Eier her? Aus der Käfighaltung!

Eier werden industriell erzeugt. Man hat bislang nur noch keinen maschinellen Ersatz für das Huhn gefunden, sonst ist bereits mit Fließbändern alles nach dem Modell der großen Industrie organisiert. Die Käfighaltung von Hühnern ist nicht nur schiere Tierquälerei, sie führt auch zu schlechten Eiern, denn nur durch Chemie- und Arzneimittelgaben hält man die Tiere lebendig und in ständiger Produktion. Deshalb: lieber einen Groschen mehr, wenn die Hühner frei herumlaufen können.
Eier enthalten hochwertiges Eiweiß («Fleischersatz») und gut verdauliches Fett sowie wichtige Vitamine und Mineralstoffe, vorwiegend im Eidotter.

Grundsätzlich lassen sich unterscheiden: Batterie-, Käfig-, Boden- und Freilandhaltung (Auslauf). Nach «wissenschaftlichen» Untersuchungen sollen «in allen technologischen Merkmalen sowie im Geschmack» keine Unterschiede bestehen und die Eier aus der Käfighaltung sogar einen geringeren Keimgehalt aufweisen. Nun ja, Wissenschaftler sind auch nur Menschen. Wir empfehlen: probieren Sie einmal Eier aus der Käfighaltung und solche von einem Bauernhof, wo die Hühner ausreichend Auslauf haben. Sie werden den Unterschied schmecken, den unsere Herren Wissenschaftler nicht erforschen können. Nicht nur die Haltung spielt eine Rolle, sondern auch das Futter! Geschmack hängt entscheidend von der Fütterung ab. Fischmehl schmecken Sie noch im Ei. Ob die Tiere gutes Futter hatten, können Sie nicht immer entdecken, denn die Dotterfarbe wird oft mit Farbstoffen in der Fütterung künstlich beeinflußt. Aufschluß über den Frischezustand der Eier gibt unter anderem die Größe der Luftkammer. Je älter, um so größer, da während der Lagerung Wasser verdunstet. Seit 1985 muß das Verpackungsdatum auf der Packung vermerkt werden. Zur Kontrolle: bei einem frischen in die Pfanne geschlagenen Ei sind Dotter und Eiklar hochgewölbt, bei einem alten Ei abgeflacht.

Bei Eiern gibt es drei Güteklassen: A («frisch»), B («2. Qualität oder haltbar gemacht») und C («aussortiert, für die Nahrungsmittelindustrie»). Die aussortierten Eier wandern u. a. in die Nahrungsmittelindustrie, zum Beispiel in die Teigwaren, die Sie kaufen, wenn Sie Ihre Nudeln nicht selbst herstellen.
Wie frisch muß ein Ei sein? Das frisch gelegte Ei (ein bis zwei Tage alt) bringt den besten Eischnee. Zum Frühstück schmecken Eier, die vier bis zehn Tage alt sind, besser. Sie sind für Eischnee noch sehr gut geeignet. Ältere Eier bringen nicht mehr den festen Eischnee, sie lassen sich aber noch zu Rührei oder beim Backen verarbeiten. Eier sollten Sie im Kühlschrank in einem geschlossenen Behältnis aufbewahren, damit sie nicht den Geruch von anderen Lebensmitteln annehmen.
Sicher wissen Sie, daß Sie vor dem Eierkochen das kleine Luftbläschen auf der Breitseite des Eis mit einem Eierpieker oder einer Nadel vorsichtig anstechen müssen, damit das Ei nicht platzt, wenn es aus dem Kühlschrank kommt. Zusätzlich empfiehlt sich ein Schuß Salz in das Wasser.
Wenn Sie Eier trennen, sollten Sie jedes Ei einzeln an einer kleinen Schüssel aufschlagen und dann erst zu den anderen geben. Wenn ein Ei nämlich einmal einen Fehler hat, sind sonst alle anderen Eier auch verdorben. Achten Sie darauf, daß kein Eigelb in das Eiweiß fließt, wenn Sie Eischnee schlagen wollen. Eischnee zu schlagen ist einfach, wenn man darauf achtet, daß Schüssel und Schneebesen völlig fettfrei sind. Nehmen Sie eine große Schüssel und beginnen Sie mit langsamer Geschwindigkeit, die Sie nach und nach erhöhen. Auch Eigelb läßt sich schaumig schlagen, zum Beispiel für eine Zabaione (im Wasserbad). Beim warmen Aufschlagen im Wasserbad müssen Sie darauf achten, daß die Masse immer gut in Bewegung ist.

RÜHREI

In der Pfanne etwas Butter schmelzen, nicht einmal aufschäumen, denn schon bei 70° stockt das Eiweiß. Die Eier werden vorher in einer Schüssel mit dem Schneebesen geschlagen. Sie können Milch oder Mineralwasser bis zur Hälfte der Eimasse zufügen und gut unterrühren, einige Butterstückchen hinzufügen, salzen und pfeffern und in die Pfanne gießen. Mit einem Holzspachtel vorsichtig bewegen, wenn der untere Teil gestockt ist. Wenn die Hälfte fest ist, die Pfanne vom Feuer nehmen und gleich auf warmen Tellern servieren.
Rührei kann mit gehackten frischen Kräutern gewürzt werden: glatte Petersilie, Basilikum, Kerbel, Schnittlauch, Estragon, auch mit Pilzen oder kräftiger: mit Käsestückchen. Wenn Sie mit Zwiebeln würzen, sollten Sie die kleingehackten Zwiebeln zuvor glasig dünsten und in die Eimasse einrühren.

OMELETT

Eier wie bei Rührei rühren. In die Pfanne dürfen Sie nur soviel Eimasse geben, daß der Boden der Pfanne gerade bedeckt ist, so daß die Eimasse gleich stockt. Nach einer Minute zuerst von der einen und dann von der anderen Seite lösen und die Ecken zusammenschlagen. Sie können das Omelett füllen: mit Gemüse, zum Beispiel Spargel, Blattspinat, mit Früchten oder Marmelade.

EIERPFANNKUCHEN

Kennen Sie noch das Märchen «Vom dicken fetten Pfannkuchen», der immer «Kantapper, Kantapper» in den Wald hineinläuft?
Als wir unseren kleinen Freunden Christian und Klaus, 5 und 3 Jahre alt, unseren Vollkorn-Dinkel-Eierpfannkuchen servierten, waren beide gar nicht begeistert, sie wollten den «richtigen» Pfannkuchen mit

dem «guten» Mehl: Auszugsmehl. Geschmack ist eben eine Erfahrungssache. Mit Vollkornmehl schmecken uns inzwischen die Pfannkuchen sehr viel besser, sie sind würziger und sättigender. Ein Eierpfannkuchen mit grünem Salat, das ist ein vollwertiges Mittagessen. Mit dem Verhältnis von Mehl zu Eiern und Milch bestimmen Sie, ob Sie einen sättigenden Pfannkuchen oder einen leichten Eierpfannkuchen herstellen.
Nehmen Sie auf etwa 200 g Mehl einen halben Liter Milch. Diese Masse sollte eine gute halbe Stunde quellen. Auf diese Menge können Sie vier bis sechs Eier rechnen. Auch bei süßen Eierkuchen die Prise Salz nicht vergessen. Der Kuchen wird lockerer, wenn Sie das Eiweiß schlagen und als Eischnee unterziehen.
Deftig zum Mittagessen oder zum Abend lassen sich diese Kuchen mit Speck, Pilzen, Kräutern oder auch mit Bratkartoffeln und Zwiebeln füllen. Aber auch als süße Pfannkuchen sind sie ein Hauptgericht: mit (geschnetzelten) Äpfeln, Pflaumen, Kirschen.

POCHIERTE EIER

Wir brauchen Ihnen nicht zu erzählen, wie Sie gekochte Eier vielfältig verändern oder garnieren können, indem Sie aus dem halbierten gekochten Ei das Eigelb herauslösen und mit Sardellen, mit (deutschem) Kaviar, Olivenöl usw. mischen. Noch vielfältiger ist die Verwendung pochierter Eier:
Setzen Sie in einem nicht zu tiefen Topf Wasser mit einem guten Schuß Essig auf, bis es leicht siedet. Schlagen Sie das Ei in eine Schöpfkelle und lassen Sie es aus der Kelle im Wasser vorsichtig herausgleiten. Dazu können Sie nur frische Eier verwenden, denn bei alten Eiern bleibt das Eiweiß nicht um den Dotter. Nach drei bis vier Minuten mit dem Schaumlöffel herausnehmen und mit kaltem Wasser abschrecken, abtropfen lassen. Das Wasser soll nicht gesalzen werden, da sonst die Gerinnung behindert wird.
Pochierte Eier können Sie auf Blattspinat oder Gartenkresse anrichten, im Gemüsebett servieren oder im Ofen mit Käse überbacken. Die Speise darf aber nicht zu schwer werden. Mit Käse überbacken heißt eben nicht, ein Käsefondue zu bereiten.

AUSGEPRESST
OBST & SÄFTE

Ein Neuseelandapfel war es sicher nicht, mit dem Eva Adam verführte. Auch kein Golden Delicious. Sicher aber ein Öko-Apfel, sonst wäre der Apfel nicht so gottgefällig und paradiesisch gewesen.

Der Apfel ist sicherlich der Inbegriff von Obst, und es ist kennzeichnend für unsere ökologische Entgleisung, welche plastikverpackten, geschmacklosen roten und gelben Kugeln in unseren Supermärkten als Äpfel angeboten werden.

Die meisten alten Apfelsorten sind verdrängt, zugunsten (oder besser zuungunsten) weniger, oft fade schmeckender und vitaminärmerer Massenware. Geschmack und Vitamin-Gehalt der verschiedenen Apfelsorten schwanken stark. Einige Sorten kann man bis zum nächsten Sommer lagern.

Apfelsorten	Reifezeit	Haltbar bis	Geschmack
Weißer Klarapfel	Juli	August	grob, mürbe-mehlig
Gravensteiner	Aug./Sept.	Oktober	süß-säuerlich, würzig
James Grieve	Aug./Sept.	Oktober	säuerlich-süß, aromatisch, würzig
Jonagold	Sept./Okt.	Juni	feinsäuerlich
Goldparmäne	September	November	würzig, nußartig, süß
Cox Orange	September	Febr./März	süß-säuerlich, würzig
Ingrid Marie	Sept./Okt.	Febr./März	mild, feinsäuerlich
Glockenapfel	Oktober	Juli	säuerlich, würzig
Berlepsch	September	Februar	weinwürzig, aromatisch
Jonathan	September	Juni	süß-säuerlich, würzig
Golden Delicious	Sept./Okt.	Juli	süßweinig, würzig
Idared	Oktober	Juli	süß-säuerlich, würzig
Gloster 69	Oktober	Mai	mild, gutes Aroma
Morgenduft	Oktober	Juli	Geschmack und Aroma mäßig
Boskop	Sept./Okt.	Mai	süß-säuerlich, würzig

Aus: AID-Verbraucherdienst «Äpfel», Bonn 1983 (leicht verändert).

Wir müssen gestehen, daß wir einige Apfelsorten aus der Tabelle gar nicht mehr beschreiben und unterscheiden können. Geht es Ihnen auch so? Aber zum Glück können wir noch einen VW von einem Mercedes und einen Renault von einem Saab unterscheiden. (Machen Sie einmal unter Ihren Bekannten eine Umfrage: «Kennen Sie Ingrid Marie und James Grieve?»)

Obst schmeckt und ist gesund. Was man schmeckt, sind vor allem Fruchtsäuren, Fruchtzucker und Aromastoffe. Obst enthält weitere wichtige Bestandteile wie Vitamine, Mineralstoffe und Ballaststoffe, Kohlenhydrate (Fruchtzucker und Traubenzucker), Pektine (die im Darm giftige Zersetzungsprodukte von Mikroorganismen absorbieren) und Gerbstoffe (die entzündungshemmend auf die Magen- und Darmschleimhaut wirken). Von Ausnahmen abgesehen (Bananen, Avocados) ist der Nährwert von Obst gering, zu 75 bis 90 Prozent bestehen die Früchte aus Wasser. Die Frischobsterzeugung beträgt in der Bundesrepublik jährlich rund 3 Millionen Tonnen, der Anteil der

AUSGEPRESST

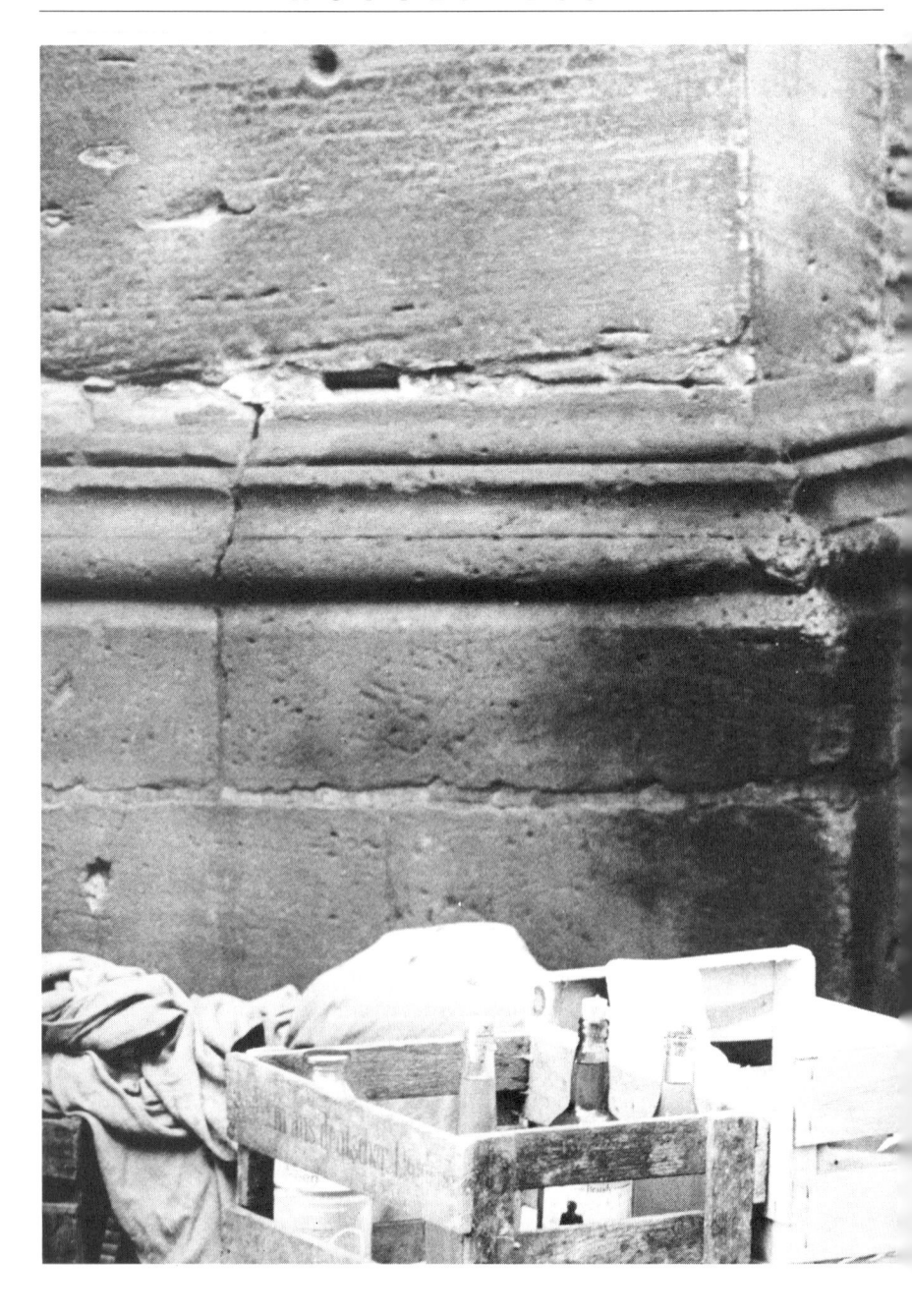

Auf dem
Freiburger
Wochenmarkt

privaten Selbstversorgung liegt beinahe bei 50 Prozent, das heißt jeder zweite ist – statistisch gesehen – in der glücklichen Lage, sich selbst zu versorgen und auf Kunstdünger und Spritzmittel zu verzichten. Gehören Sie auch dazu?
Dann kann es Ihnen ja nicht gehen wie Schneewittchen, die einen vergifteten Apfel bekam und einige Tage in der Glaskiste zubringen mußte ...

Der Bundesbürger verleibt sich jährlich rund 90 kg Obst(produkte) ein, davon rund 70 Prozent als Frischobst und 30 Prozent als verarbeitetes Obst (Obstkonserven/Konfitüre/Trockenobst/Fruchtsäfte und -nektare). Hinzu kommen noch die in diesen Zahlen nicht erfaßten Zitrusfrüchte. Obst sollte man auf jeden Fall nur frisch kaufen und nicht in Konserven. Der Obstkalender zeigt Ihnen die Saisonzeiten (S. 256).
Die Auswahl an Obstsorten ist unglaublich hoch, erst recht wenn man die fast vergessenen Wildfrüchte (wie Sanddorn, Holunder, Schlehe) dazuzählt.

Obst gilt neben Hoffmann-La Roche, Ciba-Geigy und Merck als der klassische Vitaminversorger. Der hohe Vitamingehalt von Gemüse wird dabei oft vergessen, nur zum Vergleich: 100 g Paprika enthalten mehr als zwanzigmal so viel Vitamin A und immerhin noch dreimal mehr Vitamin C als eine vergleichbare Menge Orangen!
Seit alters her gibt es eine heftige Debatte, ob unter der Schale der Früchte die meisten Vitamine und Mineralstoffe hocken – oder nicht. Auch wir waren hin- und hergerissen, doch jetzt verschaffte uns eine Literaturrecherche endgültige Klarheit: während bei den meisten Früchten Kohlenhydrate und Mineralstoffe relativ gleichmäßig über das Fruchtfleisch verteilt sind, ist der Vitamingehalt je nach Sektor unterschiedlich, zum Beispiel ist die Apfelschale reicher an Vitamin C als das schalennahe Fruchtfleisch und viel reicher als das Fruchtfleisch um das Kerngehäuse. Wenn man – um die Schadstoffaufnahme zu reduzieren – Äpfel aus konventionellem Anbau schält, verliert man wertvolle Stoffe aus der Apfelschale.

Spätestens seitdem bekannt wurde, daß die Astronauten sich von Pillen ernähren, war die Vitaminpille in. Wer möchte nicht zu den Sternen greifen, «jeden Tag in Hochform» sein, «auf überraschende Weise alle Vitalkräfte des Körpers» entfaltet wissen, «Energie für körperliche

und geistige Höchstleistungen» bekommen, etwas «zur Leistungssteigerung» tun, ein «Aktiv-Vitamin» haben, das positiv wirkt: «auf Ihren gesamten Organismus: das Herz-Kreislauf-System, den Stoffwechsel, den Alterungsprozeß, die Potenz (!), die Kondition ... es wirkt sogar dem Stress entgegen», «stärkt auch das Muskel- und Bindegewebe und sorgt für eine bessere Durchblutung. Deshalb wird Ihre Haut noch straffer, schöner. Und Sie fühlen sich insgesamt frischer und wohler». Gut, was? Dieser Blödsinn steht in *einer* einzigen Anzeige für Vitamin E, eine Kapsel enthält 200 mg oder 400 mg. Die Empfehlung der Deutschen Gesellschaft für Ernährung für die tägliche Zufuhr von Vitamin E lautet 12 mg, der durchschnittliche Verbrauch beträgt in der Bundesrepublik bei männlichen Personen 13,2 mg. Die Bevölkerung müßte sich demnach durchschnittlich so wohl fühlen, wie in der Anzeige beschrieben, denn der Bedarf ist ja gedeckt. Aber nicht, wenn Sie zuviel Vitamintabletten verspeisen: Eine Überdosierung der Vitamine A, D und E kann u. a. zu Wachstumsstörungen, Kalkablagerungen in den Blutgefäßen und Nieren, Fruchtbarkeits- und Hormonstörungen sowie zu einer Beeinträchtigung der Blutgerinnung führen.
Die vielen Vitaminpillen und Säfte führen zu saftigen Gewinnen der Industrie. Allein mit Vitamin-Präparaten erzielen die Pharmakonzerne in der Bundesrepublik einen Jahresumsatz von über 250 Millionen DM, und die armen, skorbutbedrohten Deutschen schlucken fünf Prozent des Weltumsatzes an Vitaminen. Die Intelligenz nimmt offensichtlich nicht mit den vielen Vitaminen zu, denn der Vitaminumsatz ist weiterhin steigend (allein von 1980 auf 1981 gab es weltweit eine Steigerungsrate von 22 Prozent). Erst wenn man die Werbung auf die Pharmakonzerne bezieht, versteht man den Sinn der Werbung richtig. «Sie fühlen sich insgesamt ... wohler», und sie «tun ein bißchen mehr für sich». Das ist bei 250 Millionen Jahresumsatz fast noch untertrieben.
Vitamine nehmen Sie ausreichend durch Gemüse und Frischobst zu sich, wenn Sie täglich Obst und Gemüse essen (siehe Saisonkalender Gemüse). Die Tabelle «Vitamine und Mineralstoffe» zeigt Ihnen die wichtigsten Mangelerscheinungen bzw. natürlichen Lieferanten von Vitaminen und Mineralstoffen.

AUSGEPRESST

DER ÖKO-PASS

Vitamine und Mineralstoffe

Wasserlösliche Vitamine	Lieferanten	Mangelerscheinungen
B_1	Fleisch (besonders Schweinefleisch), Leber, Scholle, Getreideprodukte (Vollkornerzeugnisse, insbesondere Haferflocken), Hülsenfrüchte, Kartoffeln, Nüsse	Störungen des Kohlenhydratstoffwechsels, Nervensystems; Erschöpfung, Appetitlosigkeit, Konzentrationsschwäche, verminderte Widerstandskraft gegen Infektionen, bekannte Mangelkrankheit: Beriberi
B_2	Milch, Käse, Fleisch, Eier, Getreideerzeugnisse aus Vollkornmehl, Leber, viele Seefische	Hautveränderungen: Rötung, Schuppenbildung, Mundwinkelrisse; spröde Fingernägel, Wachstums- und Sehstörungen
B_6	Fleisch, Leber, Sardinen, Makrelen, Milch, Milchprodukte, einzelne Käsesorten wie z. B. Camembert; Erzeugnisse aus Vollkornmehl, Kohl, grüne Bohnen, Kartoffeln, Weizenkeime, Sojabohnen	Appetitlosigkeit, Hautveränderungen, nervöse Störungen, Muskelschwund, Krämpfe, Anämie
B_{12}	Leber, Fisch, Eier, Milch, Käse, Lebensmittel pflanzlicher Herkunft enthalten B_{12} nur nach bakterieller Gärung (z. B. Sauerkraut)	Anämie
Folsäure	Tomaten, Kohl, Spinat, Rote Bete, Gurken, Brot und Backwaren insbesondere aus Vollkornmehl, Kartoffeln, Fleisch, Leber, Milch und Milchprodukte, Eier. Besonders reich sind Weizenkeime und Sojabohnen	Blutarmut, Verdauungsstörungen, entzündliche Veränderungen der Mundschleimhaut

Wasserlösliche Vitamine	Lieferanten	Mangelerscheinungen
Niacin	kommt in allen pflanzlichen und tierischen Nahrungsmitteln vor (Mangelsituationen in Mitteleuropa praktisch nur bei schweren Alkoholikern)	Müdigkeit, Appetitverminderung, Gewichtsverluste; typische Mangelkrankheit: Pellagria (meist noch Unterversorgung an anderen Vitaminen) Haut- und Schleimhautveränderungen, schwere Herzfunktionsstörungen, Störungen des Zentralnervensystems
C	alle Obst- und Gemüsearten, besonders in Hagebutten, schwarzen Johannisbeeren, Erdbeeren, Zitrusfrüchten, roten Johannisbeeren; ferner in Paprikaschoten und Kartoffeln	Müdigkeit, geistiger und körperlicher Leistungsabfall, schlechte Wundheilung, Anfälligkeit bei Infektionskrankheiten
Pantothensäure	kommt in praktisch allen Lebensmitteln vor; besonders reich sind Leber, Fleisch, Fisch, Milch, bestimmte Käsesorten, Vollkornerzeugnisse und Leguminosen	Mangelerscheinungen aufgrund des weitverbreiteten Vorkommens hierzulande unbekannt
Biotin	Leber, Niere, Eigelb, Sojabohnen, Haferflocken, Erdnüsse, Weizenkeime, Möhren	Mangelsymptome bei üblichen Ernährungsgewohnheiten nicht bekannt. Sie treten nur nach längerfristigem Verzehr größerer Mengen roher Eier auf

Fettlösliche Vitamine		
A (Retinol)	Vitamin A: Leber, Butter, Margarine, Sahne, Milch, Eigelb Provitamin A (Carotin): Karotten, Spinat, Grünkohl, Tomaten	lichtscheu, Nachtblindheit, Hautschäden, Haarausfall, erhöhte Infektionsanfälligkeit
D	Lebertrane, Fettfische (z. B. Hering, Makrele), Leber, Margarine, Eigelb, Butter	im Kindesalter: Rachitis (Knochen bleiben weich, die Folge sind Verformungen) bei Erwachsenen: Entkalkung der Knochen und Verbiegung belasteter Knochen
E	besonders reichlich in Pflanzenölen (Weizenkeimöl, Sonnenblumenöl, Maiskeim-	Mangelerscheinungen außerordentlich selten. Störungen des Muskelstoffwechsels,

AUSGEPRESST

fettlösliche Vitamine	Lieferanten	Mangelerscheinungen
E (Forts.)	öl, Sojaöl. Darüber hinaus in fast allen Lebensmitteln; Leber, Grüngemüse, Fleisch, Fisch, Milch, Milchprodukte	allgemeine Erschöpfungszustände, erhöhte Blutungsneigung, Verlängerung der Blutgerinnungszeit

Werden zuviel wasserlösliche Vitamine aufgenommen, so werden diese mit dem Urin wieder ausgeschieden. Bei fettlöslichen Vitaminen ist dies nicht möglich, bei zu hoher Aufnahme kann es zu Vergiftungen kommen.

Mineralstoffe

Natrium	Natrium ist Bestandteil des Kochsalzes; Wurst, Käse, Backpulver, Mineralwasser, Erbsen, Brot	Apathie, Appetitlosigkeit, Übelkeit, Herzjagen, Krämpfe. Hohe Kochsalzzufuhr steht bei entsprechender genetischer Veranlagung im Zusammenhang mit Bluthochdruck
Kalium	Obst, Gemüse, Kartoffeln	Muskelschwäche, Darmmuskelschwäche bis zur Darmlähmung, Herzfunktionsstörungen
Chlorid	als Bestandteil des Kochsalzes in fast allen Lebensmitteln; besonders in Wurst und Käse	Muskelschwäche und -krämpfe; Kreislaufstörungen
Kalzium	Milch und Milchprodukte, Obst und Gemüse, Getreideerzeugnisse	Krämpfe, Verminderung an Knochengewebe bei gleichzeitiger Vergröberung der Knochenstruktur
Phosphat	praktisch in allen Lebensmitteln, Fleisch, Fleischwaren, Käse, Brot, Eier, Milch, Milchprodukte	Phosphatmangel durch die Nahrung nicht bekannt
Magnesium	in den meisten Lebensmitteln enthalten, besonders in Vollkornerzeugnissen, Milch und Milchprodukten, Fleisch, Leber, vielen Gemüsearten, Beerenobst	Mangelerscheinungen durch die Nahrung nicht gesichert
Eisen	Fleisch, Leber, Gemüse, Hülsenfrüchte, Vollkornerzeugnisse	Anämie
Jod	Seefische und andere Meerestiere, Milch und Eier bei entsprechender Fütterung der betreffenden Tiere	Jodmangelgebiete besonders im Süden der BRD; Kropf, Kretinismus
Fluorid	Seefische, Getreideerzeugnisse, schwarzer Tee	entgegen der Meinung von Befürwortern der Trinkwasserfluoridierung ist Zahnkaries keine ausgesprochene Fluoridmangelkrankheit

OBST-KONSERVIERUNG

An einem Rumtopf kann man sehr reizvoll und bewußt die Obstsaison erleben und gleichzeitig die Früchte haltbar machen. Leider nichts für Kinder. Pro 100 g Früchte nimmt man etwa 50 g Zucker und 75 ml hochprozentigen Rum.
Außer Trauben, Stachelbeeren, Preiselbeeren und Heidelbeeren kann man eigentlich alle Obstsorten verwenden. Steinobst wird entsteint, Aprikosen und Pfirsiche zusätzlich enthäutet. Das Obst muß einwandfrei und gut gewaschen sein, nur Himbeeren sollte man nicht waschen. Das Obst wird immer lagenweise mit dem Zucker eingefüllt und mit Rum überschüttet. Man kann auch einen kleinen Teller auf die Früchte legen, so daß nicht einzelne nach oben schwimmen können. Der Topf wird mit Zellophan zugebunden und kühl gestellt.

Auf industriell hergestellte Obstkonserven sollte man soweit wie möglich verzichten, da
- sehr viel Zucker enthalten ist,
- Konservendosen einen hohen Verpackungs- und Energieaufwand erfordern und zum Anwachsen des Müllbergs beitragen,
- das Obst nicht biologisch angebaut wurde.

Bei industriell hergestellten Konserven sind eine Reihe von Zutaten erlaubt: Zucker, Traubenzucker, Fruchtzucker, Glukosesirup, Essig, Milch-, Wein-, Zitronen und Apfelsäure, l-Ascorbinsäure, Kalziumsalze der Salz- und Kohlensäure, Speisesalz, Gewürze und Gewürzauszüge, Pektine, Trinkbranntwein, Farbstoffe, Stärkesirup.

Die Zuckerkonzentration bei Obstkonserven ist recht hoch:
«leicht gezuckert»:   mindestens 14 bis 15 Prozent
«gezuckert»:   mindestens 17 bis 18 Prozent
«stark gezuckert»:   mindestens 20 bis 24 Prozent.

Ideal ist es, Obst aus dem eigenen Garten oder aus ökologischem Anbau selbst zu konservieren, wenn zu viel Frischobst auf einmal anfällt. Dafür gibt es eine Reihe von Methoden (s. u.). Unabhängig von der weiteren Verarbeitung gilt aber:
- nur frisches Obst verwenden
- ungeschält und unzerkleinert waschen, schlechte Stellen entfernen, auf keinen Fall angefaultes oder angeschimmeltes Obst verwenden
- Gläser und Kochgeräte gründlich und heiß spülen.

AUSGEPRESST

SAISONKALENDER OBST

	Jan.	Febr.	März	April	Mai	Juni	Juli	Aug.	Sept.	Okt.	Nov.	Dez.
Äpfel							L	D	D	D	L	
Aprikosen						L	D	L				
Birnen							L	D	D	L		
Brombeeren							L	D	D	L		
Erdbeeren					L	D	D	L				
Himbeeren						L	D	D	L			
Holunderbeeren								L	D	L		
Johannisbeeren						L	D	L				
Kirschen					L	D	D	L				
Pfirsiche/Nektarinen							L	D	L			
Pflaumen/Zwetschgen							L	D	D	L		
Preiselbeeren									L	D	L	
Quitten									L	D	L	
Stachelbeeren						L	D	L				
Weintrauben								L	D	D	L	
Reineclauden								L	D	L		
Mirabellen								L	D			

Zeichenerklärung:

☐ kein Angebot

▨ Monate geringer Angebote

▩ Monate starker Angebote

nach: Auswertungs- und Informationsdienst für Ernährung, Landwirtschaft und Forsten AID e.V.

TROCKENOBST

Das Trocknen von Früchten ist eine altbekannte Methode, um Obst durch Wasserentzug haltbar zu machen. Die Trockenfrüchte behalten weitgehend ihren Gehalt an Fruchtzucker, Mineralstoffen und Vitaminen.
Viele gewerbsmäßig hergestellten Trockenfrüchte werden geschwefelt, um ihre Farbe zu erhalten. Allerdings wird die Kennzeichnung erst bei einer Konzentration von mehr als 50 mg Schwefeldioxid pro kg Trockenfrucht vorgeschrieben! Trocknen im Backofen ist recht energieaufwendig, aber es gibt auch schon Solardörrgeräte. Vor der Verwendung können Trockenfrüchte einige Stunden in Wasser gelegt werden. Man kann sie aber auch so essen und entsprechend lange darauf rumkauen. Für Kinder sind sie die bessere Alternative zu kariserzeugenden Süßigkeiten, vor allem, wenn man weniger süße Früchte wie Aprikosen und Apfelringe nimmt. Folgende Trockenfrüchte sind im Handel:
Rosinen (luftgetrocknete Weinbeeren) werden mit Glyceriden behandelt («gewachst»). Man unterscheidet:
Korinthen – kleine, schwarze, kernlose Rosinen, die nicht geschwefelt und nicht gewachst sind.
Sultaninen – große, helle, kernlose Rosinen.
Traubenrosinen – große, fleischige Beeren mit Kernen und meist auch mit Stielen.
Aufbewahrung: trocken, luftig, kühl.
Feigen (viele von uns haben wahrscheinlich noch nie frische Feigen gegessen)
Aufbewahrung: kühl, nicht zu trocken.
Datteln (mit oder ohne Stein)
Aufbewahrung: kühl, nicht zu trocken.
Trockenobst mit hellem Fruchtfleisch (Apfel, Ananas, Aprikosen, Birnen, Pfirsiche, Quitten).

Die Trockenfrüchte dürfen nicht mit *kandierten Früchten* verwechselt werden. Diese Früchte werden in Zuckerlösungen oder Siruplösungen eingelegt oder eingekocht, der Zuckergehalt kann bis zu 75 Prozent des Fruchtgewichts erreichen. Beispiele dafür sind Orangeat (die kandierte Schale der Bitterorange) oder Citronat (die kandierte Schale der Cedrat-Frucht). Trockenfrüchte dürfen geschwefelt und gefärbt werden.
Aufbewahrung: kühl, trocken, dunkel, gut verschlossen.

AUSGEPRESST

VITAMINTRUNK DER NATUR

Das Ökologenherz schlägt höher beim Gedanken an Obstsäfte. Frische und selbst gepreßte Obstsäfte, ohne Zusätze, sind gesund und die Krone des guten Geschmacks. Mit einer geeigneten Presse oder einem Entsafter ist der Vitamintrunk der Natur schnell bereitet. Wenn man selbst gepreßte Säfte länger lagern will, muß man sie pasteurisieren. Ist man von vornherein auf die Herstellung und Konservierung größerer Mengen aus, zum Beispiel nach der Apfelernte oder mit Fallobst / angeschlagenem Obst, sollte man einen *Dampfentsafter* benutzen, bei dem Saftgewinnung und Konservierung in einem Arbeitsgang ablaufen.

SAFT-NEKTAR-GETRÄNK

- *Fruchtsaft* wird zu 100 Prozent aus Obst hergestellt, zur Haltbarmachung sind die Säfte wärmebehandelt (pasteurisiert) worden. Zuckerzusatz ist erlaubt!
Die Fruchtsäfte können auch aus Konzentrat oder Pulver (!) mit Wasser rückverdünnt werden, allerdings muß dies auf dem Etikett gekennzeichnet sein (zum Beispiel «Apfelsaft aus Apfelsaftkonzentrat»).
- *Fruchtnektar* darf bis zu 20 Prozent Zucker enthalten, der Gehalt an Fruchtsaft und/oder Fruchtmark muß mindestens 50 Prozent betragen, bei besonders säurereichen Früchten weniger.
- *Fruchtsaftgetränke* aus Kernobstsäften und Trauben müssen nur noch 30 Prozent Saft enthalten, Fruchtsaftgetränke aus Beeren- und Steinobst nur noch 10 Prozent, aus Zitrusfrüchten 6 Prozent.

Beim Kauf von «Obstsäften» im Laden überlegt man meist verzweifelt, ob «Fruchtsaft» besser ist als «Fruchtnektar» oder umgekehrt. Daß beide besser sind als Fruchtsaftgetränk, kann man sich noch merken: Fruchtsaft*getränk* hört sich schon so wäßrig an. Wir haben eine Eselsbrücke gefunden: -nektar klingt so ähnlich wie Neckar, und aus dem möchte man auch nicht unbedingt trinken, also kann -nektar nicht das Beste sein. Damit ist die Reihenfolge klar: Fruchtsaft (sehr gut), Fruchtnektar (gut), Fruchtsaftgetränk (mangelhaft) und Limonade (durchgefallen).

Säfte sollte man nur in Pfandflaschen kaufen. Wenn es sie in Ihrem Laden nicht gibt, machen Sie die Verkäufer(innen) darauf aufmerksam und wechseln notfalls den Laden.

PRO MEHRWEG

Es ist zwar richtig, daß die meisten Limonaden zum Wegwerfen schmecken, dennoch sollte man sie – wenn überhaupt – nicht in Wegwerfdosen kaufen, sondern nur in Pfandflaschen. Das gilt für alle Getränke, denn: Einwegverpackungen belasten die Umwelt, benötigen mehr Energie, sind gesamtwirtschaftlich gesehen teuer, verschwenden Rohstoffe und erzeugen riesige Müllhalden, auch in *Ihrem* Landkreis. Bierdosen und andere Getränke*einweg*verpackungen liegen der Umwelt jährlich mit 1,5 Milliarden kg (!) Abfallgewicht auf dem Magen. Mit zunehmender Tendenz: vor kurzem hat der Marktanteil an Einwegverpackungen die 25-Prozent-Schallmauer durchbrochen. Und die Verpackungsindustrie hat ihre Zusage (gegenüber der Bundesregierung) gebrochen, diesen Wert nicht zu überschreiten. Wenn es so weitergeht, sind amerikanische Verhältnisse zu erwarten: 90 Prozent Einweg-, 10 Prozent Mehrweggetränke-Verpackungen.
In Geschäften wie Aldi, die sich weigern, Pfandflaschen ins Sortiment aufzunehmen, kaufen wir prinzipiell nicht ein.
Die Herstellungskosten für Pfandflaschen betragen etwa 3,4 Pf, sie liegen bei 0,5-l-Dosen bei 31 Pf (!) und bei der 0,33-l-Dose bei 22,6 Pf.

Wenn die Dose so teuer ist, muß der Hersteller beim Inhalt sparen – also bei dem, was Sie trinken!

AUSGEPRESST

Die süßesten
Früchte wachsen
nicht in Dosen.

DIE KINDER DER
ÖKO-KÖCHE

Was essen sie, was kochen sie? Knifflige Fragen. Da es den Anschein hat, daß Kinder immer genau das Gegenteil von dem machen, was die Eltern tun oder wünschen, sind wir versucht, selbst Hamburger zu essen und aus der Coladose zu trinken, nur damit sich unsere Kinder gesund ernähren.

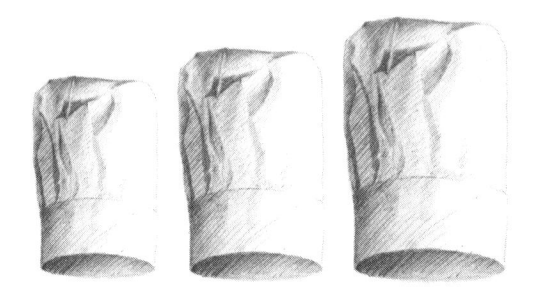

Zum Glück trügt dieser Schein. Das Verhalten von Kindern wird nur zum Teil durch Trotzreaktionen bestimmt, weit mehr durch Erfahrungen und Vorbilder. Ernährungsgewohnheiten sind erstaunlich stabil: Mutters Braten schmeckt noch nach 50 Jahren! Der McDonald's-Un-Kultur wurde durch den steigenden Fleischkonsum der sechziger und siebziger Jahre, durch Cola und Weißmehl, die Abkehr vom Stillen u. a. der Weg bereitet.

LIEBE GEHT DURCH DIE BRUST

Die ökologische Ernährung eines Kindes fängt genaugenommen schon vor der Geburt an. Nach der Geburt sollte der Säugling, solange es fließt, gestillt werden. Muttermilch ist die denkbar beste Ernährung, sie entspricht den Bedürfnissen des Kindes. Die Inhaltsstoffe der Muttermilch sind – im Gegensatz zur Kuhmilch – vom Säugling leicht zu verdauen; Muttermilch enthält natürliche Immunstoffe zur Stärkung der Abwehrkräfte. Vielleicht noch wichtiger ist die psychologische Wirkung des Stillens für Mutter und Kind. Ein weiterer Vorteil: der Milchschoppen muß nicht gekocht, die Schoppenflaschen müssen nicht desinfiziert werden. Da kann Nestlé nur blaß werden. Muttermilch ist eigentlich das Paradebeispiel für ökologische Ernährung.

Aber: Muttermilch ist heute mit Schadstoffen (DDT, Lindan, PCB's u. a.) belastet, und zwar im Durchschnitt um ein Mehrfaches höher als beispielsweise Kuhmilch.

Wir meinen dennoch (und so lautet auch die Empfehlung des Öko-Instituts und zahlreicher Stillgruppen), daß Mütter trotz der erhöhten Werte weiterstillen sollten, weil die psychologischen und ernährungsphysiologischen Vorteile überwiegen. Es sei denn – und deshalb sollten Sie Muttermilch analysieren lassen –, die Schadstoffwerte wären extrem überhöht. Im Zweifelsfall sollten Sie sich an die nächste Stillgruppe wenden.

Kontakt durch: *Muttermilch – ein Menschenrecht, Reichsgrafenstr. 4, 7800 Freiburg*

Beim Zufüttern (hier kann dann auch der Papi was tun!) sollten Sie verwenden:

- nur selbsthergestellte *ungesüßte* Tees
- bei stark nitrathaltigem Wasser nitratarmes Mineralwasser
- Vorzugsmilch
- Vollkornmilch (frisch und sehr fein gemahlenes Getreide, etwa fünf bis acht Stunden in etwas Wasser eingeweicht und dann mit Vorzugsmilch versetzt – das Loch im Sauger muß dann aber etwas größer sein).

Auch feingepreßtes und püriertes Obst und Gemüse (kein Spinat vor dem 6. Monat) kann zugefüttert werden, später auch Vollkornhaferbrei (Getreide frisch mahlen und mit Wasser vermischen, eine Minute aufkochen und abkühlen lassen. Kann mit püriertem Obst oder Gemüse verfeinert werden). Mit und nach den ersten Zähnchen kann man schon ans Vollkornbrot denken und das Kind langsam an die in der Familie übliche Ernährung heranführen.

KOCHEN MIT KINDERN

Eßgewohnheiten – gute wie schlechte – werden bekanntermaßen im Kindesalter nachhaltig geprägt. Man kann also gar nicht früh genug damit beginnen, Kinder mit der Herstellung und Verarbeitung von Lebensmitteln vertraut zu machen und ihnen eine Vorstellung vom natürlichen Geschmack der Produkte zu vermitteln.

Ideal ist es, wenn man ein Stück Gartenland zur Verfügung hat und den Kindern ein eigenes Beet überlassen kann, auf dem sie Tomaten, Kräuter, Salat und Gemüse ziehen können, um später selbst zu ernten, zu verarbeiten und zu essen.

Kochen mit Kindern – das kann heißen, eigene eingefahrene Eßgewohnheiten in Frage zu stellen, neue Geschmackskombinationen zu entdecken, aber auch in Kindern ein Gespür für das tägliche Brot, für den bewußten Umgang mit Lebensmitteln zu wecken. Kinder sollen dabei den schöpferischen Prozeß spüren und die Lebensmittel «handgreiflich» erfahren.

Längst gibt es Dutzende von Kinderkochbüchern. Die Palette reicht von der Spielerei mit der Radieschenmaus und dem bunten Smartie-Kuchen bis zum ernstzunehmenden Versuch, Kindern den Wert der Lebensmittel bewußt zu machen. Allerdings – all diese Bücher wenden sich an Kinder im Lesealter. Dann ist es aber oft schon zu spät. Bereits mit den ersten Einladungen zu Kindergeburtstagen beginnt die Jagd auf Süßigkeiten, und manche Eltern halten Pommes frites mit Ketchup für die Krönung der Geburtstagsfeier. Nicht, daß sie völlig verboten sind. Jedes Tabu ruft Widerstand hervor. Wichtig ist, den Kindern verständlich zu machen, daß man aus Kartoffeln ganz andere Gerichte herstellen kann, die mindestens genauso gut schmecken und wesentlich gesünder sind.
Auch die Lust auf die überall in Fülle leicht greifbaren Süßigkeiten läßt sich begrenzen, wenn man

- ein Totalverbot vermeidet (das führt zu Heimlichkeiten)
- qualitativ höherwertige süße Produkte anbietet (zum Beispiel Fruchtschnitten aus dem Reformhaus, Obst, Trockenfrüchte wie Feigen, Rosinen, Nüsse ...)
- einen Anreiz bietet, geschenkte Süßigkeiten nicht zu essen.

Beispiel: Das «Tauschglas». Ein großes Gurkenglas mit Schraubdeckel wird mit Markierungen versehen, zum Beispiel viertel-, halb-, ganz voll. Für ein ganz mit gesparten Süßigkeiten gefülltes Tauschglas gibt es ein Spielzeug nach Wahl (Preis vorher festsetzen!), für ein halbvolles ein kleineres, etc. Die Süßigkeiten lassen Sie verschwinden.

Generell kann man es sich zum Grundsatz machen – auch mit Blick auf andere Eltern –, statt der allgemein üblichen Süßigkeiten als Mitbringsel, Belohnung oder Preis beim Kindergeburtstag lieber ein kleines Spielzeug zu wählen (Luftballons, Stifte mit Block, Seifenblasen, kleine Koch- oder Backgeschirre, Selbstgefertigtes zum Anziehen für den Lieblingsbären, Geldbeutel, Korbmöbelchen, Lupe, Schere, Knetmasse, Klebstift oder bunte Klebstreifen, alles Dinge, die weniger als 10 DM kosten). Man muß nur nachdenken.

Man kann Kinder schon sehr früh in der Küche mit«machen» lassen. Ein Dreijähriger kann durchaus mit einem Messer umgehen, wenn man ihn läßt. Man braucht auch nicht nur «backe, backe Kuchen» zu spielen, obwohl das sehr beliebt und einfach ist. Fangen Sie irgendwo an und lassen Sie Ihre Kinder mitkochen.
Zunächst ist es etwas umständlich und erfordert gewisse Vorsichtsmaßnahmen. Ein Kleinkind hat am Herd natürlich noch nichts zu suchen. Eins ist aber wichtig: wenn man Kinder mitmachen läßt, muß es echt sein und keine bloße Ablenkung mit ein bißchen Teig oder einem kleinzuschneidenden Kohlblatt.

Was brauchen Sie für das «Kochen mit Kindern?» Kleine Kochtöpfe (kein Puppengeschirr!), kleine Rührlöffel, Nudelhölzer, kleine Backformen, etwas Mut und Geduld. Zu mehreren macht es natürlich am meisten Spaß.

Teig übt eine große Faszination auf Kinder aus – man kann damit spielen, zusammenrühren, probieren, kneten, formen, backen – und dann aufessen, was man selbst gemacht hat. Lassen Sie Ihre Kinder beim Backen helfen.
Die Backrezepte müssen nur entsprechend verkleinert werden. Jedes Kind sollte «seinen» Kuchen weitgehend allein herstellen. Abwiegen, Einfüllen und Backen können Sie bei kleinen Kindern diskret übernehmen, die größeren schaffen das schon selbst.
Bei kleinen Kindern gelingen am Anfang einfache Rührkuchen am leichtesten (also zum Beispiel ohne Eischnee oder geschmolzene Butter), weil man alle Zutaten abgewogen nach und nach einrühren kann.
Hefeteig müssen Sie für kleine Kinder selbst herstellen, dafür können die Kleinen beim Formen und Dekorieren helfen, zum Beispiel mit Nüssen, Rosinen und Mandeln. Eine andere Möglichkeit ist, den Hefeteig auszuwellen, mit Nüssen und Rosinen und Zimt und Zucker zu

bestreuen, aufzurollen, in dicke Scheiben zu schneiden, diese auf ein Blech zu setzen und mit Eigelb bestrichen zu backen.
Auch die Weihnachtsbäckerei bietet ideale Möglichkeiten, Kinder zu beteiligen.

Bestimmt möchten die Kinder auch Pizza backen. Versuchen Sie es einmal mit der «Pizza spezial». Hefeteig auf einem gefetteten Blech (oder in Portionen aufgeteilt in gefetteten Springformen) ausrollen, mit etwas Olivenöl beträufeln, die Kinder selbst darauf ausbreiten lassen, was ihnen gefällt: Tomatenscheiben, Paprikastreifen, Salami, Pilze ... mit Käse abschließen und ca. 30 Min. bei 220° backen.
Teigwaren gehören erfahrungsgemäß zu den Lieblingsgerichten aller Kinder. Es müssen aber nicht die billigen Spaghetti aus dem Supermarkt sein. Wenn Sie also Ihre Nudeln selbst herstellen (nach dem drittenmal geht es bereits ziemlich schnell – nur eine Frage der Übung!), lassen Sie Ihre Kinder mitmachen beim Getreidemahlen, Teigkneten, Auswellen und Schneiden.

Lassen Sie Ihre Kinder verschiedene Mischungen aus Salaten oder Gemüse ausprobieren! Die vorbereiteten Zutaten müssen lediglich kleingeschnitten und in eine von Ihnen vorgegebene Marinade oder Brühe gegeben werden. Lassen Sie die Kinder einen Obstsalat selbst mischen: das Obst auswählen, waschen, schneiden usw.

Zum Kindergeburtstag: lassen Sie das Geburtstagskind einen Kuchen am Vortag selbst backen. Versuchen Sie statt Pommes frites einmal einen von allen Kindern gemeinsam zubereiteten Obstsalat oder eine Pizza, bei der jedes Kind etwas auflegen darf. Lassen Sie (wenn es sich draußen machen läßt) die Kinder statt Würstchen Äpfel braten, oder legen Sie Kartoffeln, die mit Kräuterquark gegessen werden, in die Glut.

KERNIG
NÜSSE, SAMEN & MÜSLI

*E*in Müsli am Morgen ist ein ideales Frühstück, denn die Blutzuckerkurve steigt nicht steil an, um dann am Vormittag ebenso rasch wieder abzufallen. Das Müsli hält den ganzen Vormittag satt, ohne daß Sie belastet sind. Sie fühlen sich gleichbleibend wohl.

Vier Prozent der Bundesbürger essen morgens Müsli. Gehören Sie auch zu dieser exklusiven Minderheit?
Im Büro ist mittags ein Müsli stets einer Pizza oder einem üblichen Stammessen vorzuziehen. Wenn wir in der Bundesbahn reisen, wollen wir auch im Speisewagen Müsli haben. Seit gut einem Jahr nerven wir das «freundliche DSG-Team», das uns im Speisewagen schon erwartet, mit diesem Wunsch. Machen Sie mit!

Wenn Sie morgens immer zu spät aufstehen und nur wenig Zeit zum Frühstücken haben, werden Sie wahrscheinlich zu dem großen Karton mit der Aufschrift «Bio-Bircher-Müsli» greifen, sich die Mischung aus Weizen, Roggen, getrockneten Äpfeln, Rosinen, Haselnüssen und Honig (!) in den Teller schütten und Milch zugießen. Leider enthält die Tüte noch kein Milchpulver, so daß nur noch Wasser beizugeben wäre. Fertig verpackte Müsli-Mischungen sollten Sie nicht kaufen, oft enthalten diese auch noch Zucker. Am schlimmsten ist aber der eintönige Geschmack, jetzt wird auch schon das Müsli nivelliert!?

Ein Müsli schmeckt immer so gut, wie Sie sich Zeit für die Zubereitung nehmen: neben Haferflocken frisches Obst (notfalls Trockenobst), Nüsse und Samen. Es gibt nicht nur ein Müsli, sondern tausend Müsli! Sesam, öffne dich!

Sind Sie einmal zum Müsli-Freund geworden, werden Sie bald auch ein Frischkornmüsli zubereiten. Damit werden Sie zum absoluten Trendsetter. Ein Frischkornmüsli ist eigentlich gar kein Müsli mehr, sondern ein Frischkornbrei. Aber das bleibt unter uns.
Sie brauchen dazu nur eine kleine Handmühle, um pro Person etwa drei gehäufte Eßlöffel Getreide zu schroten und über Nacht in knapp der gleichen Menge Wasser einzuweichen. Dazu eignen sich besonders Weizen, Dinkel und Hafer.
Das Frischkornmüsli ist noch gesünder, weil hier das frische Korn gegessen wird. Wird Hafer zu Haferflocken verarbeitet, ändern sich auch ohne Erhitzung die Bestandteile. Es gehen Vitamine und Nährstoffe verloren. Das Frischkornmüsli schmeckt noch besser, wenn Sie statt Milch (ein bißchen) Sahne zugeben (und Leinsamen, Nüsse, Korinthen und viel Obst).
Entscheidend ist hierbei, daß das frisch gemahlene Getreide gleich mit Wasser bedeckt wird. Sie können also ihren Wochenvorrat nicht gemahlen im Bio-Laden einkaufen.

NÜSSE, SAMEN, KERNE

Müsli, Frischkornbreie und viele andere Rohkostgerichte werden durch Nüsse, Samen und Kerne von kruder Rohkost zur Feinkost. Dabei sollten Sie aber eines bedenken und ausprobieren. Sie sind nicht besonders phantasievoll, wenn Sie auf jede Mahlzeit noch zehn verschiedene Nußsorten, Samen und Kerne streuen. Sie sollten, schon des Geschmacks wegen, die Eigenheiten der Samen und Kerne kennenlernen.
Zum Nikolaus und zu Weihnachten bekamen wir früher einen Teller mit Walnüssen, Erdnüssen und Mandarinen, eine für uns durchaus exotische Kombination. Heute, im Zeitalter der gesalzenen Fernsehnuß und des überschäumenden Südfrüchteimports, hat das seinen Reiz verloren – der aber im Müsli wieder aufleben kann.

• Die *Haselnuß* ist eine einheimische Nuß, das Hauptanbaugebiet liegt aber im Mittelmeerraum (Italien, Spanien, Türkei). Haselnüsse sind gut fürs Müsli und – als Haselnußmus – für den Brotaufstrich. Damit kann man auf die zuckerhaltigen Nuß-Nougat-Cremes (die Haselnüsse enthalten) verzichten. Auch zum Backen eignen sich Haselnüsse gut, denn ihr starkes Aroma hilft Zucker sparen.

• Die *Walnuß* ist ebenfalls eine heimische Nuß, Hauptanbaugebiete sind die Mittelmeerländer, Kalifornien, Indien und China. Unbehandelte Nüsse gibt es bei uns und aus Frankreich. Andere ausländische Walnüsse werden zum Teil stark behandelt. Anbau mit Kunstdünger und Pestiziden, Behandlung der Schalen mit Bleichmittel, das die Schalen optisch aufhellt. Oder Behandlung der Nüsse mit Ethylengas, um die Schale leichter zu öffnen, dann Desinfektion mit Methylbromid. Um die Haut zu entfernen, werden Kerne in Glyzerin und Natrium-Carbonat getaucht, anschließend mit Zitronensäure gespült. Da kann man nur sagen: Frohe Weihnachten!
Außer fürs Müsli und für Rohkost sind frische Schälnüsse eine Spezialität, zum Beispiel zu neuem Wein, oft mit durchschlagendem Erfolg. Walnüsse werden im Spätherbst reif, bis Februar sollten sie gegessen sein, weil sie sonst leicht ranzig werden.

• Die *Mandel* ist die älteste und am weitesten verbreitete Nußart, Hauptanbaugebiete sind der südliche Mittelmeerraum und Kalifornien. Wichtig sind die zwei Sorten Bittermandel und süße Mandel. Die importierten Mandeln sind meist schon von der Schale befreit und enthäutet. Bekannt sind die *süßen Mandeln* als wichtiger Bestandteil von allerlei Leckereien: Marzipan, gebrannte Mandeln mit karamelisiertem Zucker (auf dem Jahrmarkt), Backwaren, Konditorgebäck usw. Bittere Mandeln werden im Obsthandel nicht angeboten, können aber in Packungen mit süßen Mandeln enthalten sein. Sie enthalten hochgiftige Blausäure (bzw. einen Vorläufer) und sollten nicht gegessen werden, auf keinen Fall von Kindern. Das zum Kauf angebotene Bittermandelöl ist künstlich hergestellt.

• Die *Eßkastanie* (Marone, Edelkastanie) findet sich auch bei uns, vor allem aber in Italien und anderen Mittelmeerländern. Sie ist mit der Buche verwandt. Die Maronen unterscheiden sich in ihren Inhaltsstoffen deutlich von anderen Nüssen. Sie enthalten vergleichsweise wenig Eiweiß und Fett, dafür aber mehr Kohlenhydrate und sind somit mehr dem Getreide verwandt (s. u.).
Sie können in der Schale gekocht oder geröstet werden (vorher einschneiden, damit sie nicht explodieren) und werden dann weich und süßlich und eignen sich gut als Beilage zu Rotkohl, Wild und Geflügel oder zu Maronenpüree. Sie lassen sich auch trocknen und zu Mehl mahlen.

• Die *Erdnuß* ist gar keine Nuß, botanisch gesehen, sondern gehört wie Erbsen oder Bohnen zu den Hülsenfrüchten. Von den Inhaltsstoffen her entspricht sie jedoch den Nüssen. Ihren Namen verdankt die Erdnuß ihrem eigenwilligen Verhalten: nach der Befruchtung der Blüte wird die sich entwickelnde Hülse in die Erde versenkt, wo sie bis zur Ernte ausreift.
In den Tropen wird die Erdnuß in landwirtschaftlicher Großkultur angebaut. Entgegen unserer verbreiteten Fernsehbildung wächst die Erdnuß also nicht als gesalzene und geröstete Erdnuß, und dies ist auch nicht die einzige Verarbeitungsform. Wegen ihres hohen Ölgehalts (40 bis 60 Prozent) wird sie zur Speiseöl- und Fettherstellung benutzt (Erdnußbutter!, das Erdnußschrot dient als Viehfutter).

- Die *Pistazien* erfreuen sich zunehmender Beliebtheit, haben sie doch einen fein-milden Nuß/Mandelgeschmack und lassen sich gut schälen. Die hellgrünen Pistazien sind vielseitig verwendbar: roh, geröstet, gesalzen, in Speiseeis, Gebäck und Wurst.

- Die *Pinienkerne* sind recht teuer. Kein Wunder: sie stammen aus Pinien-Zapfen und müssen mühsam in Handarbeit herausgeholt werden. Sie haben einen hohen Proteingehalt und schmecken würzig. Hervorragend fürs Müsli oder für Pesto.

- Die *Paranuß* (Brasilnuß) kommt aus Südamerika, vor allem aus Brasilien. Der Paranußbaum wächst wild, wird an die 50 m hoch und entschließt sich erst nach etwa 30 Jahren, Nüsse zu tragen. Die Nüsse sind dreikantig, schwer zu öffnen und schmecken etwas trocken. Ihr Vorteil: sie reifen im Januar/Februar, genau dann, wenn uns die heimische Walnuß ausgeht.

- Die *Cashew(Käschu)-Nuß* ist roh ungenießbar und muß erhitzt werden. Hauptanbaugebiete sind Indien und Mozambique. Bei uns kommt sie hauptsächlich schon bearbeitet in den Handel, geschält und teilweise gesalzen. Die Nüsse haben einen zart-süßlichen Geschmack.

- Die *Pekanuß* (Hickorynuß) ist der Walnuß ähnlich, sie schmeckt etwas knackiger und aromatischer als die Walnuß.

- Die *Kokosnuß* hat es in sich. Nicht genug, daß sie für jeden Inselwitz obligatorisch ist, sie hat auch noch andere Qualitäten. Mit 92 Prozent Fettanteil hat sie den höchsten Fettgehalt in der Pflanzenwelt. Aus ihr werden Kokosöl und -fett gewonnen und (!) Seife. Der Direktverzehr bei uns ist nicht bedeutend.

«SESAM, ÖFFNE DICH»

Mit Sesamsamen und Leinsamen, Kürbiskernen und Sonnenblumenkernen ist der Kern für Ihre endgültige Verwandlung zum Ökologen gelegt. Erst wenn Sie diese kennen und Spötteleien im Büro («Der ißt ja Vogelfutter») widerstehen, sind Sie auf dem rechten Weg zum Sesam-öffne-dich der ökologischen Ernährung.

- *Sonnenblumenkerne*
Die Kerne sind reich an Eiweiß, Fett, Mineralstoffen, Vitaminen und vielseitig zu gebrauchen: beim Backen, im Müsli, in Rohkost aller Art, als Brotaufstrich (Mus). Das mild schmeckende Sonnenblumenöl ist aus biologischem Anbau erhältlich, ebenso die Kerne selbst.

- *Sesamsamen*
«Sesam, öffne dich» ist das Sinnbild für Überfluß und Reichtum. Sesam ist reich an Eiweiß, Fett, Mineralstoffen und Vitaminen. Hauptanbaugebiet ist heute Zentralamerika. In den Handel kommt es als braune, ungeschälte Sesamsaat (die zu bevorzugen ist) oder als fast weiße, geschälte Sesamsamen. Fürs Müsli ist Sesam nahezu obligatorisch, ebenso für Vollkornbackwaren. Geröstet schmeckt er nussiger. Wichtige Sesamprodukte sind:

- *Sesamöl*
- Tahin (Brotaufstrich aus reinem Sesammus)
- Goma Sio (Würzmittel aus Meersalz und geröstetem Sesam)

- *Kürbiskerne*
Kürbiskerne sind reich an Eiweiß und Fett, sie sollen entwässernd wirken. Erhältlich sind sie als schalenlose Kerne oder in der Schale und gesalzen – ein guter Knabberersatz für Erdnüsse, den man auch selbst herstellen kann.

- *Leinsamen*
Lein ist eine 6000 bis 8000 Jahre alte Kulturpflanze, die – wie die Baumwolle – sowohl Faser- als auch Ölpflanze ist. Industriell wird Leinen kaum noch hergestellt, das Leinöl wird für Farben und Lacke verwendet. Leinsamen sind gut gegen Verstopfung.

PUTSCHISTEN & ROYALISTEN
KAFFEE, TEE, KAKAO

Kaffee kommt aus Arabien, er galt dort im 10. Jahrhundert als Medikament und wurde erst im 15. Jahrhundert zum Volksgetränk. Bei uns war er noch bis zur Mitte des 17. Jahrhunderts weitgehend unbekannt, etablierte sich dann rasch beim Adel. Mit dem aufkommenden Bürgertum des 18. Jahrhunderts fand der Kaffee sein «Zielpublikum», wie die Werbestrategen heute formulieren würden.

KATHOLISCHER KAKAO, PROTESTANTISCHER KAFFEE

Der Bürger im Kontor brauchte ein aufputschendes Getränk, wollte rund um die Uhr funktionieren und nicht mit Schläfrigkeit Zeit verlieren. Schließlich mußte man zu Lebzeiten effektiv arbeiten, wie es der Calvinismus forderte und der Kaffee möglich machte.
Das Kaffeehaus, das damals entstand, war Geschäftslokal und «Männersache», es wurden Neuigkeiten aus Politik und Wirtschaft ausgetauscht und – soweit es das Geschäft zuließ – über Kunst und Kultur diskutiert. Das Kaffeehaus hat sich bis heute in Wien erhalten.
Der größte Versicherungskonzern der Welt, Lloyd's, war ursprünglich ein Kaffeehaus – hier erfuhr man am ehesten von neuen Geschäften. Mit der Entwicklung moderner Kommunikationstechniken wurde das Kaffeehaus leer, wanderte das Kaffeetrinken ins Private, übrig blieb der Wachmacher Frühstückskaffee. Nur im oft bespöttelten «Kaffeeklatsch der Damen» blieb etwas von der Idee des Kaffeehauses erhalten, allerdings als eine etwas verspätete und mißglückte Gegenkultur der vormals ausgeschlossenen Frauen.

In England wurde im 18. Jahrhundert der Kaffee weitgehend durch Tee verdrängt, wahrscheinlich weil die Ostindische Gesellschaft das Teemonopol innehatte und weil Tee auch billiger war – pro Tasse.

Die Rolle des bürgerlich-kapitalistischen, «nüchternen» Kaffees in England, Holland und Frankreich spielte der katholisch-aristokratische, «lebensfrohe» Kakao in Spanien und Italien. Während der Kaffee gleichsam ruckartig wach machte, verführte der Kakao zum gepflegten Nichtstun. Kakao repräsentierte barock-katholische Körperlichkeit gegen protestantische Askese (er galt sogar als Aphrodisiakum).

Die Geschäftstüchtigkeit dagegen schien allemal mit dem Kaffee zu steigen. Ausgerechnet die erzprotestantischen Länder Schweiz und Holland beendeten die spanisch-katholische Handelsvormacht beim Kakao und etablierten eine eigene «Schokoladenkultur» – die Schweizer Schokolade gilt noch heute als eine der besten. Keineswegs haben die «Protestanten» damit die kakaoeske Sinnesfreude mit übernommen, im Gegenteil: Schokolade ist nun «quadratisch, praktisch, gut», der schnelle Muntermacher, süßes Fast Food.

Jährlich werden weltweit rund 80 Millionen Sack Kaffee à 60 kg produziert, fast die Hälfte wandert in die EG, die Bundesrepublik ist das zweitgrößte Kaffee-Importland, Jacobs, Tchibo, Aldi, Eduscho, Melitta und Hag haben einen Marktanteil von etwa 80 Prozent. Während bei vielen landwirtschaftlichen und mineralischen Rohstoffen die Preise beständig fallen, sind die Kaffeerohstoffpreise relativ stabil. Nicaragua produziert jährlich 60000 bis 70000 Tonnen Kaffee (etwa 1 Prozent der Weltkaffeeproduktion), davon werden $2/3$ exportiert. Mit einem Anteil von 30 Prozent bilden die Kaffeeverkäufe die wichtigste Devisenquelle. Schon seit einigen Jahren kann man in der Bundesrepublik Nicaragua-Kaffee aus dem Direktimport mit einigem Aufschlag von 10 Prozent kaufen, wobei der Erlös an den nicaraguanischen Bauernverband UNAG (Nationale Union der Landwirte und Viehzüchter) geht. Durchgeführt wird die Aktion von der Gesellschaft zur Förderung der Partnerschaft mit der Dritten Welt (GEPA), einer nichtkommerziellen Organisation von kirchlichen Entwicklungsdiensten und Jugendverbänden, sowie Dritte-Welt-Gruppen. Seit 1980 konnten rund 400000 Dollar an die UNAG überwiesen werden.

Andere Direktimportgruppen (Ökotopia Berlin, Solishop Frankfurt, Berliner Kaffeegemeinschaft [«Sandino Dröhnung statt Jacobs Krönung»], Dritte-Welt-Laden Coesfeld) kritisieren den zu hohen Verwaltungsaufwand der GEPA. Sie berechnen keine Verwaltungskosten und leiten den 10prozentigen Solidaritätsaufschlag voll weiter, zudem an bestimmte Projekte und Initiativen, etwa an die Kooperative «Ernesto Acuna», die auch den Anbau von Grundnahrungsmitteln vorantreibt.

Ganz klar: der Kaffee aus dem Direktimport ist durch den Solidaritätsaufschlag teurer. Aber es war schon immer etwas teurer, einen besonderen Geschmack zu haben!

Adressen: *Nicaragua-Kaffee: Berliner Kaffeegenossenschaft, Ökotopia, Gneisenaustraße 2a, 1000 Berlin 61*
Nicaragua-Kaffee und Dritte-Welt-Produkte: GEPA, Aktion Dritte Welt Handel, Talstraße 20, 5830 Schwelm

Jährlich trinkt der Durchschnittsbürger in der Bundesrepublik rund 170 l Kaffee, täglich etwa 3 Tassen und damit mehr Kaffee als Bier (150 l). Für diesen Genuß importieren wir jährlich rund eine halbe Million Tonnen Kaffee im Wert von etwa 4 Milliarden DM.
Kaffee wächst als Kaffeebaum. In den kirschenähnlichen Früchten des Kaffeebaums finden sich je zwei Kaffeebohnen. Sie werden beim Kaffeerösten auf ca. 200 °C erhitzt. Eine Untersuchung des Bremer Umweltinstituts zeigte, daß der bei uns importierte Kaffee erfreulich wenig bis gar keine Pestizide und chlorierte Kohlenwasserstoffe enthält. Dies gilt sowohl für den konventionellen Kaffeemarkt wie auch für den sogenannten alternativen Kaffee aus Bioläden oder Dritte-Welt-Läden. Das liegt wohl daran, daß die Kaffeebohnen im Fruchtfleisch der Kaffeefrucht relativ geschützt reifen und daß Pestizide beim Röstprozeß weitgehend zerstört werden. Sie können Kaffee also noch genießen, aber sie müssen ihn auch richtig zubereiten.

PUTSCH DICH!

Wie kochen Sie denn Ihren Kaffee? Sie besorgen sich den gemahlenen Kaffee und filtern in der Kaffeemaschine? Dann müssen Sie sich nicht wundern, daß Ihr Kaffee leicht säuerlich schmeckt und Ihnen den Magen verdirbt. Als ganz selbstverständlich setzen wir voraus, daß Sie keinen löslichen Kaffee anrühren. Auch der Zichorienkaffee schmeckt *uns* nicht, obwohl er Kreislauf und Geldbeutel schont.

Wenn Sie keine Kaffeemühle haben, fragen Sie Ihre Eltern oder Großeltern und lassen Sie sich die alte Handmühle mit Mahlwerk schenken.
Das macht Sie morgens vor dem Frühstück munter. Die Kaffeebohnen sollen immer frisch gemahlen werden. Die billigen elektrischen Kaffeemühlen sind keine Mühlen, die Bohnen werden durch diese Schlagbohrer zerschlagen und erhitzt. Das ist dem Aroma abträglich.

Werfen Sie – wie wir vor einem Jahr – Ihre Papierfilter fort. Ins Altpapier natürlich. Im Papierfilter bleiben die Öle und Aromastoffe des Kaffees hängen. Lernen Sie von unseren Nachbarn in Frankreich und Italien. Ideal sind die Kaffeemaschinen in den italienischen Eiscafés. Der frisch gemahlene Kaffee kommt in ein Metallsieb, und Wasser wird mit 80–90 °C und hohem Druck durchgepreßt. Jede Tasse wird von Schaum gekrönt. Dieser Kaffee schmeckt rund, aromatisch und ist bekömmlich. Solche Kaffeemaschinen können Sie auch erwerben, es sind aber nur wenige Geräte wirklich geeignet, und die sind teuer. Bevor Sie ein billiges Gerät kaufen, fragen Sie in der Verbraucherzentrale nach den Testergebnissen. Wenn Sie unbedingt eine Maschine haben wollen, können Sie einen Goldfilter benutzen. Der Goldfilter ist ein feines Sieb, läßt also auch die Öle durch. Anders als bei der Espressomaschine wird das heiße Wasser aber nicht mit Druck durchgepreßt, es träufelt vielmehr nach und nach auf den gemahlenen Kaffee, das ist der Nachteil. Dieser Kaffee schmeckt aber immer noch besser als der Papier-Filter-Kaffee.

Sie können auch eine Siebkanne benutzen. Der Kaffee kommt in einen Glaszylinder, wird mit heißem Wasser aufgegossen, und nach zwei Minuten wird ein Sieb heruntergedrückt, so daß Sie den Kaffee ohne Satz ausgießen können. Schließlich können Sie auch Omas Methode anwenden und den Kaffee in einer Kanne einfach nur aufgießen und zwei Minuten ziehen lassen und dann durch ein Sieb abgießen. Bei dieser Methode wird der Kaffee stärker ausgelaugt. Er gibt also nicht nur die leichtflüchtigen Stoffe ab. Kaffee sollte nicht mit kochendem Wasser übergossen werden, Temperaturen von 90 °C schonen die Öle und damit den Geschmack.

Vielleicht haben Sie eine kleine Aluminium-Espresso-Maschine. In den unteren Teil kommt das Wasser, darauf ein Sieb mit dem Kaffee, das Oberteil wird aufgeschraubt. Diese Methode ist gut, doch bildet das Aluminium auf Dauer einen Belag. In Stahl ist das System besser, aber auch viel teurer. Ähnlich arbeitet auch eine Kaffeemaschine, die wir Ihnen empfehlen: das Wasser wird in einem Glasballon erhitzt und steigt durch einen Glaszylinder in einen darübersitzenden Glasballon mit dem gemahlenen Kaffee. Die Temperatur stimmt, die Öle bleiben erhalten.

Wenn Sie gerne Milch zum Kaffee trinken, werden Sie Kondensmilch in Dosen sicher schon längst abgeschafft haben und nur noch frische Milch oder Sahne zugießen. Zucker sollten Sie ganz weglassen. Zugegeben, stark gerösteter italienischer Espresso braucht ein bißchen Zucker, sonst schmeckt er zu hart. Aber für den alltäglichen Gebrauch können Sie doch eine milder geröstete Bohne auswählen und den Zucker weglassen. Das schmeckt Ihnen nach einiger Zeit bestimmt genauso gut.

Tchibo, Eduscho usw. sind im übrigen keine Kaffeesorten. Unter diesem Namen wird jeweils eine Kaffeemischung vertrieben. Vielleicht haben Sie in Ihrem Ort noch ein altes Kaffeegeschäft. Kaufen Sie dort und erhalten Sie sich diese Genußquelle. Probieren Sie die verschiedenen Sorten, indem Sie zwei Sorten gleichzeitig aufbrühen und miteinander vergleichen. Es ist wie beim Wein oder beim Tee: lernen Sie die Vielfalt der Genüsse kennen.

Türkischer Kaffee wird aufgebrüht. Stark geröstete Bohnen, zum Beispiel Espressomischung, mit Zucker (Puderzucker) und Wasser aufsetzen – nach Wunsch mit Kardamon – und dreimal aufkochen lassen, ein paar Tropfen kaltes Wasser hinzu und in kleinen Mokkatäßchen servieren. Türkischer Kaffee ist schwarz wie die Nacht, heiß wie die Hölle und süß wie die Liebe.

KAKAO

Kakao trinken meist nur noch die Kinder, er ist aus der Mode gekommen. Meist wird in die warme Milch ein Fertigkakao gerührt, eine Mischung aus Kakao und Zucker, die hauptsächlich süß schmeckt. Kochen Sie lieber richtigen Kakao: In Wasser Kakaopulver lösen und leicht zuckern, aufkochen. Mit Milch aufgießen, heiß werden lassen. Heiß trinken, mit einer Sahnehaube verzieren, die mit etwas Kakaopulver bestreut wird.

SCHOKOLADE

Noch köstlicher – und kalorienreicher – ist es, wenn Sie bittere Schokolade raspeln und die geraspelte Schokolade in einem Teil Wasser auflösen, aufkochen und mit drei Teilen Milch aufgießen. Mit einem Sahnehäubchen verzieren. Der Kuchen wird dann überflüssig.

ABWARTEN UND TEE TRINKEN

Es gibt viele Kräuter und Blüten wie Pfefferminz, Lindenblüten, Kamillen, Hagebutten, Malven usw., mit denen Sie einen gesunden und preiswerten Tee zubereiten können. Das ist zum Abendessen bekömmlicher und preiswerter als Wein oder Bier oder Limonade für Kinder.

Aber kommen wir zu den schwarzen und grünen Tees, von denen wir jährlich etwa 16 000 Tonnen importieren. Die Teepflanze ist eigentlich ein Baum, der 8 bis 14 m hoch wird. Auf Teeplantagen werden die Büsche auf etwa 1 m Höhe gehalten.

Es gibt drei unterschiedlich behandelte Teearten:
- Bei *Schwarztee* werden die grünen Teeblätter an der freien Luft oder mit Heißluft vorgetrocknet und dann so gebrochen, daß sich die Zellen öffnen und der Zellsaft mit der Luft reagieren kann. Durch den einsetzenden Fermentierungsprozeß entstehen die spezifischen Aromastoffe. Zum Schluß wird der Tee noch einmal mit Heißluft getrocknet.
- Oolong-Tee wird nur halb fermentiert.
- Grüner Tee wird gar nicht fermentiert.

Lösliche Tee-Extrakte (aus Teeblättern gewonnener Extrakt, meist mit Zucker und Säuren versetzt) und Teebeutel (Keuschheitsgürtel des guten Aromas) sind in der Öko-Küche unbekannt.
Zwei Untersuchungen des Bremer Umweltinstituts zeigten beträchtliche Unterschiede in der Pestizidbelastung der verschiedenen Teemarken. Tees aus biologischem Anbau, aus Bioläden und Dritte-Welt-Läden schnitten deutlich besser ab. Tee ist preiswert, selbst der teuerste – umgerechnet auf die Tasse.

TEEZUBEREITUNG

Schwarzen Tee läßt man zwei Minuten lang ziehen. Er gehört nicht in ein Tee-Ei, vertretbar sind Teesiebe. Am besten ist es, den Tee in eine vorgewärmte Kanne zu geben, das kochende Wasser aufzugießen, zwei Minuten ziehen zu lassen und dann durch ein Sieb in eine andere vorgewärmte Kanne abzugießen. So können sich die Teeblätter und damit Aroma und Duft des Tees am besten entfalten. Wenn der Tee nicht so sehr munter machen soll, lassen Sie ihn etwas länger ziehen. Nehmen Sie dann aber auch weniger Tee, damit er nicht bitter wird.

Die Teesorten sind noch vielfältiger als die Kaffeesorten. Beim nächsten Einkauf sollten Sie nicht nur einen Frühstückstee oder eine Ostfriesenmischung erwerben. Gehen Sie doch einmal in ein Teegeschäft und lassen Sie sich die verschiedenen Teesorten zeigen. Wählen Sie verschiedene Sorten und vergleichen Sie den Geschmack. Wenn an Ihrem Ort kein Teegeschäft ist, empfehlen wir Ihnen, Tee aus einem der Tee- und Kaffeehäuser aus Bremen zu beziehen. Dort finden Sie regelmäßig ein Programm hoher Qualität. Das ist Ihnen zu teuer? Rechnen Sie mal aus, was ein Liter Tee kostet!

Guter Tee schmeckt am besten ohne jede Zutat, Zucker stört das Aroma. Ein guter Darjeeling braucht in der Regel auch keine Milch. Sie müßten ihn schon sehr stark aufgießen, dann verträgt er allerdings einen guten Schuß Sahne. Auch die Zitrone gehört nicht in den Tee, sondern allenfalls in den Aufguß, den Sie durch Auslaugen von Papierbeuteln gewinnen. Wenn Sie bislang Tee mit Dosenmilch oder Zitrone getrunken haben, probieren Sie es ohne – bei einem guten Tee.

Wie schmeckt Ihnen grüner Tee? Noch nicht probiert? Besorgen Sie sich gleich einen guten chinesischen grünen Tee, nicht gerade Gunpowder. Die guten Sorten sind etwas teurer, aber sehr ergiebig. Grüner Tee wird nicht mit kochendem Wasser aufgegossen, das Wasser soll nur 90 °C haben. Es wird also vor dem Sieden vom Feuer genommen. Der Tee muß fünf Minuten ziehen und wird dann in eine vorgewärmte Kanne abgegossen. Grüner Tee ist hell, mild und von feinem Aroma, nicht so stark aufmunternd wie der schwarze Tee. Er läßt sich auch noch gegen Abend trinken, ohne daß Sie am Schlaf gehindert werden. Grüner Tee verträgt sich nicht mit Milch, Zucker oder gar Zitrone.

SUGARBABY
SÜSSE SACHEN

Den Schluß des Buches wollen wir Ihnen noch etwas versüßen und versalzen. Etwas zwiespältig, aber mit praktikablen Kompromissen. Eigentlich müßte man den Konsum von Süßigkeiten, Kuchen, süßen Nachtischen und anderen Leckereien auf ein Minimum reduzieren, andererseits schmecken sie doch so gut. Wir sind überzeugt, daß *Sie* das rechte Mittelmaß finden, das wir bislang noch suchen ...

KARIES UND SAHNEHÄUBCHEN

Am meisten Spaß bringen die Leckereien, wenn man sie wirklich genießt und nicht gedankenverloren in sich hineinstopft. Wir haben die große Überraschung erlebt, als uns nach der Abgewöhnung von Zucker in Kaffee und Tee plötzlich viele Süßigkeiten nicht mehr schmeckten («eklig süß»), dafür andere – nicht übersüßte Leckereien – plötzlich im Geschmack zur Geltung kamen. Es ist wie beim Salz – mit weniger Zucker blühen die Geschmacksknospen Ihres Gaumens erst richtig auf.

ZUCKER ODER HONIG

Als unsere Vorfahren noch auf den Bärenfellen lagen, süßten sie ihre Speisen nur mit Honig, erst die Kreuzritter brachten Zucker nach Europa, den die Araber aus Zuckerrohr gewannen. Zucker wurde ein begehrtes Gewürz. In Schweden werden noch heute viele Speisen (auch Fische) gesüßt – vor einigen Jahrhunderten ein Zeichen des Reichtums. Erst um 1800 gelang es in Preußen, aus der Zuckerrübe Zucker zu sieden. Seitdem ist der Zucker leider unaufhaltsam im Vormarsch. Lag im vorigen Jahrhundert der Verbrauch pro Person und Jahr noch unter 5 kg, hat er inzwischen die Menge von 35 kg erreicht. Auch heute gilt, daß süß lecker ist.
Der industriell hergestellte weiße Zucker ist eine chemisch fast reine Substanz, deshalb wird er auch isolierter Zucker genannt. Dieser Zucker ist ein Kohlenhydrat ohne essentielle Inhaltsstoffe, Protein, Fett oder Ballaststoffe, ohne Vitamine und Mineralstoffe. Ein Unterschied zwischen weißem oder braunem Zucker besteht praktisch nicht. Wenn in Biorezepten empfohlen wird, braunen Zucker zu nehmen, wird die Speise dadurch nicht gesünder. Für manche Backwaren oder Süßspeisen nimmt man braunen Zucker wegen der Farbe oder des anderen Geschmacks.
Der isolierte Zucker ist ein reiner Kalorienträger (leere Kalorien), er wirkt als Vitaminräuber: weil für seinen Abbau im Körper Vitamin B_1 notwendig ist, der Zucker aber nur Kalorien liefert, «nimmt» er das Vitamin von anderen Lebensmitteln. Wundern Sie sich also nicht, wenn Sie viel Zucker essen und immer schlaff herumhängen.

Die Abhängigkeit vom
früh begründet durch
in der Kindernahrung.
für die Babies ist bereits
industrielle Babynahrung.
und Süßigkeiten in der Kind
später genug Zucker
es so wichtig, keine industrielle
Kindern statt Süßigkeiten lieber
zu geben. Arme Kinder? Ganz
das Bedürfnis, etwas zu kauen,
nach Zucker. Nach Zucker ver
abhängig sind. Wenn Sie also
besuchen, bringen Sie ihm keine
Holzspielzeug wird ihm sicher
Sie dürfen nicht gedankenlos in
sondern müssen schon etwas

Zucker wird schon
versteckten Zucker
Der fertige Instant-Tee
gezuckert, ebenso die
Übersüße Limonaden, Eis
heit sorgen dafür, daß auch
konsumiert wird. Deshalb ist
Babynahrung zu füttern und
einen Apfelschnitz oder Nüsse
im Gegenteil: Kinder haben
aber kein natürliches Bedürfnis
langen sie nur, wenn sie davon
demnächst Ihren kleinen Neffen
Süßigkeiten mit, ein kleines
besser gefallen. Der Unterschied:
den nächsten Supermarkt gehen,
Phantasie aufbringen.

Die Entwöhnung ist wie bei
bei der «Droge» Zucker nicht
unserem Zucker-Süchtigen
sich bei Menschen nicht positiv
heitsgefährlich ist, die Gesund
dem Zucker-Süchtigen auch nicht,
hängigkeit nach süßen Speisen,
nicht aus der Zucker-, sondern
Ist Ihnen das lieber?

allen Drogenabhängigen auch
leicht. Falsche Ärzte bieten
deshalb Süßstoff an. Zwar läßt
nachweisen, daß Süßstoff gesundheit fördert er sicher nicht. Er hilft
denn er bleibt weiter in der Ab-
die Drogen kommen jetzt nur
aus der chemischen Industrie.

Also süßen wir mit Honig oder
vorschlagen: die ganze
darauf hinaus, schließlich ist es
Blütenhonig hat ebenfalls we
wenig Mineralien, und
allerdings organische
Aromastoffe.
Zucker und ver
Würden Sie soviel

mit Melasse, werden Sie jetzt
Argumentation läuft doch nur
ein Öko-Kochbuch. Keineswegs!
nig essentielle Inhaltsstoffe,
nur sehr wenig Vitamine,
Säuren, Enzyme und viele
Honig klebt aber wie
ursacht genauso Karies.
Honig wie Zucker essen,

wäre das genauso gesundheitsschädlich, wären Sie genauso abhängig.
Wenn Sie gekochte Speisen mit Honig süßen, verliert Honig seinen
Wert. Er darf nämlich nicht über 37 °C erwärmt werden. Sonst können

Sie auch Zucker nehmen, wenn die Speise nur süß sein soll. Nur bei bestimmten Backwaren, bei denen es auf den Honiggeschmack ankommt, sollten Sie Honig nehmen.

Die Lösung des Problems ist also ganz einfach: Der Verbrauch von Zucker oder Ersatzstoffen muß drastisch gesenkt werden. Auch von Ihnen! Wenn Sie es gerne süß haben, sollten Sie einmal aufschreiben, wieviel süße Sachen Sie in der Woche essen und trinken. Überlegen Sie sich, wo überall Zucker versteckt sein kann. Schränken Sie zunächst den direkten Zuckerverbrauch ein und reduzieren Sie den Verbrauch von gesüßten Getränken, gesüßten Obstkonserven, Backwaren und Nachspeisen. Essen Sie viel frisches Obst, das von Natur aus süß ist. Das Süße hat bei uns die Bedeutung des «Liebenswerten» und dient deshalb als Ersatzbefriedigung. Süß ist die Liebe – warum den Umweg über den Zucker gehen?

BACKWAREN

Doch nun einige Bäckereien und Nachspeisen, die Sie für all die Belehrung entschädigen sollen:

SCHWÄBISCHES SCHNITZBROT

Die Krönung der schwäbischen Weihnachtsbäckerei ist das Schnitzbrot (Birnenbrot, Hutzelbrot), ein gehaltvolles Früchtebrot mit wenig Mehl und fast ohne Zucker, das mit Butter bestrichen gegessen wird, aber auch ohne Butter schmeckt.
Für die Zubereitung braucht man etwas Zeit und Konzentration. Wichtigster Bestandteil sind die gedörrten Birnenschnitze. In Süddeutschland bekommen Sie sie manchmal in der Weihnachtszeit auf dem Markt, sonst in Bioläden oder im Reformhaus. Zum Dörren braucht man feste, nicht sehr fleischige Birnen. Im schwäbischen Oberland nimmt man dazu «Butterbirnen», langstielige, fast runde, grüne bis dunkelrote Früchte, auch «Geißhirtle» genannt, mit unverwechselbarem Geschmack. Völlig ungeeignet sind Birnen in der Art der Williamsbirnen. Sie sind außerdem zu süß. Die «richtigen» Birnen

sind leider selten geworden. Viele der alten Bäume sind den EG-Bestimmungen über den Obstanbau oder den Straßenerweiterungen und Neubaugebieten zum Opfer gefallen.
Sollten Sie geeignete Birnen entdeckt haben, dörren Sie selbst. Dazu werden die gewaschenen Früchte geviertelt und auf einem Backblech im Ofen oder in der Sonne im Freien langsam getrocknet.

Für zwei Laibe Schnitzbrot brauchen Sie folgende Zutaten:

500 g Mehl (Weizenvollkorn)	250 g Mandeln, jeweils grob
100 g Zucker	geschnitten
etwas Salz	250 g Feigen, grob geschnitten
frische Hefe	375 g Rosinen
ca. 500 g Birnenschnitze	100 g Zitronat
250 g Dörrzwetschgen, entsteint	100 g Orangeat
250 g Nüsse	

Gewürze:

1 EL grob gestoßener Koriander	20 g Zimt
1 EL Fenchel	etwas gemahlene Nelke
1 EL Anis	1 Gläschen Kirschwasser

Am Abend vorher die Birnenschnitze mit kaltem Wasser bedecken und über Nacht einweichen lassen. Am nächsten Morgen die Schnitze im Einweichwasser 15 bis 20 Minuten nicht zu weich kochen, die Zwetschgen 10 Minuten mitkochen. Abgießen, den Saft dabei auffangen, das Dörrobst gut trocknen lassen. Ist der Teig nämlich zu feucht, läuft das Schnitzbrot beim Backen breit.
In eine große Backschüssel das Mehl geben, in gut ⅛ l lauwarmer Birnenkochbrühe die Hefe auflösen und in eine Vertiefung in der Mitte des Mehls gießen, Hefeteig zubereiten und eine Stunde gehenlassen. Dann werden die Gewürze und das Salz hinzugefügt und das Ganze gut verarbeitet. Der Teig muß sehr fest sein, evtl. Mehl hinzufügen.
Nun kommen alle übrigen Zutaten, außer Birnen und Zwetschgen, hinzu, wieder gut kneten. Zum Schluß fügt man die gut abgetrockneten Birnen und Zwetschgen hinzu und arbeitet wieder gut durch, bis alles schön gleichmäßig vermengt ist.
Der Teig kommt dann in eine leicht bemehlte Schüssel und wird noch mit etwas Mehl bestreut. Bei Zimmertemperatur läßt man ihn jetzt 4–5 Stunden gehen. Auf einem bemehlten Backbrett werden zwei längliche Laibe geformt, die nochmals eine Viertelstunde gehen. Man belegt ein

Backblech mit Backpapier, legt die Laibe darauf und bäckt sie im vorgeheizten Ofen bei 200° eine gute halbe Stunde (Nadelprobe!) auf der zweituntersten Schiene.
Im übriggebliebenen Kochwasser (ca. ⅛ l) löst man einen Kaffeelöffel Mondamin auf, läßt kurz aufkochen und bestreicht mit der dicklich gewordenen Flüssigkeit die noch heißen Laibe.
Schnitzbrot ist – kühl gelagert – lange haltbar.

APFELKUCHEN MIT MANDELBLÄTTCHEN

2 Zitronen mit unbehandelter Schale
2,5 kg mittelgroße säuerliche Äpfel (z. B. Boskop)
300 g Butter
250 g Puderzucker
1 Pr. Salz
6 Eier
3 EL Portwein
250 g Weizenvollkornmehl
80 g Speisestärke
1 TL Backpulver
100 g Mandelblättchen
50 g Hagelzucker
300 g Aprikosenkonfitüre
1 Glas Aprikosenlikör

Ein Backblech mit Backpapier belegen. Von den Zitronen die Schale dünn abreiben, den Saft auspressen. Den Saft in eine große Schüssel geben, die Äpfel schälen, mit einem Apfelausstecher das Gehäuse ausstechen, die Äpfel halbieren und mit der runden Seite mehrmals einschneiden. Die Apfelhälften sofort im Zitronensaft schwenken.
Nun aus Butter, Puderzucker, Eiern, Salz, Portwein, der abgeriebenen Zitronenschale, dem Mehl und dem Backpulver einen Rührteig zubereiten und gleichmäßig auf das Blech streichen. Die Apfelhälften dicht an dicht nebeneinander in den Teig drücken, Mandelblättchen und Hagelzucker darüberstreuen. Das Blech in den kalten Ofen schieben und auf der zweiten Einschubleiste von unten bei 175° (Gas: Stufe 2) 70 Min. backen.
Inzwischen die Aprikosenkonfitüre mit 2 EL Wasser verrühren und 2 bis 3 Min. kochen, Aprikosenlikör hinzufügen. Den Apfelkuchen auf ein Kuchengitter setzen und die Äpfel sofort mit der heißen Konfitüre dünn bestreichen.

ZWETSCHGENKUCHEN (FÜR HERDBLECH)

400 g Vollkornweizenmehl
180 g Zucker
450 g Butter
3 Eier
1 Prise Salz

2 EL Crème fraîche
1,5 kg Zwetschgen
75 g Mandelstifte
75 g Hagelzucker
Fett für das Blech

Das Mehl mit Zucker, Salz, Eiern und Butter zu einem Knetteig verarbeiten und eine Stunde kalt stellen. Den Teig sodann ausrollen und auf ein gefettetes Blech legen, mit einer Gabel mehrmals einstechen. In den kalten Backofen schieben und bei 200° etwa 15 Minuten vorbacken. Etwas abkühlen lassen und mit der Crème fraîche bestreichen. Inzwischen die Zwetschgen waschen und entkernen und mit der Innenseite nach oben schuppenförmig daraufegen. Mit Mandelstiften bestreuen und im Backofen bei 200° etwa 30 Min. backen. Nach dem Backen mit Hagelzucker bestreuen.

Dieser Kuchen schmeckt auch hervorragend mit Äpfeln. In diesem Fall die gleiche Menge eines säuerlichen Apfels (beispielsweise Boskop) verwenden.

MOHNKUCHEN MIT HASELNÜSSEN

250 g weiche Butter
7 Eier
250 g flüssiger Honig
5 cl Rum
1 Prise Salz
Mark von 2 Vanilleschoten

1 gestrichener Teelöffel Zimt
150 g gemahlene Haselnüsse
250 g frisch gemahlener Mohn
Fett für die Form
50 g gehobelte Haselnüsse

Butter schaumig rühren und die Eier trennen. Vom Honig 2 Eßlöffel abnehmen, beiseite stellen. Das Eigelb mit dem restlichen Honig unter die Butter schlagen, Gewürze unterrühren, das Eiweiß zu steifem Schnee schlagen. Etwa ¼ davon unter die Eimasse heben, damit sie locker wird. Nun im Wechsel restlichen Eischnee, Nüsse und Mohn unterheben, bis alles gut vermischt ist. Eine Kastenform (30 cm lang, 1½ l Inhalt) dünn ausfetten (Boden mit Backtrennpapier auslegen), Teig einfüllen und auf zweiter Einschubschiene von unten zuerst 30 Minuten bei 150°, dann weitere 45 Minuten bei 175° backen. 5 Minuten im abgeschalteten Ofen stehen lassen, dann herausnehmen und bei Zimmertemperatur abkühlen lassen. Nach dem Stürzen die glatte Oberseite des Kuchens mit dem beiseite gestellten Honig, der vorher etwa 5 Minuten eingekocht wurde, bepinseln und mit den gehobelten Nüssen bestreuen.

NACHSPEISEN

MOUSSE AU CHOCOLAT

150 g bittere Schokolade
2 EL Milch
1 Eigelb

1 EL Zucker
4 Eiweiß
⅛ l Sahne

Normalerweise ist die Mousse au chocolat eine Kalorienbombe. Nach diesem Rezept ist die Mousse jedoch etwas köstlich Leichtes. Davon können Sie einfach mehr essen und mehr genießen.
Die geraspelte Schokolade – nur wirklich edelbittere Schokolade verwenden! – mit der Milch in einer Schüssel verrühren, die Sie im Wasserbad erhitzen. Beiseite stellen, das Eigelb mit dem Schneebesen unterziehen. Das kühle Eiweiß mit dem Zucker zu einem festen Eischnee aufschlagen. Zuerst die eine Hälfte des Eischnees unter die Schokoladenmasse rühren und dann den Rest vorsichtig mit dem Schneebesen unterheben, so daß eine luftige Masse entsteht. In eine Schüssel abfüllen und mit geschlossenem Deckel im Kühlschrank kühlen.
Diese Nachspeise läßt sich gut einen Tag vor einem großen Menu zubereiten. Am nächsten Tag holen Sie dann immer mit einem Löffel eine schöne große Kugel heraus. Dazu paßt sehr gut eine leichte Vanillecreme.

RHABARBERCREME

500 g Rhabarber
100 g Zucker
1 TL Zimt

2 Eier
¼ l Sahne

Rhabarber in kleine Stücke schneiden und mit etwas Wasser aufkochen, dann zugedeckt ca. 10 Minuten simmern lassen, so daß alle Rhabarberstücke weich sind. Den Rhabarber pürieren, den Zucker hinzugeben, mit Zimt würzen und gut umrühren. Die Eier trennen und das Eigelb mit etwas Zucker vermischt unter die Rhabarbermasse rühren und noch einmal erwärmen, jedoch nicht kochen, damit das Eigelb nicht gerinnt. Dabei ständig gut durchrühren. Die Rhabarbermasse abkühlen, zunächst im kalten Wasserbad, danach im Kühlschrank. Dann das Eiweiß festschlagen, ebenso die Sahne, beides unterziehen und servieren. Bei diesem Nachtisch sollten Sie pro Person zwei Portionen einkalkulieren.

ROTE GRÜTZE

1 kg Beeren: Himbeeren, Brombeeren, rote und schwarze Johannisbeeren, Erdbeeren und ein paar Sauerkirschen (entkernt)

1 l Sauerkirschsaft
etwas Zucker
5 EL Weizengrieß

Die Beeren verlesen, waschen, Kirschen entkernen, mischen. Den Fruchtsaft mit etwas Zucker und den Grieß aufkochen lassen und 10 Minuten simmern lassen, über die Früchte gießen, kühlen.
Dazu flüssige Sahne. Die rote Grütze muß säuerlich schmecken. Die roten Früchte sollen zwar in der Mehrzahl sein, doch dürfen die schwarzen Johannisbeeren und Brombeeren nicht fehlen. Üblicherweise werden die Früchte gekocht. Probieren Sie die rote Grütze auch so. Sie können statt Gelatine auch Grieß oder Stärke nehmen, damit der Saft eindickt.

VANILLESOSSE

½ l Milch   80 g Zucker
2 Vanilleschoten   4 Eigelb

In einem breiten Topf die Milch erhitzen. Die Vanilleschoten werden längs aufgeschnitten, das Mark wird herausgekratzt und unter die Milch gerührt. Die Milch leicht köcheln lassen. Die Eigelb mit dem Zucker in einer Schüssel verrühren und unter Rühren die Milch vorsichtig darübergießen. Ständig mit dem Schneebesen rühren, damit das Eigelb nicht gerinnt. Alles zurück in den Topf und noch einmal erwärmen, jedoch nicht mehr kochen lassen. Ständig mit dem Schneebesen rühren. Dann abkühlen lassen und im Kühlschrank kühlen. Diese Soße ist natürlich nicht angedickt. Aber das ist auch nicht nötig.

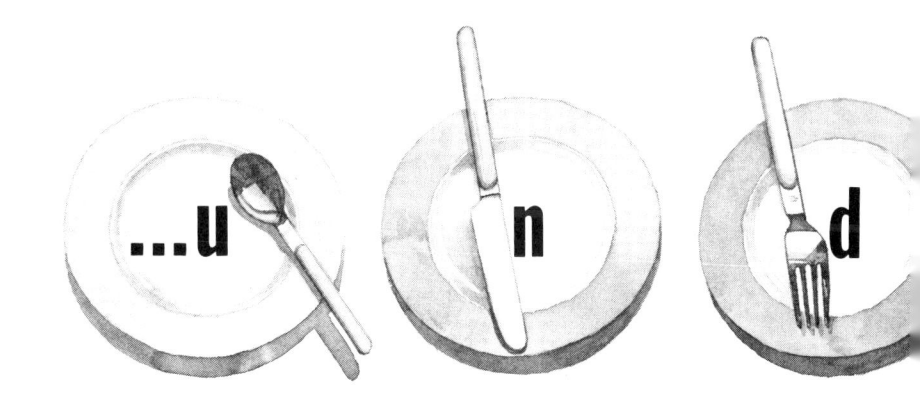

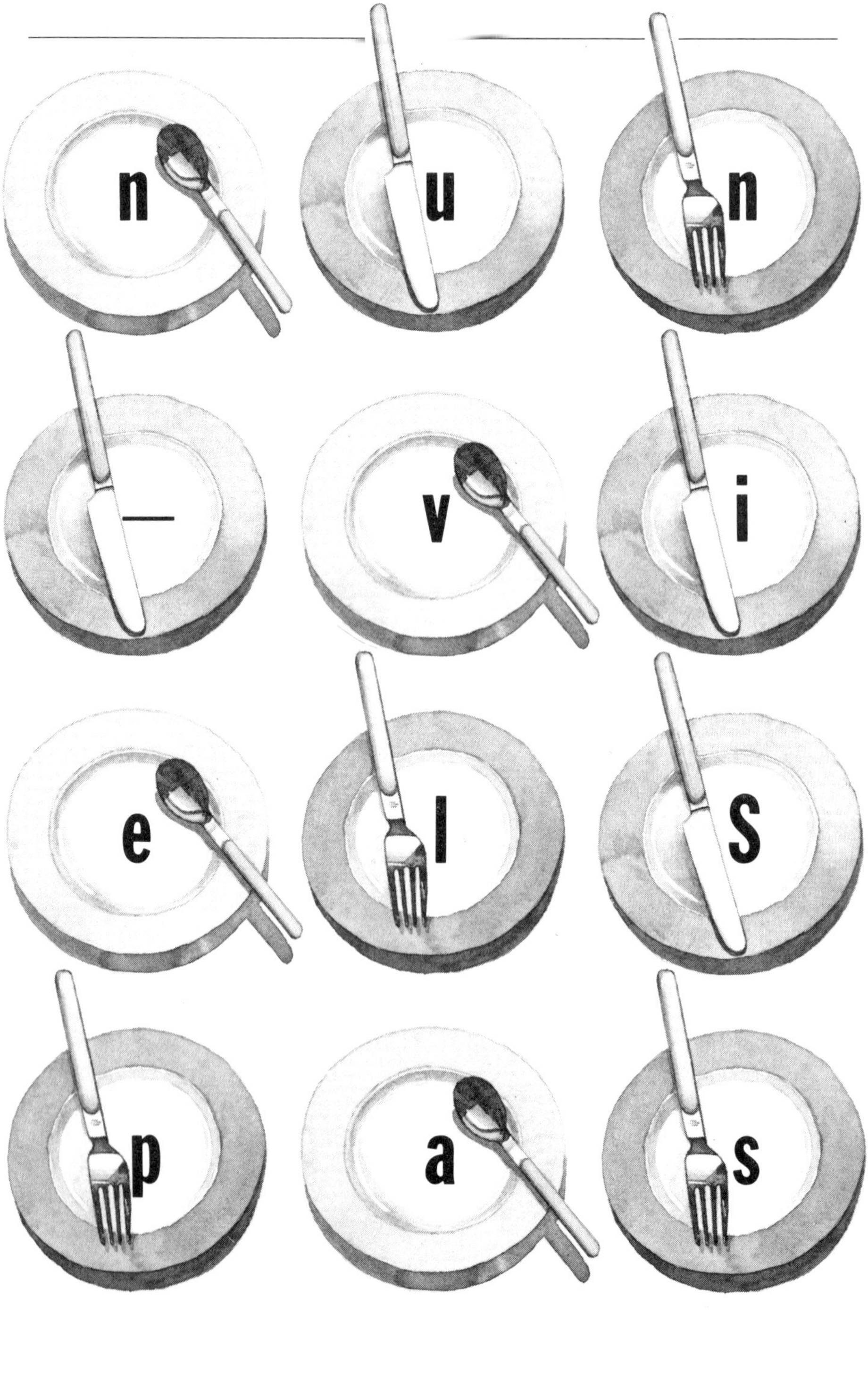
n u n
— v i
e l S
p a s

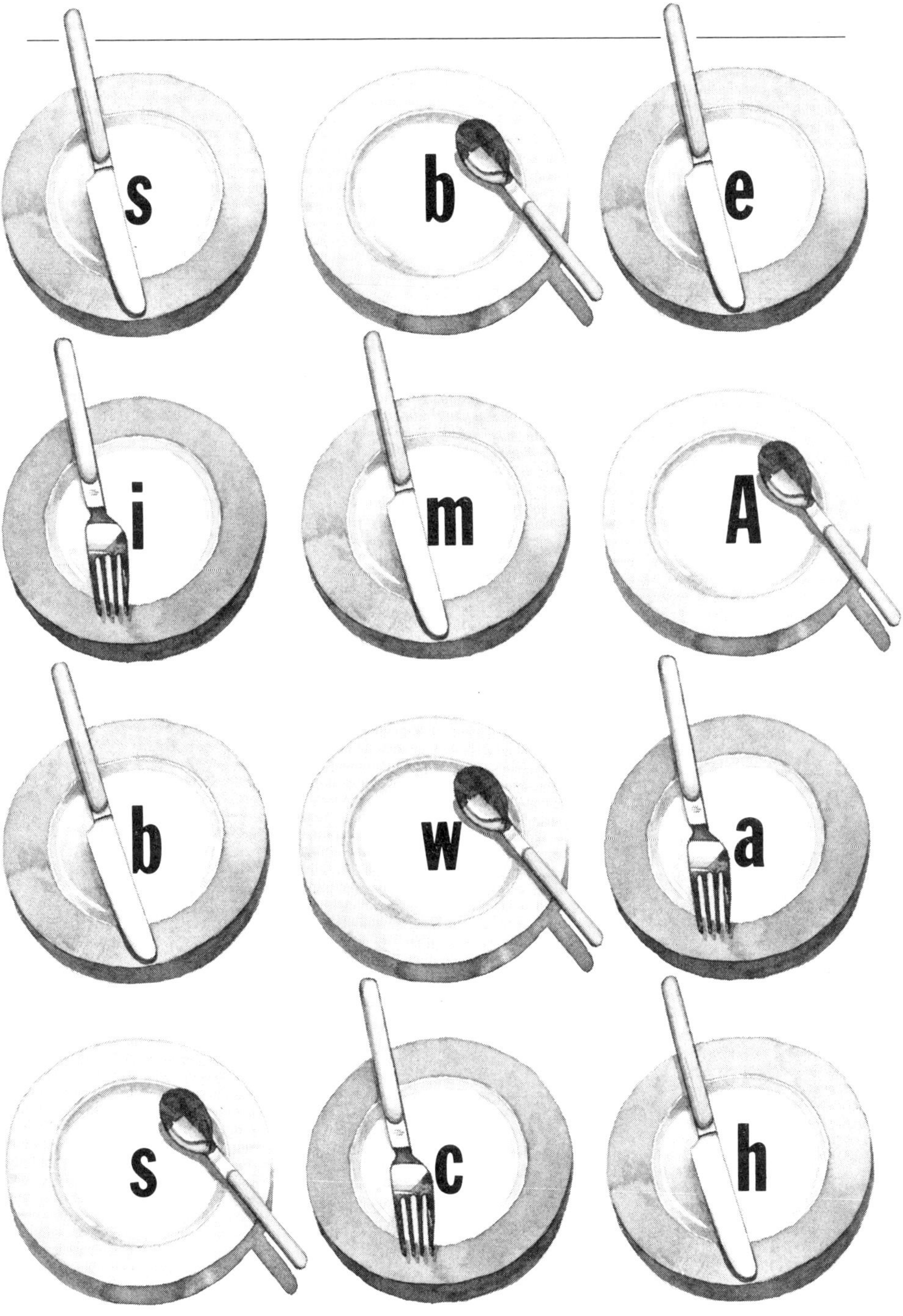
s
b
e
i
m
A
b
w
a
s
c
h

KOPF-REGISTER

Abführpillen 37
Adzuki 112
Aldi 258
Alkohol 14
Amtliche Prüfungsnummer 182
Anbaugebiete 87
ANOG 94
Antioxidantien 15
Antioxidationsmittel 99
Äpfel 256
Apfelsorten 247
Aprikosen 256
Artischocken, Saison 42
Auberginen 55
Auberginen, Saison 42
Auslese 182
Ausmahlungsgrad 202, 204

Backmischungen 225
Backwaren 285 ff.
Ballaststoffe 26, 37, 247
Batteriehaltung 242
Bauernhandkäse 232
Beerenauslese 182
Bentonit 169
Benzoesäure 98
Bergkäse 230
Berlepsch 247
BHA 99
BHT 99
Bier 220 ff.
Bier, obergärig 221
Bierschinken 235
Bier, untergärig 221
Bierwurst 235
Biobier 223
Biodyn 93
Bioeinkauf 86, 90
Biogemüse 91
Biokreis Ostbayern 88, 95
Biokoststudie 18
Bioladen 86
Bioland 86, 88, 93
Biologischer Landbau 91

Bioobst 91
Biowein 166 ff., 176
Biowinzer 176
Birnen 256
Bittermandel 271
Bittermandelton 179
Blattspinat 44
Blauer Portugieser 175
Blauer Spätburgunder 175
Blaukraut 48
Blausäure 165
Blei 81, 82
Bleichsellerie 50
Bleichsellerie, Saison 42
Blumenkohl, Saison 42
Blutlaugensalz 169
Blutwurst 235
Bockwurst 235
Bodenhaltung 242
Böckser 179
Bohnen 61
Bohnen, grün, Saison 42
Boskop 247
Braten 122 ff.
Braunschweiger Mettwurst 235
Brie 231
Brombeeren 256
Brot 224 ff.
Brotaufstrich 229
Brotsorten 227
Brühen 196 ff.
Brühwürste 234, 235
Bruteier 210
Buchweizen 19, 202, 207
Bundesverband Naturkost 91
Butter 106
Butterkäse 231

Cadmium 15, 18, 81, 82, 136
Camembert 231
Cashew 272
Cervelatwurst 235
Cheddar 230

Chester 230
Chicorée 45
Chicorée, Saison 42
Chinakohl, Saison 43
Cholesterin 40, 112
Clostridium botulinum 97, 237
Corned Beef 235
Courgettes, Saison 43
Cox Orange 247

Datteln 257
Dauerwürste 234, 235
DDT 166
Demeter 86, 88, 93
Deklarationspflicht 100
Diät 186, 188
Diäthylenglykol 165
Dinkel 19, 202, 206, 269
Doppelrahmfrischkäse 231
Dritte Welt 110
Düngemittel 18
Dunst 204
Durchschnittsfamilie 25

Edamer 231
Edelpilzkäse 231
Eier 111, 242 ff.
Eiertomaten 55
Einkauf 80 ff.
Eisen 40, 141, 202
Eiweiß 141, 233
Eiweißaufnahme 110
EG 20, 111
Elbling 174
Endiviensalat, Saison 42
Erbsen 61
Erbsen, grün, Saison 42
Erdbeeren 256
Erdnuß 271
Ernährung, ökologische 12, 80, 102
Ernährung, vegetarische 38 f.
Espresso 277
Eßkastanie 271
Erzeugerorganisationen 86
Erzeugerverbände 91
Eskariol, Saison 42

Farbstoffe 15, 97, 98
Fasten 189

Fast Food 17, 24 ff.
Feinheitsgrad 204
Feldsalat, Saison 42
Fenchelgemüse, Saison 42
Fertigreis 208
Fette 104 ff., 233
Fettsäure 112
Fisch 148 ff.
Fleisch 14, 40, 109 ff.
Fleischtomaten 55
Fleischwurst 235
Flüssigei 209, 210
Frankfurter 235
Freilandhaltung 242
Frischei-Teigwaren 209
Frischkäse 231, 233
Frischkornbrei 269
Frischkornmüsli 269
Froschschenkel 102
Frostschutzmittel 81, 165
Fruchtnektar 257
Fruchtsaft 257
Fruchtsaftgetränk 257

Gaststätten 25, 29
Geflügel 140 ff.
Geheimratskäse 140 ff.
Gelbwurst 235
Gemeinsam kochen 34
Gemüse 35 ff., 87
Gemüseverbrauch 38
Gemüsezubereitung 40 f.
Geranienton 179
Gerste 206, 221
Getreide 201
Getreidegerichte 13, 200 f.
Getreidemahlen 202 f.
Getreidemühle 203
Gewürze 160 ff.
Giftstoffe 14, 15, 17, 37 ff., 81 ff.
Glockenapfel 247
Gloster 69, 247
Golden Delicious 247
Goldfilter 277
Goldparmäne 247
Gomasio 273
Gouda 231
Gravensteiner 247
Grieß 204

KOPF-REGISTER

Grüner Tee 279
Grünkern 206
Grünkohl, Saison 42
Güteklasse 88, 243
Gurken, Saison 42
Gutedel 174

Hafer 207, 269
Hamburger 12, 16, 19, 24, 26f.
Handelsklasse 88
Handkäse 232
Hartkäse 230
Hartweizen 205
Harzer 232
Haselnuß 270
Haselnußmus 270
Hausgarten 38, 85, 86
Himbeeren 256
Hinterschinken 235
Hirse 202, 207
Höchstmengen 15, 18
Holunderbeeren 256
Homogenisierte Milch 240
Honig 229, 283
Hülsenfrüchte 60
Hühnerfleisch 111

Idared 247
Idealgewicht 187
Ingrid Marie 247
Innereien 136ff.

Jagdwurst 235
James Grieve 247
Jod 40
Joghurt 240, 241
Joghurt mit Fruchtgeschmack 241
Joghurt mit Fruchtzubereitung 241
Johannisbeeren 256
Jona Gold 247
Jonathan 247

Kabinett 182
Käfighaltung 242
Käse 230, 240
Käseherstellung 232
Käsesorten 230ff.
Kaffee 14, 17, 103, 274ff.
Kaffeehaus 275
Kaffeeklatsch 275

Kaffeekochen 276
Kakao 274ff., 278
Kalium 202
Kalzium 40, 202
Kantinen 25
Kasseler Rippenspeer 236
Karotten 51
Kartoffeln 66ff.
Kefir 241
Keimling 201
Kennzeichnungspflicht 182
Kerne 270ff.
Kinder 16, 262, 282ff.
Kindergeburtstag 267
Kinder kochen mit 264
Knackwurst 235
Knoblauch 163
Knochenschinken 236
Knollensellerie 50
Kochbeutelreis 208
Kochbücher 34
Kochkäse 232
Kochwürste 234, 235
Kohl 46
Kohlenhydrate 247
Kohlrabi, Saison 42
Kohlrüben, Saison 43
Kokosfett 106
Kokusnuß 272
Konserven 38
Konservierungsmittel 15, 19
Konservierungsstoffe 81, 172
Kopfsalat, Saison 42
Korbkäse 232
Koriander 163
Korinthen 257
Krankheiten 187, 252
Kräuter 160ff.
Kräuterkäse 232
Kreuzkümmel 161
Küchengeräte 31ff.
Küchentechnik 30ff.
Kümmel 163
Kürbis, Saison 42
Kürbiskerne 273
Kunstdünger 15, 81, 110

Lachsschinken 236
Lacto-vegetarisch 39

Lamm 121
Langkornreis 208
Lauchzwiebeln 52
Lebensmittelbestrahlung 19, 101
Leberwurst 235
Leinsamen 273
Limburger 231
Limonade 16
Linsen 61
Lorbeer 163
Lorbeerblätter 161
Lyoner 235

Magermilch 240
Mandel 270
Mangelerscheinungen 252
Marmelade 229
Marone 271
Marzipan 271
McDonald's s. auch Würgh 27
Medikamente 15
Meerrettich, Saison 42
Mehl 204
Mehrweg-Flaschen 258
Milchsäure 240
Milchsäureton 179
Mineralstoffe 15, 37, 141, 247, 252
Mirabellen 256
Miso 112
Möhren 51
Möhren, Saison 42
Morgenduft 247
Mortadella 235
Mostgewicht 168
Müller-Thurgau 173, 174
Münsterkäse 231
Müsli 24, 29, 268 ff.
Mangbohne 112
Muskat 163
Muskatnuß 161
Mutterkorn 203
Muttermilch 263

Natrium 202
Naturbelassen 13
Naturkostplan 86, 93, 103
Naturland 95
Naturreis 208
Nelken 161

Nestlé 102, 263
Neuform-Genossenschaft 91
Nicaragua 103
Nicaragua-Kaffee 276
Nitrat 82
Nitratpökelsalz 237
Nitrosamine 222
Normalgewicht 187
Nudeln 200 ff., 209 ff.
Nüsse 270 ff., 272
Nußmus 229
Nußöl 106
Nußschinken 236

Obst 246 ff.
Obstkonservierung 251
Obst-Saisonkalender 256
Öchsle-Grad 168
Ökolandbau 16, 18, 19, 88, 167
Ökolandbau, Erzeugerorganisation... 91 ff.
Ökolandbau, in Österreich 91
Ökolandbau, in der Schweiz 91
Ökolandbau, Rahmenrichtlinien... 91 ff.
Ökologische Ernährung, Kosten der... 89 ff.
Öle 104 ff.
Olivenöl 106
Olmützer Quargel 232
Oolong-Tee 279
Östrogen 81
Ovo-lakto-vegetabil 89
Ovo-lacto-vegetarisch 39
Oxidation 179

Paprika 53
Paprikaschoten, Saison 42
Paranuß 272
Paraquat 166
Pasteurisiert 239
Pekanuß 272
Pektine 247
Perlzwiebeln 52
Pestizide 16, 18, 27, 81, 82, 166, 276
Petersilie, Saison 42
Pfanne 32
Pfeffer 161, 163
Pfirsiche 256

Pflanzenbehandlungsmittel 15
Pflaumen 256
Pflaumentomaten 55
PHB-Ester 98
Phosphat 233
Phosphor 141
Piment 163
Pinien 272
Pizza 267
Plockwurst 235
Pökeln 234
Polychlorierte Biphenyle 18, 81, 82, 148
Porree, Saison 42
Preßsack 235
Preiselbeeren 256
Propionsäure 98
PSE-Fleisch 110, 117
Puffreis 208
Putzen 84

Qualitätswein 181
Qualitätswein h. A. 182
Qualitätswein mit Prädikat 182
Quark 229, 240
Quecksilber 82, 148
Quick-Pick 26, 29
Quitten 256

Radicchio 45
Radieschen, Saison 42
Räuchern 234
Rahmenrichtlinien 91
Rahmfrischkäse 231
Rapunzel, Saison 42
Rhabarber, Saison 42
Reineclauden 256
Reinheitsgrad 221
Reis 208
Reis, brauner 208
Reis, parboiled 208
Reis, weißer 208
Rettich, Saison 42
Riesling 173
Rind 120
Rindfleisch 125
Roggen 205
Rohmilch 239
Rohwürste 234, 235

Rollschinken 236
Romadur 231
Rosenkohl 49
Rosenkohl, Saison 43
Rosinen 257
Rote Bete, Saison 43
Rote Rüben, Saison 43
Rotkohl 46
Rotkohl, Saison 43
Ruländer 175
Rundkornreis 208

Säfte 246 ff.
Saisonkalender 256
Salami 235
Salate 72 ff.
Salatschleuder 32
Salmonellen 110, 141, 210
Salz 14, 162
Samen 270 ff.
Saucen 156 ff.
Sauerkraut 46
Sauermilch 240
Sauermilcherzeugnisse 240
Sauermilchkäse 232
Schadstoffe 96 ff.
Schadstoffverringerung 84
Schälen 84
Schadstoffe 204, 239
Schaffleisch 127
Schichtkäse 231
Schinken 234
Schinkenmettwurst 235
Schinkenpastete 235
Schinkenspeck 236
Schinkensülze 235
Schlackwurst 235
Schlankheitskuren 188
Schlankheitsmittel 186
Schmelzkäse 232
Schmierwurst 235
Schnittkäse 231
Schnittkäse, halbfett 231
Schnitzbrot 285
Schokolade 275, 279
Schönungsmittel 172
Schrot 204
Schüssel 32
Schwarztee 279

Schwarzwälder Speck 236
Schwarzwurzeln, Saison 43
Schwefel 168
Schwefeldioxid 168
Schwein 116ff., 119, 123
Schweinefleisch 111
Selbstversorgung 86
Sellerie 50
Sellerieknollen, Saison 43
Senfkörner 163
Sesamöl 273
Sesamsamen 273
Silberzwiebeln 52
Silvaner 173, 174
Soja 27, 112
Sojabohnen 61
Sojafleisch 113
Sonnenblumenkerne 272
Sorbinsäure 98, 172
Spätlese 182
Spargel, Saison 43
Speck 234, 236
Speisequark 231
Spinat 44
Spinat, Saison 43
Spitzkohl 46
Stachelbeeren 256
Steckrüben, Saison 43
Steinbuscher 231
Sterilisiert 239
Streichmettwurst 235
Sülze 235
Süßigkeiten 14, 16, 282ff.
Süßreserve 172
Sultaninen 257
Suppen 184

Tafelwein 181
Tahin 273
Tamari 112
Tauschglas 265
Tee 264, 275ff., 279
Teewurst 235
Teezubereitung 280
Teigwaren 209ff.
Tempeh 112
Tierarzneimittel 81
Tilsiter 231
Tofu 112

Töpfe 32
Tomaten 55
Tomaten, Saison 43
Traminer 182
Trockenauslese 182
Trockenobst 257
Trollinger 176
TVP 113
Typennummer 204

Ultrahocherhitzt 239
Umstellungsbetrieb 88

Vanille 161, 163
Vegan 39
Vegetarische Ernährung, Kosten der ... 89
Veredelung 13
Vereinigung Schweizerischer Biologischer Landbauorganisationen 91
Vitamin A 26, 37
Vitamin B 26, 202, 283
Vitamin C 26, 99
Vitamin E 96, 99, 202
Vitamin 15, 141, 247, 252
Vitaminpille 250
Vitamintabletten 15
Vollkornbrot 225, 226
Vollkornmehl 19, 202, 203
Vollkornmilch 264
Vollkornprodukte 13
Vollmilch 239
Vollwertkost 28, s. auch ökologische Ernährung
Vorderschinken 236
Vorzugsmilch 239, 264

Walnuß 270
Weichkäse 231
Wein 16, 100, 164ff.
Weinbauzonen 173
Weinfehler 179
Weingesetz 173
Weinkäse 231
Weinprobe 178
Weintrauben 256
Weißer Klarapfel 247
Weißkohl 46

KOPF- / BAUCH-REGISTER

Weißkohl, Saison 43
Weißlacker 231
Weißmehl 14, 19, 201
Weizen 205, 269
Wiener 235
Wild 132
Wilstermarschkäse 231
Wirsing, Saison 43
Wirsingkohl 46
Würgh, s. auch McDonald's
Wurst 14, 40, 100, 233 ff.
Wurzeln 51
Wurzelspinat 44

Zabajone 243
Zimt 163
Zucchini, Saison 43
Zuckerhut 45
Zungenpastete 235
Zungenrotwurst 235
Zusatzstoffe 15, 81, 97 ff., 222
Zwiebeln 52
Zwiebeln, Saison 43

BAUCH-REGISTER

Apfelkuchen mit Mandelblättchen 287
Artischocken, Saison 42
Auberginen 47, 55
Auberginen, Saison 42

Backwaren 285
Béchamel-Sauce 157
Blattspinat 44
Blaukraut 46
Bleichsellerie 50
Bleichsellerie, Saison 42
Blumenkohl in Curry 50
Blumenkohl, Saison 42
Bohnen 58, 61
Bohnen, gebacken 63
Bohnen, grün, Saison 42
Bohnen mit Gerste 63
Bohnensalate 73
Bohnensuppe 194
Braten 122 f.
Brathähnchen 145
Bratkartoffeln 68
Broccoli 50
Broccoli, Saison 42
Brühen 196
Buchweizen 46, 216

Chicorée 45
Chicorée, gedünstet 45
Chicorée, Saison 42
Courgettes, Saison 43

Dinkel 216

Eierpfannkuchen 244
Eier, pochiert 245
Eierrezepte 244 ff.
Eiertomaten 55
Endiviensalat, Saison 42
Erbsen 61
Erbsen, grün, Saison 42
Erbsen in Curry 65
Ernährung, vegetarische 38 f.
Eskariol, Saison 42
Espresso 277
Essig 73
Estragonessig 73

Fasten 189
Feldsalat 75
Feldsalat, Saison 42
Fenchel 47, 56
Fenchelgemüse, Saison 42
Fette 104 ff.

Fisch 148 ff.
Fischbrühe 154
Fischsuppe 155
Flädlesuppe 198
Fleisch 109 ff.
Fleischtomaten 55
Forelle 153

Geflügel 140 ff.
Geflügelbrühe 199
Gemüsebrühe 199
Gemüse, mariniert 77
Gemüsesalat 76
Gemüsesuppen 192
Gemüsesuppe, püriert 195
Gemüseteller 77
Gemüsetorte 58
Gemüsezubereitung 40 f.
Gerste 50, 216
Getreidegerichte 200 ff., 215
Gewürze 160 ff.
Grünkern 48, 50, 216
Grünkernklößchen 218
Grünkernküchlein 217
Grünkernsüppchen 218
Grünkohl, Saison 42
Gurken, Saison 42

Hafer 216
Hähnchen in Wein 144
Hasenrücken 133
Hefeteig 59
Heringe, eingelegt 154
Herz 138
Hirse 216
Hirsebrei 219
Hühnercurry 146
Hülsenfrüchte 60

Irish Stew 131

Kabeljau im Gemüse 150
Käsespätzle 213
Kaffeekochen 276
Kalbsbries 139
Kartoffelauflauf 71
Kartoffelgratin 69
Kartoffelküchlein 70
Kartoffeln mit Quark 71

Kartoffelnudeln 213
Kartoffeln, überbacken 70
Kartoffelpüree 69
Kartoffelsalat 79
Kartoffelsuppe 194
Kerbelsuppe 191
Knollensellerie 50
Kohl 46
Kohl, gefüllt 48
Kohlrabi, Saison 42
Kohlrüben, Saison 43
Kohlsalate 73
Kopfsalat, Saison 42
Kräuter 160 ff.
Kräuterfisch 151
Kürbis, Saison 42
Kutteln 138

Lammkotelett 130
Lammschulter 130
Lauch 57
Lauch, Saison 42
Lauchtorte 57
Leber 138
Linsen 61, 64
Linsen mit Reis 64
Linsensalat 78

Mais 216
Markklößchen 198
Maultaschen 213
Mayonnaise 75
Meerrettich, Saison 42
Mehlbutter 158
Mehlschwitze 157
Melonen, Saison 42
Möhren 51
Möhren, glaciert 51
Möhren in Sahne 52
Möhren, Saison 42
Mohnkuchen mit Haselnüssen 288
Mousse au chocolat 289

Nachspeisen 289 ff.
Nudeln 200 ff.
Nudelteig 211

Öle 104 ff.
Omelett 244

BAUCH-REGISTER

Paprika 53
Paprika, gefüllte 54
Paprikasalate 73
Paprikaschoten, Saison 42
Pellkartoffeln 68
Petersilie, Saison 42
Pfannentomaten 55
Porree, Saison 42
Puter 146
Putzen 84

Radicchio 45
Radieschen, Saison 42
Rahmbeuscherl 137
Rapunzel, Saison 42
Ratatouille 59
Ravioli 214
Rehragout 134
Rehschulter 135
Reis 216
Rettich, Saison 42
Rhabarbercreme 290
Rhabarber, Saison 42
Rinderbrühe 197
Rinderschmorbraten 125
Roggen 216
Rosenkohl 49
Rosenkohl, gebraten 49
Rosenkohl, Saison 43
Rote Bete, Saison 43
Rote Grütze 290
Rote Rüben, Saison 43
Rotkohl 46, 49
Rotkohl, Saison 43
Rotkohlsalat 76
Rührei 244

Salatsoßen 73 ff.
Sauce bernaise 159
Sauce hollandaise 158
Saucen 156 ff.
Sauerampfersuppe 191
Sauerkraut 46
Schadstoffverringerung 84
Schälen 84
Scholle 151
Schupfnudeln 213
Schwarzwurzeln, Saison 43
Schweinekotelett 124

Schweineschnitzel 124
Sellerie 50
Sellerieknollen, Saison 43
Sojabohnen 61
Sonnenwirbele 75
Spätzle 212
Spargel, Saison 43
Spargelkohl, Saison 42
Spinat 44
Spinat, blanchierter 44
Spinat, Saison 43
Spinatsuppe 191
Spitzkohl 46
Staudensellerie, Saison 42
Steckrüben, Saison 43
Suppen 184 ff.

Teezubereitung 280
Tomaten 55
Tomaten, Saison 43
Tomatensuppe 195

Vanillesoße 291
Vinaigrette 74
Vollkornmehl 59
Vollkornmilch 264

Weißkohl 46
Weißkohl, geschmort 46
Weißkohl, Saison 43
Weizen 216
Weizenkeimsalat 219
Wirsing 46, 48
Wirsing, Saison 43
Wurzelspinat 44

Zander 152
Zucchini 47, 56
Zucchini, Saison 43
Zuckerhut 45
Zwetschgenkuchen 288
Zwiebelkuchen 53
Zwiebeln 52
Zwiebeln, Saison 43
Zwiebelsuppe 193

ZU DEN AUTOREN

Dr. Rainer Grießhammer, geboren 1953, ist Chemiker und ißt ungern Chemie in Lebensmitteln. Er ist Geschäftsführer des Öko-Instituts in Freiburg und mehrfacher Buchautor, u.a.: «Der Öko-Knigge», «Letzte Chance für den Wald», «Formaldehyd – eine Nation wird geleimt» und Mitautor von «Chemie im Haushalt». (Foto Mitte)

Siegfried de Witt, Jahrgang 1944, ist Rechtsanwalt in Freiburg. So manchem Umweltzerstörer hat er die Suppe versalzen. Als Mitbegründer des Öko-Instituts streitet er für eine bessere Umwelt.
Als Kind erlebte er die mageren Jahre nach dem Krieg, die Freßwelle und die Industrialisierung der Küche. Seine ersten Koch- und Backversuche in der Schülerzeit sind noch als Fortsetzung des Chemieunterrichts zu betrachten. Erst mit dem Studium begann eine intensivere Beschäftigung mit Kochen, Essen und Trinken. Liebe geht durch den Magen, zum Kennenlernen servierte er seiner jetzigen Ehefrau Margret Forelle blau.
Als Rheinländer fühlt er sich in Baden wohl, er läßt möglichst keinen Samstag aus, um auf dem Markt rund um das Freiburger Münster einzukaufen. Auf der Zunge läßt er sich schmecken, was man im Kopf schon weiß: die natürlich angebauten Produkte duften und schmecken besser. Der Öko-Koch, ein Genießer. (Foto links)

Bernhard Kunkler, geboren 1953 in Freiburg, von 1977–1982 Grafik-Design Studium an der Fachhochschule für Gestaltung in Pforzheim. Seit 1982 freischaffend als Grafik-Designer (im Bereich: Werbegrafik, Buch- und Zeitschriftengestaltung). (Foto rechts)